AF730257

# भारत की विश्व विरासत

## ( यूनेस्को की सूची में शामिल )

लेखक

**डॉ. प्रभात कुमार सिंघल**

**अनुज कुमार कुच्छल**

**साहित्यागार**

***Available on : Amazon.in, Flipkart.com***

**पुस्तक**

भारत की विश्व विरासत

**लेखक**

डॉ. प्रभात कुमार सिंघल

अनुज कुमार कुच्छल

© लेखकाधीन

**प्रकाशक**

# साहित्यागार

धामाणी मार्केट की गली, चौड़ा रास्ता, जयपुर

☎ : 0141-2310785, 4022382, 2322382, Mob. : 9468943311

e-mail: sahityagar@gmail.com

website : sahityagar.com

webmail : mail@sahityagar.com

**प्रथम संस्करण**

2021

**ISBN** : 978-93-90449-25-5

**मूल्य**

400 रुपये मात्र

**लेजर टाइपसैटिंग**

साहित्यागार कम्प्यूटर्स, जयपुर

**मुद्रक**

शीतल ऑफसैट, जयपुर

# भारत की विश्व विरासत

## ( यूनेस्को की सूची में शामिल )

लेखक

**डॉ. प्रभात कुमार सिंघल**

**अनुज कुमार कुच्छल**

साहित्यागार

*Available on :* *Amazon.in,* *Flipkart.com*

**पुस्तक**

भारत की विश्व विरासत

**लेखक**

डॉ. प्रभात कुमार सिंघल

अनुज कुमार कुच्छल

© लेखकाधीन

**प्रकाशक**

साहित्यागार

धामाणी मार्केट की गली, चौड़ा रास्ता, जयपुर
☎ : 0141-2310785, 4022382, 2322382, Mob. : 9468943311
e-mail: sahityagar@gmail.com
website : sahityagar.com
webmail : mail@sahityagar.com

**प्रथम संस्करण**

2021

**ISBN : 978-93-90449-25-5**

**मूल्य**

400 रुपये मात्र

**लेजर टाइपसैटिंग**

साहित्यागार कम्प्यूटर्स, जयपुर

**मुद्रक**

शीतल ऑफसैट, जयपुर

एलिफेंटा गुफाएँ, गोथिक आर्ट के काम, उड़ीसा में कोणार्क मंदिर, असम में काजीरंगा राष्ट्रीय उद्यान तथा असम का मानस राष्ट्रीय उद्यान, गोवा में पुराने चर्च एवं मठ, कनार्टक में हम्पी के स्मारक, मध्यप्रदेश में खजुराहो के मंदिर समूह, भीमबेटका रॉक शेल्टर एवं साँची के बौद्ध स्तूप, कर्नाटक में पत्तदकल के स्मारक, तमिलनाडु के महाबलीपुरम के स्मारक, ग्रेट चोल मंदिर स्मारक एवं नीलगिरी भारतीय पर्वतीय रेल, पश्चिम बंगाल का सुंदरवन राष्ट्रीय उद्यान एवं भारतीय पर्वतीय रेल दार्जिलिंग, दिल्ली में हुमायूँ का मकबरा, कुतुबमीनार तथा लाल किला, बिहार में महाबोधि मंदिर बौधगया एवं नालंदा विश्वविद्यालय स्मारक, गुजरात में चंपानेर –पावागढ़ का पुरातत्व पार्क, रानी की वाव –पाटन एवं अहमदाबाद शहर, उत्तराखंड में नन्दा देवी राष्ट्रीय उद्यान फूलों की घाटी, हिमाचल प्रदेश में भारतीय पर्वतीय रेल कालका–शिमला, पश्चिमी घाट (कर्नाटक, केरल, महाराष्ट्र, तमिलनाडु), हिमाचल प्रदेश में ग्रेट हिमालयन राष्ट्रीय उद्यान, चंडीगढ़ में केपिटल कॉम्प्लेक्स ला कॉर्बुरजिये के काम को विश्व धरोहर की सूची में शामिल किया गया है।

देश के परिप्रेक्ष्य में सांस्कृतिक विविधताओं वाले राजस्थान में वर्ष 1985 में प्रथम बार भरतपुर का केवलादेव राष्ट्रीय पक्षी अभयारण्य विश्व धरोहर सूची में शामिल किया गया। इसके उपरांत वर्ष 2010 में जयपुर के जंतर–मंतर को तथा वर्ष 2013 में सांस्कृतिक श्रेणी में राजस्थान के पहाड़ी किले के अंतर्गत 5 दुर्ग– झालवाड़ का गागरोन दुर्ग, चित्तौड़गढ़ दुर्ग, राजसमंद का कुंभलगढ़ दुर्ग, सवाईमाधोपुर का रणथंभौर दुर्ग तथा जैसलमेर दुर्ग को विश्व विरासत सूची में शामिल किया गया। वास्तु कला में शानदार गुलाबी नगर जयपुर को 10 जुलाई, 2019 को विश्व विरासत में शामिल किया गया। इस प्रकार अब तक राजस्थान में चयनित 4 सांस्कृतिक श्रेणी में 8 स्थल विश्व धरोहर में अपना स्थान बना चुके हैं, जो राजस्थान के लिये गौरव का विषय है।

भारत की अन्य महत्वपूर्ण धरोहरों को विश्व विरासत सूची में शामिल कराने के लिए अनेक प्रयास किए जा रहे हैं। काशी (बनारस) में विकास प्राधिकरण ने 71 ऐतिहासिक और पुरातात्विक धरोहरों की सूची तैयार की है। उत्तराखंड के दून को तथा मध्यप्रदेश के चंदेरी को भी इस सूची में शामिल करने लिए प्रयास किए जा रहे हैं। दिल्ली को हैरिटेज सिटी में

शामिल करने के लिए वर्ष 2010 में रोडमैप तैयार कर लिया गया था। दिल्ली के साथ–साथ अहमदाबाद तथा पंजाब के शहर चंडीगढ़ को भी हैरिटेज सिटी का दर्जा दिलाने के प्रयास किए गये, जिसमें से अहमदाबाद को विश्व धरोहर घोषित किया जा चुका है।

## महत्वपूर्ण कृति का स्वागत कीजिए

यूनेस्को की विश्व धरोहरों में, भारत में स्थित विश्व धरोहरों की जानकारी एक स्थान पर उपलब्ध कराने की दृष्टि से यह कृति देशवासियों को अपने देश के गौरव से परिचय कराती है। आज ऐसे सार्थक साहित्य की आवश्यकता है जो हमारी महान विरासत से परिचय करा सके। पर्यटन में खास रुचि रखने वाले दो लेखकों राजस्थान के सूचना एवं जनसम्पर्क विभाग में वरिष्ठ अधिकारी रहे डॉ. प्रभात कुमार सिंघल एवं भारतीय रेलवे के कोटा मंडल में सेवारत सीनियर सेक्शन इंजीनियर श्री अनुज कुमार कुच्छल ने मिल कर भारत की विरासत पर सोचा और बारीकियों को समझ कर धरोहरों को अथक परिश्रम से मणिमाला के मोतियों की तरह पिरोया और इस कृति के माध्यम से लोगों तक पहुँचाने का अनूठा प्रयास किया है। निश्चित ही यह कृति उन सब के लिए उपयोगी होगी जो अपनी विरासत को जानने के जिज्ञासु हैं और पर्यटन के शौकीन हैं। पर्यटन को बढ़ावा देने एवं रुचि जागृत करने की दिशा में लेखकों का प्रयास वंदनीय है। जिस रुचि, लगन एवं श्रम से यह पुस्तक लिखी गई है वह आपके सामने है, इसका स्वागत जरूर होगा, ऐसा मेरा विश्वास है। पुस्तक पढें और लाभ उठाएं। मैं अपने आपको गौरवान्वित महसूस करता हूँ कि प्राक्कथन लिखने का मौका पाकर मुझे भी पुस्तक लेखन की यात्रा में सहभागी बनने का सुअवसर प्राप्त हुआ। दोनों प्रबुद्ध लेखकों को मैं अपनी ओर से हृदय के गहनतम तल से श्रम साध्य कार्य के लिये बधाई देते हुए पुस्तक की सफलता की कामना करता हूँ।

**–प्रो. (डॉ.) हुकम चंद जैन**
इतिहासविद, शिक्षाविद, लेखक
19, वसंत विहार स्पेशल, कोटा – (राजस्थान)
Email: hukamjainbasant@gmail-com
Mob: 94141-78010

# लेखकीय

ताजमहल को देख कर मुँह से बरबस निकल पड़ता है 'वाह ताज वाह, अमेजिंग'। खजुराहो के मंदिर की मूर्ति कला को हम अपलक निहारने को मजबूर हो जाते हैं। कुतुबमीनार को हम ऊँचाई तक देखते रहते हैं, पर मन नहीं भरता। मुम्बई के छत्रपति शिवाजी रेलवे स्टेशन के भवन का आश्चर्यजनक स्थापत्य ऐसा कि, बस देखते ही रह जाएँ। ग्रेट चौल, पत्तदकल, महाबलीपुरम एवं हम्पी जैसे मंदिरों की दक्षिण भारतीय कला का तो कहना ही क्या। गुलाबी नगर जयपुर और गाँधी जी की स्मृतियों से जुड़ा नगर अहमदाबाद हर किसी की आँखों का नूर हैं। शूरवीरता, त्याग, बलिदान, इतिहास की गाथाएँ और कलात्मक स्मारकों को अपने में समेटे एक से बढ़ कर एक राजस्थान के पहाड़ी किले किसी विस्मय से कम नहीं हैं। विविध प्रजातियों के वन्यजीवों को संरक्षण प्रदान करते सदाबहार जंगल, झरने, नदियों के प्राकृतिक सौंदर्य से लबरेज राष्ट्रीय अभयारण्य भला किसे न लुभाएँगे। उत्तराखण्ड में हिमालय पर्वत के लुभावने दृश्यों के साथ रंग–बिरंगे फूलों की घाटी, देखने वालों को स्वर्ग का आभास कराती है, वहीं दक्षिण का पश्चिमी घाट भी खूबसूरती में किसी से कम नहीं है। नीलगिरी, शिमला और दार्जिलिंग के मनोहारी पर्वतों के मध्य कठिन रास्तों पर चलने वाली टॉय ट्रेन से जीवन में एक बार सफर करना हर किसी की हसरत होती है। यह है भारत की विश्व धरोहरों का सच और आकर्षण। कतिपय इन स्थलों के साथ–साथ हमारे भारत देश में ऐसे सांस्कृतिक एवं प्राकृतिक महत्व के 38 स्थल हैं, जिन्हें यूनेस्को ने समय–समय पर विश्व धरोहर का दर्जा प्रदान किया है और विश्व समुदाय का ध्यान इस ओर आकर्षित किया है।

संस्कृति को हम सिर्फ कुछ इमारतों और स्थानों तक सीमित करने की भूल नहीं कर सकते। जब हम किसी देश की धरोहर–संस्कृति की चर्चा करते हैं तो वे सभी प्रतिमान जो संस्कृति के अंतर्गत आते हैं, हमारी बेशकीमती

धरोहर होती हैं। मसलन राष्ट्रभाषा, पवित्र ग्रंथ, साहित्य, सामाजिक एवं सांस्कृतिक परम्पराएँ, विविध कलाएँ, नैतिकता, योग, ध्यान, परम्परागत हुनर एवं मानवीय संस्कार आदि हमारी संस्कृति की महान धरोहर हैं। यूनेस्को न सही, क्या हमें इनके संरक्षण पर विचार नहीं करना चाहिए? खैर यह तो प्रसंगवश चिंतन का विषय है, हम यहाँ चर्चा कर रहे हैं भारत में यूनेस्को की विश्व धरोहरों के बारे में जो बहुत कुछ बोलती है। बोलता है उनका स्थापत्य, मूर्तिकला, रमणीक, प्राकृतिक और वन्यजीवों का नैसर्गिक परिवेश। धरोहरें सुनाती हैं अपने पीछे की एक कहानी और इतिहास की गाथाएँ। मंदिर, मस्जिद, गिरजाघर, मठ, चैत्य, गुफाएँ हमारी धार्मिक आस्था का प्रतिबिंब हैं, तो किले शूरवीर रणबाँकुरों एवं क्षत्राणियों की कहानियाँ सुनाते हैं। प्राकृतिक धरोहरें हमें खूबसूरत देश की झलक दिखाती हैं। देखिए एक गीत में कहा है, 'हम उस देश के वासी हैं जिस देश में गंगा बहती हैं'। अनेक फिल्मों के ऐसे ही गीत हमें हमारी विरासत के प्रति गर्व का भान कराते हैं।

विरासतों पर जब चर्चा करते हैं तो स्मरण हो आते हैं पूर्व उपराष्ट्रपति श्री ए.पी.जे. अब्दुल कलाम जी के ये विचार 'हम केवल तभी याद किये जायेंगे जब हम अपनी युवा पीढ़ी को एक समृद्ध और सुरक्षित भारत दें, जो आर्थिक समृद्धि और सभ्यता की विरासत का परिणाम हो।' उन्होंने कितने सरल रूप से विरासत को सहेजने का सन्देश दिया। उनके इन विचारों को आत्मसात करने की आवश्यकता है। समुदाय को भी समझना और सोचना होगा कि पुरखों की विरासत अक्षुण्ण बनी रहे और इनके पीछे छुपे मूल्य पीढ़ी–दर–पीढ़ी हस्तांतरित होते रहें।

विश्व धरोहर, विश्व समुदाय की साझी सम्पत्ति और सामूहिक जिम्मेदारी है। इतिहास गवाह है कि आतंकवाद और बाढ़ जैसे प्राकृतिक कारणों से विश्व धरोहरों को काफी नुकसान हुआ है। हालांकि इनके नुकसान से इतिहास नहीं बदलता, पर यह भी सच है कि आधुनिक ऊँची–ऊँची इमारतों के बीच हम अपनी धरोहर के प्रति उदासीन बने बैठे हैं। जब हम यह कहते हैं तो इसका दूसरा पहलू भी सामने है। यूनेस्को, भारत सरकार के पुरातत्त्व एवं सर्वेक्षण विभाग एवं राज्यों के पर्यटन विभाग ने भारत की विश्व धरोहरों को सहेजने की दिशा में कई कदम भी उठाएँ गये हैं। प्रदूषण एवं मानव द्वारा इन्हें क्षति नहीं पहुँचे, साफ–सुथरे रहे, सुरक्षित रहें, इस दिशा में प्रयास कर धरोहरों को संरक्षित किया गया है। सैंकड़ों वर्ष प्राचीन विश्व धरोहर जब अपनी आब खोने लगी और नष्ट होने लगी तो इनके संरक्षण के लिए यूनेस्को ने चिंता की, और आगे आया। अब तक विश्व में 1121 धरोहरों को

विश्व धरोहर घोषित किया जा चुका है, जिनमें भारत की 38 धरोहरें भी शामिल हैं। यूनेस्को की विश्व विरासत समिति ने मध्य प्रदेश के दो शहरों ग्वालियर और ओरछा को दिसम्बर 2020 में विश्व धरोहर के लिए चिह्नित किया है।

पुस्तक लेखन की यात्रा में हमारे सहभागी बने कुम्भा पुरस्कार प्राप्त लब्ध प्रतिष्ठित इतिहासविद, शिक्षाविद, इतिहास पर कई पुस्तकों के लेखक, अलख शोध संस्थान के अध्यक्ष एवं राजकीय महाविद्यालय कोटा के पूर्व प्राचार्य डॉ. हुकम चंद जैन, जिन्होंने न केवल पुस्तक का प्राक्कथन लिखा वरन् अपने अमूल्य सुझाव प्रदान कर सहयोग किया। राजकीय सार्वजनिक मंडल पुस्तकालय, कोटा के अधीक्षक डॉ. दीपक कुमार श्रीवास्तव ने मार्ग दर्शन प्रदान किया एवं पुस्तकालय सहायक श्रीमती शशि जैन ने सन्दर्भ सामग्री उपलब्ध कराने में सहयोग किया। एडवोकेट एवं पत्रकार श्री अख्तर खान 'अकेला' ने स्मारकों पर उपयोगी सूचनाएँ उपलब्ध कराकर योगदान दिया। वरिष्ठ पत्रकार श्री के.डी. अब्बासी एवं उनकी धर्म पत्नी श्रीमती तकसीम ने पुस्तक लेखन के लिए कंप्यूटर,टाइपिंग आदि संसाधन एवं सुविधाएँ उपलब्ध कराकर अपना सहयोग प्रदान किया। दिल से हमारे सहभागी बने इन समस्त साथियों का हम हृदय के गहनतम तल से आभार एवं साधुवाद ज्ञापित करते हैं। प्रकाशक साहित्यगार, जयपुर के प्रति भी आभारी हैं जिन्होंने पुस्तक को प्रकाशित करने की सहर्ष स्वीकृति प्रदान की एवं जिनके प्रयासों से यह सुंदर पुस्तक आपके समक्ष है।

भारत की विश्व धरोहरों को जानने की ख्वाइश रखने वालों को एक स्थान पर समस्त जानकारी उपलब्ध हो सके, वह इनसे परिचित हों, इनको देखने की लालसा बढ़े और आमजन में इन्हें संरक्षित रखने की भावना का उदय हो, ऐसे ही उद्देश्यों को दृष्टिगत रखते हुए हमने एक अकिंचन सा प्रयास किया हैं। आइये! अपने देश की विरासत के इन निशानों को सहेज कर रखें। हमें विश्वास है कि यह कृति आपके लिये उपयोगी साबित होगी। पुस्तक को त्रुटि रहित बनाने का प्रयास किया गया है, फिर भी आपके बहुमूल्य विचारों एवं सुझावों का इंतजार रहेगा।

लेखक द्वय

**डॉ. प्रभात कुमार सिंघल**

**अनुज कुमार कुच्छल**

# अनुक्रम

# मानस जंगली राष्ट्रीय अभयारण्य

भारत के पूर्वोत्तर राज्य असम की खूबसूरत प्राकृतिक घाटियों, विविध वनस्पति से भरपूर जंगल एवं जैव विविधता की विचित्रता और व्यापकता के अनुमान के लिये यह तथ्य इंगित करता है कि राज्य के दो राष्ट्रीय उद्यानों मानस जंगल राष्ट्रीय उद्यान और काजीरंगा राष्ट्रीय उद्यान को यूनेस्को ने विश्व धरोहर घोषित कर अपनी धरोहर सूची में शामिल किया है। वाकई कुदरत ने भरपूर प्राकृतिक और जैव विविधता की अनुपम संपदा से मालामाल कर असम को नैसर्गिक पर्यावरणीय उपहार से श्रृंगारित किया है।

दुर्लभ एक सींग के गेंडे और बारहसिंघों के लिए विशेष रूप से पहचान बनाने वाले इस उद्यान में हाथी सफारी और जीप सफारी का आनन्द लेने के साथ–साथ प्रकृति के बीच विचरण करते हुए इनके साथ–साथ, बाघों एवं अन्य जानवरों को नजदीक से निहारना हर किसी को रोमांचित करता है। नौकायन और वाटर राफ्टिंग का लुत्फ भी उठाते हैं सैलानी। टाइगर

रिजर्व, बाघ रिजर्व, बायोस्फियर, भारत की दूसरी बड़ी बाघों की आबादी का प्राकृतिक आवास एवं पक्षियों का स्वर्ग इसकी प्रमुख विशिष्टताएँ हैं। वन्यजीवों के लिहाज से भारतीय हाथी, बाघ, बादल वाला तेंदुआ, ब्लैक पैंथर, गेंडे, बारहसिंघा, एशियाई जल भैंस, एशियाई स्वर्ण बिल्ली, टोपीदार लंगूर, छायांकित लंगूर, पिग्मी हाक, बंगाल फ्लोरिकन, मलाया की विशाल गिलहरी, प्रमुख वन्यजीव यहाँ देखने को मिलते हैं। साँभर, हिरण, चीतल,जंगली सूअर, हार्नबिल, धीमी चलने वाली लारी, हिबाक गूलर, चिकने उदबिलाव, सुस्त भालू, आदि वन्यजीवों के साथ-साथ विभिन्न प्रजातियों के स्तनपायी, उभयचर, सरीसर्प, पक्षी यहाँ की जैविक निधियाँ हैं। खास बात यह है कि रुफेड टर्टल, पिग्मी हाक एवं गोल्डन लंगूर जैसे वन्यजीव पूरी दुनिया में केवल यहीं पाए जाते हैं। यहाँ स्तनपाइयों की 55, उभयचरों की 3, सरीसृपों की 50 तथा पक्षियों की 350 प्रजातियाँ पाई जाती हैं। कोकिलबारी और अलबरी पक्षियों को देखने के लिए प्रमुख स्थल है। बंगाल फ्लोरिकन की आबादी सबसे अधिक मिलती है। यहाँ मछली पकड़ने वाले भी देखने को मिलते हैं।

वनस्पति की दृष्टि से उप-हिमालयी भाबर तराई का विकास नदी के उत्तराधिकार के साथ हिमालयी उपोष्णकटिबंधीय चौड़े, घने एवं सदाबहार जंगल तक जाता है, जो दुनिया के सबसे समृद्ध जैवविविधता क्षेत्रों में से एक है। उत्तरी भागों में जलोढ़ अर्ध सदाबहार वन हैं। पूर्वी हिमालय मिश्रित नम और शुष्क पर्णपाती आम प्रकार के वन हैं। निचली घाटी में जलोढ़ सवाना एवं वुडलैंड हैं। असम घाटी में अर्ध सदाबहार जलोढ़ घास के मैदान हैं जिसका 50 प्रतिशत भाग मानस उद्यान में आता है। कोर क्षेत्र में करीब 543 प्रकार की वनस्पति प्रजातियाँ पाई जाती हैं। पक्षियों में प्रमुख रूप से ग्रेटर एडजुटेंट, काले पूँछ वाले क्रेक, लाल सिर वाला टोर्गो, जंगली तीतर, हॉर्नबिल, मार्श और जेर्डोन का बैबलर, रूफस (बादामी) पूँछ वाली चिड़िया, हॉजसन की बुश चौट, रूफस वेंटेक लॉफिंगथ्रश, फिन वेवर, आईबिस बिल और तलहटी प्रजातियाँ शामिल हैं।

राष्ट्रीय मानस उद्यान के अन्य महत्वपूर्ण तथ्यों की चर्चा करें तो यह उद्यान असम में हिमालय की तलहटी में मानस नदी के पश्चिम की ओर स्थित है, जिसकी सीमा भूटान के रॉयल मानस राष्ट्रीय उद्यान से लगती है। मानस नदी असम से भारत और भूटान को विभाजित करने वाली अन्तर्राष्ट्रीय सीमा का निर्धारण करती है। यह नदी ब्रह्मपुत्र नदी की सहायक नदी है। एक अक्टूबर 1961 को 360 वर्ग किलोमीटर क्षेत्र में स्थापित यह

उद्यान आज 950 वर्ग किलोमीटर क्षेत्रफल से भी ज्यादा तक विस्तारित हो गया है। जंगलों से घिरा अग्रगंज नामक गाँव मुख्य भाग में है जबकि आसपास 56 से अधिक गाँव इसे घेरे हुए हैं। मानस बायो रिजर्व प्रोजेक्ट टाईगर की स्थापना 1973 ई. में की गई। इससे पूर्व आरक्षित वन क्षेत्र था, जिसका उपयोग कूच बिहार का शाही परिवार एवं गौरीपुर के राजा शिकार के लिए आरक्षित क्षेत्र के रूप में करते थे। उद्यान के समीप नदी के उस पार बने भूटान राजा के ग्रीष्मकालीन महल देखने के लिए पूर्व अनुमति प्राप्त कर नाव से जाया जा सकता है। यूनेस्को की विश्व विरासत समिति ने इसे प्राकृतिक श्रेणी में 1985 ई. में विश्व धरोहर का दर्जा दिया परन्तु 80 और 90 के दशकों के मध्य बोडो विद्रोहियों की गतिविधियों के कारण विश्व धरोहर सूची से हटा दिया, परंतु जून 2011 ई. में फिर से दोबारा सूची में जोड़कर विश्व धरोहर घोषित किया।

मानस राष्ट्रीय उद्यान देखने लिए कार्यकम बनाते हैं तो निकटम बोरझार एयररपोर्ट गुवाहाटी में स्थित है। दिल्ली, मुम्बई और कोलकाता से हवाई सेवा सुलभ है। पार्क से करीब 22 किलोमीटर दूरी पर बारपेटा रोड रेलवे स्टेशन है, जो दिल्ली, मुम्बई, चेन्नई और बैंगलोर से रेल सेवा से जुड़ा है। यहाँ तक पहुँचने के लिए अच्छा सड़क नेटवर्क है।

# काजीरंगा राष्ट्रीय पार्क

काजीरंगा राष्ट्रीय पार्क असम राज्य के गोलाघाट एवं नागाँव जिले में स्थित पर्यटकों के बीच बहुत ही प्रसिद्ध पार्क है। यह बाघों का घर कहा जाता है और न केवल हमारे भारत में बल्कि संपूर्ण विश्व में एक सींग वाले गैंडे के लिए विशेष तौर पर प्रसिद्ध है। यहाँ बड़ी संख्या में गेंडे एवं हाथी देखने को मिलते हैं। पार्क का प्राकृतिक परिवेश समृद्ध वनस्पतियों से भरपूर है और वनों का विस्तार बहुत दूर तक फैला है जो देखते ही बनता है। सदाबहार वन कंचाझुरी पनवारी के पास स्थित है जो कि पेड़ों से ढका रहता है। यहाँ पर मोटे वृक्ष एवं विशालकाय दलदली स्थान और उथले तालाब हैं। लंबे घने घास के मैदान के साथ खुले जंगल, बहुत सारी झीलों एवं विभिन्न प्रकार की मछलियों के जलाशयों से भरपूर है पार्क का सौंदर्य। काजीरंगा का नामकरण एक लड़की और एक लड़के की प्रेम कहानी बयाँ करता है। एक गाँव में रंगा नामक लड़की को कांजी नाम के लड़के से

प्यार हो गया। घर वालों के राजी नहीं होने पर वे जंगल में भागकर गायब हो गये। इसलिये इस पार्क का नाम काजीरंगा रखा गया।

असम में ब्रह्मपुत्र नदी के दक्षिणी तट पर स्थित यह पार्क एक सींग वाले गैंडे का प्राकृतिक आवास है। विलुप्त होने की कगार पर इस जीव की प्रजाति को संरक्षित करना पार्क की स्थापना का प्रमुख उद्देश्य था। सर्दियों में विदेशी मेहमान पक्षी साइबेरिया से यहाँ आते हैं। विभिन्न किस्म के बाज, चील और तोते यहाँ की विशेषता हैं। जीप सवारी कर वन्यजीवों को देखना पर्यटक ज्यादा पसंद करते हैं। हाथी सवारी का लुत्फ भी यहाँ उठाते हैं। पार्क का सुंदर प्राकृतिक दृश्य मन मोह लेता है।

इस पार्क में एक सींग वाले गेंडा, हाथी, भारतीय भैंसा, हिरण, साँभर, बाघ, भालू चीते, सुअर, बिल्ली, जंगली बिल्ली, हॉग बैजर, लंगूर, हुलॉक गिब्बन, भेड़िया, साही, अजगर पाये जाते हैं। यहाँ एशियाई हाथी और शाही बंगाल बाघ सबसे ज्यादा पाये जाते हैं। औसत प्रति 5 वर्ग किमी. में एक बाघ मिलता है। इसी प्रकार पक्षी जगत् में अनेक विभिन्न प्रकार की चिडियाँ, जैसे–'पेलीकन', बत्तख, कलहंस, हॉर्नबिल, आइबिस, जलकाक, अगरेट, बगुला, काली गर्दन वाले स्टॉर्क, लेसर एडजुलेंट, रिंगटेल फिशिंग ईगल आदि बड़ी संख्या में पाए जाते हैं। बड़ी संख्या में जंगली बिल्ली एवं गिद्ध की 3 प्रजातियाँ पाई जाती हैं। यहाँ 35 स्तनधारी प्रजातियाँ पाई जाती हैं। मार्च 2015 की वन्यजीव जनगणना में यहाँ करीब 2,401 गेंडे पाये गए थे।

काजीरंगा नेशनल पार्क का दर्जा 1968 में दिया गया। इससे पूर्व 1 जून 1905 में 232.2 क्षेत्र को काजीरंगा प्रस्तावित रिजर्व फ़ारेस्ट बनाकर 1908 में इसे रिजर्व फारेस्ट घोषित किया गया। वर्ष 1916 में इसका नाम बदलकर काजीरंगा गेम रिजर्व कर दिया गया। काजीरंगा राष्ट्रीय पार्क को भारत सरकार से 11 फरवरी, 1974 को आधिकारिक मान्यता प्राप्त हुई। यहाँ की संरक्षित और निरंतर जैव विविधता के करण 1985 ई. में यूनेस्को की विश्व धरोहर समिति ने इन राष्ट्रीय पार्क को विश्व धरोहर घोषित कर इसके महत्व को दुनिया के सामने उजागर किया। पार्क में एवं इसके आसपास कई आकर्षण भी देखने योग्य हैं। गोहपुर प्रसिद्ध ऐतिहासिक शहर है। ककोचांग झरना लोकप्रिय पिकनिक स्पॉट है।

काजीरंगा में सर्दियाँ अच्छी होती हैं और राष्ट्रीय उद्यान घूमने के लिए सबसे अच्छा समय है। यह भारी वर्षा के लिए जाना जाता है, जिससे यहाँ भीषण बाढ़ की स्थिति पैदा हो जाती हैं और इसके कारण, काजीरंगा नेशनल पार्क हर साल कई महीनों के लिए जनता के लिए भी बंद रहता है। बाढ़ के समय वन्यजीवों को सुरिक्षत आश्रय के लिए संकट का सामना करना पड़ता हैं। ये पास के अन्य क्षेत्रों में चले जाते हैं। काजीरंगा पार्क गुवाहाटी से लगभग 225 किलोमीटर की दूरी पर है और काजीरंगा तक पहुँचने के लिए सबसे अच्छा तरीका कैब से पहुँचने का है। आसपास के अन्य शहरों के अलावा तेजपुर और गोलाघाट भी हैं, जो राज्य के अन्य हिस्सों से भी जुड़े हुए हैं।

❖❖❖

# बोधगया में महाबोधि मंदिर परिसर

भारत के बिहार राज्य में गया से 13 किमी. दूर बोधगया का बोधि मंदिर भारत में बौद्ध धर्म के चार प्रमुख स्थानों में सबसे महत्वपूर्ण हैं। भारतीय वास्तु शिल्प की यह महान विरासत है। यहाँ निरंजना नदी के तट पर एक पीपल के पेड़ के नीचे संसार से विरक्त सिद्धार्थ को कठोर तपस्या करने पर बोधि ज्ञान की प्राप्ति हुई थी और वे महात्मा बुद्ध कहलाये। यहीं से न केवल बौद्ध धर्म का उदय हुआ वरन् बौद्ध धर्म की विचारधारा की ज्योति विश्व में प्रकाशमान हुई। विश्व भर के बौद्ध अनुयायियों का यह बड़ा श्रद्धा केंद्र बन गया है। मन की आध्यात्मिक शांति के लिए देश–विदेश के सैलानी हर साल बड़ी संख्या में बोधगया आते हैं। जिस पीपल के पेड़ के नीचे

बुद्ध को बोधि ज्ञान प्राप्त हुआ था, उस पर पवित्र धागे बाँधते हैं, अगरबत्ती और दीपक जलाकर अपनी श्रद्धा प्रकट करते हैं और महात्मा बुद्ध के दर्शन कर पुण्य कमाते हैं। मंदिर का सम्पूर्ण परिसर वास्तुकला, प्रकृति और शांति का अनूठा संगम है। सुंदर पेड़–पौधों और हरे–भरे लॉन की प्राकृतिक सुंदरता वैभव पूर्ण कलात्मक मंदिरों का श्रृंगार करती है।

उन्नीसवीं सदी में ब्रिटिश पुराविद् कनिंघम तथा भारतीय पुराविद् डॉ. राजेन्द्र लाल के निर्देशन में 1883 ई. में यहाँ खुदाई की गई और काफी मरम्मत के बाद मंदिर के पुराने वैभव को स्थापित किया गया। ऐतिहासिक एवं धार्मिक बौद्ध मंदिर को वर्ष 2002 ई. में यूनेस्को द्वारा विश्व विरासत सूची में शामिल कर इसे विश्व विरासत घोषित किया गया।

ऐतिहासिक तथ्यों से ज्ञात होता है कि प्रथम मंदिर तीसरी शताब्दी ई.पू. में सम्राट अशोक द्वारा निर्मित कराया गया था और वर्तमान मंदिर पाँचवीं या छठवीं शताब्दी में बनाए गए। यह ईंटों से पूरी तरह निर्मित सबसे प्रारंभिक बौद्ध मंदिरों में से है जो भारत में आज तक अपने मूल स्वरूप में खड़े हुए हैं। महाबोधि मंदिर का स्थल महात्मा बुद्ध के जीवन से जुड़ी घटनाओं और उनकी पूजा से संबंधित तथ्यों की असाधारण जानकारी प्रदान करते हैं, विशेष रूप से जब सम्राट अशोक ने प्रथम मंदिर का निर्माण कराया और साथ ही कटघरा और स्मारक स्तंभ बनवाया था जो पत्थर में शिल्पकारी की परम्परा का असाधारण आरंभिक उदाहरण हैं।

महात्मा बुद्ध का मुख्य बोधि मंदिर 170 फीट ऊँचा है एवं इसके चारों ओर कलात्मक शिखर बनाये गए हैं जो इसकी भव्यता में वृद्धि करते हैं। मंदिर पेगोडानुमा बहुअलंकृत आर्य एवं द्रविड़ शैली का सुंदर नमूना है। आकर्षक प्रवेश द्वार के सामने गर्भगृह में भगवान बुद्ध की पद्मासन मुद्रा में भव्य मूर्ति स्थापित है। जनश्रुति के अनुसार यह मूर्ति उसी जगह स्थापित है जहाँ बुद्ध को कैवल्य ज्ञान की प्राप्ति हुई थी। मंदिर के चारों ओर पत्थर की नक्काशीदार सुंदर रेलिंग लगी है जो प्राचीन अवशेष है। मंदिर के दक्षिण में 15 फीट ऊँचा अशोक स्तम्भ नजर आता है, जो कभी 100 फीट ऊँचा था।

मंदिर परिसर में उन सात स्थानों को भी चिह्नित किया गया है जहाँ बुद्ध ने ज्ञान प्राप्ति के बाद सात सप्ताह व्यतीत किये थे। मुख्य मंदिर के पीछे बुद्ध की सात फीट ऊँची लाल बलुआ पत्थर की विराजन मुद्रा में मूर्ति स्थापित है। मूर्ति के चारों ओर लगे विभिन्न रंगों के पताके मूर्ति को आकर्षक बनाते हैं। मूर्ति के आगे बलुआ पत्थर पर बुद्ध के विशाल पदचिह्न बने हैं,

जिन्हें धर्मचक्र परिवर्तन का प्रतीक माना जाता है। यहाँ बुद्ध ने पहला सप्ताह बिताया था। परिसर में स्थित बोद्धी वृक्ष एवं खड़ी अवस्था में बनी बुद्ध की मूर्ति स्थल को अनिमेश लोचन कहा जाता है। यह चैत्य मंदिर के उत्तर–पूर्व में बना है जहाँ बुद्ध ने दूसरा सप्ताह व्यतीत किया था। इस स्थल पर 16 जनवरी, 1993 को श्रीलंका के राष्ट्रपति रणसिंधे प्रेमादास द्वारा सोने का जंगला एवं सोने की छतरी का निर्माण कराकर इसे आकर्षक स्वरूप प्रदान किया गया। मुख्य मंदिर का उत्तरी भाग चंकामाना नाम से जाना जाता है जहाँ काले पत्थर का कमल का फूल बुद्ध का प्रतीक बना है, और बुद्ध ने यहाँ तीसरा सप्ताह बिताया था।

छतविहीन भग्नावशेष स्थल रत्न स्थान पर बुद्ध ने चौथा सप्ताह व्यतीत किया था। जनश्रुति के अनुसार बुद्ध यहाँ गहन चिन्तन में लीन थे तब उनके शरीर से प्रकाश की किरण निकली थी। प्रकाश की किरणों के इन्हीं रंगों का उपयोग विभिन्न देशों द्वारा यहाँ लगे पताके में किया जाता है। मुख्य मंदिर के उत्तरी दरवाजे से थोड़ी दूर स्थित अजयपाल वटवृक्ष के नीचे बुद्ध ने पाँचवाँ सप्ताह व्यतीत किया था। मंदिर के दांई ओर स्थित मुचलिंद सरोवर जो चारों तरफ से वृक्षों से घिरा है और सरोवर के मध्य में बुद्ध की मूर्ति स्थापित है, जिसमें विशाल सर्प को बुद्ध की रक्षा करते हुए बताया गया है, यहाँ बुद्ध ने छठा सप्ताह व्यतीत किया था। परिसर के दक्षिण–पूर्व में स्थित राजयातना वृक्ष के नीचे बुद्ध ने सातवाँ सप्ताह व्यतीत किया था।

बोधगया घूमने का सबसे अच्छा समय अप्रैल–मई में आने वाली बुद्ध जयंति का अवसर है जब यहाँ सिद्धार्थ का जन्मदिन विशेष उत्साह एवं परम्परा के साथ मनाया जाता है। इस दौरान मंदिर को हजारों मोमबत्तियों से सजाया जाता है तथा जलती हुई मोमबत्तियों से उत्पन्न दृश्य मनुष्य के मानस पटल पर अंकित हो जाता है।

## जापानी-चीनी मठ

महाबोधि विहार के पश्चिम में बोधगया का सबसे बड़ा और पुराना तिब्बतियन मठ है जिसे वर्ष 1934 ई. में बनाया गया था। वर्ष 1936 ई. में बनवाया गया बर्मी विहार – बोधगया रोड पर निरंजना नदी के तट पर स्थित है। इस विहार में दो प्रार्थना कक्ष बनाये गए हैं। इसमें बुद्ध की एक विशाल प्रतिमा स्थापित की गई है। इससे लगा हुआ है– थाई मठ। यह महाबोधि विहार परिसर से एक किलोमीटर पश्चिम की ओर स्थित है। इस मठ की छत पर सोने की कलई की गई है, इस कारण इसे गोल्डन मठ कहा जाता

है। इस मठ की स्थापना थाईलैंड के राजपरिवार ने बौद्ध स्थापना के 2500 वर्ष पूरा होने के उपलक्ष्य में किया था। इंडोसन–निप्पन–जापानी मंदिर महाबोधि मंदिर परिसर से 11.5 किलोमीटर दक्षिण–पश्चिम की ओर स्थित है जिसका निर्माण 1972–73 में करवाया गया था। इस विहार का निर्माण लकड़ी के बने प्राचीन जापानी विहारों के आधार पर किया गया है तथा मठ की दीवारों पर नक्काशी का बेहतरीन काम किया गया है। इस विहार में बुद्ध के जीवन में घटी महत्वपूर्ण घटनाओं को चित्र के माध्यम से दर्शाया गया है। चीनी विहार महाबोधि मंदिर परिसर के पश्चिम में स्थित है जिसका निर्माण वर्ष 1945 ई. में किया गया था। इस विहार में सोने की बनी बुद्ध की एक प्रतिमा स्थापित है। इस विहार का पुनर्निर्माण वर्ष 1997 ई. में करवाया गया था। जापानी विहार के उत्तर में भूटानी मठ स्थित है। यहाँ सबसे नया बना विहार वियतनामी विहार है। यह विहार महाबोधि विहार के उत्तर में स्थित है जिसका निर्माण 2002 ई. में किया गया। इस विहार में बुद्ध के शांति के अवतार अवलोकितेश्वर की प्रतिमा स्थापित है।

इन मठों और विहारों के अलावा कुछ और स्मारक भी यहाँ प्रसिद्ध हैं। इन्हीं में से एक है भारत की सबसे ऊँची बुद्ध प्रतिमा, जो कि 6 फीट ऊँचे कमल के फूल पर स्थापित है। यह पूरी प्रतिमा एक 10 फीट ऊँचे आधार पर बनी हुई है। स्थानीय लोग इस मूर्ति को 80 फीट ऊँचा मानते हैं। यहाँ स्थित पुरातात्विक संग्रहालय भी दर्शनीय है।

❖❖❖

# पुरातात्विक स्थल–नालंदा विश्वविद्यालय

विश्व गुरु कहे जाने वाले भारत में प्राचीन समय में बिहार राज्य में स्थापित नालंदा का अन्तर्राष्ट्रीय विश्वविद्यालय शिक्षा–संस्कृति का महान केंद्र था। भारतीय वास्तु कला और मूर्ति कला की दृष्टि से भारत के बौद्ध सर्किट में अपना विशिष्ट स्थान रखता है। भारत के साथ–साथ विदेशों से भी विद्यार्थी अध्ययन के लिए यहाँ आना गौरव समझते थे। इतिहास की हमारी इस गौरवमयी थाती को यूनेस्को ने 9 जनवरी, 2009 ई. में विश्व धरोहर का दर्जा प्रदान कर इसे अन्तर्राष्ट्रीय महत्व का स्मारक बना दिया और वह दिन नालंदा के इतिहास में यादगार बन गया। आशा के अनुरूप इस अतीत की धरोहर के इतिहास एवं पुरातत्व महत्व को देखने–समझने के लिये आने वाले सैलानियों की संख्या में आशातीत वृद्धि हुई। यह कहने में कोई संकोच नहीं कि नालंदा के भग्नावशेष आपकी यात्रा को रोमांचक बनाने की पूर्ण सम्मोहन शक्ति रखते हैं।

नालंदा के स्मारक, विहार, चैत्य, स्तूप और प्रार्थनालय के अवशेष करीब 14 हैक्टेयर क्षेत्र में फैले हैं। यहाँ की गई खुदाई से ज्ञात होता है कि इमारतों का निर्माण लाल ईंटों से कराया गया था। परिसर दक्षिण से उत्तर की ओर बना है जबकि परिसर के पूर्व की ओर मठ एवं विहार तथा पश्चिम की ओर चैत्य–मंदिर बनाये गए हैं। यहाँ मुख्य आंगन के समीप नजर आती दुमंजली इमारत विहार नं. एक सबसे मुख्य है। इसमें एक छोटा सा प्रार्थनालय भी है जिसमें महात्मा बुद्ध की भग्न प्रतिमा दिखाई देती है। ऐसा प्रतीत होता है कि कभी यह विहार भव्य रहा होगा जो विद्यार्थियों को शिक्षा देने के लिए उपयोग में लिया जाता होगा। माना जाता है कि केंद्रीय विद्यालय में 7 बड़े कक्ष एवं 300 अन्य कमरे थे। सबसे बड़ी रचना मंदिर नं. 3 है जिसके चारों ओर अनेक छोटे–बड़े स्तूप बनाए गए हैं। सभी स्तूपों में विभिन्न मुद्राओं में महात्मा बुद्ध की प्रतिमाएँ स्थापित की गई हैं। इस मंदिर से समस्त क्षेत्र का दृश्य दिखाई देता है।

यहाँ के मठों की वास्तुकला कुषाण काल की शैली का आभास कराती है और प्रतीत होता है कि पुराने खंडहरों पर नए भवनों को बनवाया गया। यह भी ज्ञात होता है कि स्तूप मूलतः छोटी रचना थी जिसे बाद में अतिरिक्त निर्माण कर इसका विस्तार किया गया। अभी तक खुदाई में 13 मठ प्राप्त हुए हैं जिनकी संख्या और अधिक होने का अनुमान लगाया गया है। मठ एक से ज्यादा मंजिल के होते थे जिनमें सोने के लिए पत्थर की चौकी, दीपक, पुस्तक रखने के लिए आले बने होते थे। परिसर में 10 मंदिर, 8 विशाल भवन, अनेक प्रार्थनालय के साथ सुंदर बगीचे एवं झीलें भी थीं।

परिसर में 1917 ई. में एक पुरातात्विक संग्रहालय स्थापित किया गया है। खुदाई में प्राप्त महत्वपूर्ण अवशेषों को यहाँ प्रदर्शित किया गया है। महात्मा बुद्ध की पाषाण एवं टेराकोटा की विभिन्न आकार-प्रकार और मुद्राओं की मूर्तियों का अच्छा संग्रह देखने को मिलता है। कई अन्य प्राचीन एवं पुरातत्व महत्व की वस्तुएँ भी प्रदर्शित की गई हैं।

यह संग्रहालय नालंदा के इतिहास को जानने का अच्छा अवसर प्रदान करता है। पहली शताब्दी के बने दो विशाल टेराकोटा के मटके, तांबे की प्लेटों, पत्थर के शिलालेखों, सिक्कों, मिट्टी के बर्तनों और अन्य पुरातन वस्तुओं को यहाँ प्रदर्शित किया गया है। संग्रहालय की चार दीर्घाओं में 5वीं से 12वीं शताब्दी की लगभग 349 प्राचीन वस्तुओं को संजो कर रखा गया है।

प्रथम गैलरी में 57 मूर्तियाँ और चित्रकलाएँ और दूसरी गैलरी में प्लास्टर, टेराकोटा उत्पादों और लोहे के औजार जैसी विविध वस्तुओं को सजाया गया है। तीसरी गैलरी पूरी तरह से कांस्य वस्तुओं और चौथी गैलरी पत्थर की छवियों और मूर्तियों को प्रदर्शित करती है। संग्रहालय कला और इतिहास के प्रेमियों के लिए एक अवश्य–दर्शनीय जगह है।

बिहार के सबसे अधिक देखे जाने वाले स्थानों में नालंदा के पुरातत्व संग्रहालय में हजारों पुरावशेष संरक्षित हैं। यह संग्रहालय सन् 1917 में स्थापित किया गया था और यह राजगीर का प्राचीनतम मठ–विश्वविद्यालय परिसर के रूप में प्रसिद्ध है। संग्रहालय का मुख्य आकर्षण भगवान बुद्ध की अच्छी तरह से संरक्षित मूर्तियाँ हैं, साथ ही बौद्ध और हिंदू कांस्य वस्तुओं का एक सुंदर संग्रह भी है।

चीन के तीर्थयात्री ह्वेनसांग जिन्होंने यहाँ कई वर्षो तक रहकर अध्ययन किया था, उनकी स्मृति में ह्वेनसांग मेमोरियल हॉल बनाया गया है। इसमें उनकी प्रतिमा लगाई गई है एवं उनसे संबंधित वस्तुएँ प्रदर्शित की गई हैं। परिसर में पाली साहित्य के अध्ययन एवं शोध के लिए 1956 ई. में एक नया संस्थान शुरू किया गया जिसे नव नालंदा महाविहार के नाम से जाना जाता है।

नालंदा महाविहार भारत में तक्षशिला के बाद दूसरा बड़ा विश्वविद्यालय माना जाता था, परन्तु यह दुनिया का पहला आवासीय विश्वविद्यालय था जो करीब 800 वर्ष अस्तित्व में रहा। तथ्यों से ज्ञात होता है कि यहाँ दुनिया

भर से आये 10 हजार विद्यार्थी रह कर शिक्षा ग्रहण करते थे और करीब 2 हजार गुरुजन उन्हें शिक्षा प्रदान करते थे। भारत ही नहीं जापान, चीन, कोरिया, तिब्बत, ईरान, मंगोलिया, इंडोनेशिया, ग्रीस, टर्की सहित अन्य कई देशों के विद्यार्थी अध्ययन के लिये यहाँ आते थे और यहीं रह कर शिक्षा प्राप्त करते थे। यहाँ पर उस समय साहित्य, ज्योतिष, मनोविज्ञान, इतिहास, विज्ञान, गणित, वास्तुशास्त्र, अर्थशास्त्र, मेडिसिन एवं विधि आदि विषयों में शिक्षा प्रदान करने की व्यवस्था थी। धर्मपाल, हर्षवर्धन, धर्मकीर्ति, वसुबन्धु, आर्यवेद एवं नागार्जुन जैसे विद्वान यहाँ शिक्षा प्रदान करते थे। यहाँ के विशिष्ट शिक्षा प्राप्त स्नातक बाहर जाकर बौद्ध धर्म का प्रचार करते थे। नौवीं से बारहवीं शताब्दी तक इस विश्वविद्यालय को अंतरराष्ट्रीय ख्याति प्राप्त थी। यहाँ तीन भवनों को मिला कर एक पुस्तकालय बनाया गया था जिसमें विभिन्न विषयों की लाखों किताबें थीं। भवनों के नाम रत्नसागर, रत्नोदधि एवं रत्नरंजिता थे। अलग–अलग नाम होने से कई लोगों ने इन्हें तीन पुस्तकालय मान लिया है।

नालंदा विश्वविद्यालय के अवशेषों की खोज का श्रेय अलेक्जेंडर कनिंघम को जाता है, जिनकी वजह से भारत की यह प्राचीन धरोहर दुनिया के सामने आ सकी। पुरातात्विक और साहित्यिक साक्ष्यों के आधार पर माना जाता है कि नालंदा विश्वविद्यालय की स्थापना 450 ई. के आसपास हुई थी। गुप्त वंश के शासक कुमार गुप्त ने इसकी स्थापना की थी। हर्षवर्द्धन एवं पाल शासकों ने भी इसे संरक्षण दिया। स्थानीय शासक ही नहीं, बल्कि विदेशी शासकों ने भी इसके निर्माण एवं विस्तार में अपना योगदान दिया था। विश्वविद्यालय का अस्तित्व 12वीं शताब्दी तक बना रहा। लेकिन तुर्क आक्रमणकारी बख्तियार खिलजी ने इस विश्वविद्यालय को जला डाला था, जिसमें मुख्यतः पुस्तकालय का अधिकांश भाग जलकर राख हो गया।

यह है नालंदा की विरासत जिसे देखे बिना भारत को देखना अधूरा ही रहेगा। समय निकाल कर महान प्राचीन धरोहर के दर्शन करने जरूर जाएँ।

# केपिटल बिल्डिंग कॉम्प्लेक्स– ली कोर्बुज़िए के वास्तुकला के काम

अनूठी प्राकृतिक छटा बिखेरता चण्डीगढ़ शहर अपनी व्यवस्थित बसावट एवं वास्तुशिल्प की दृष्टि से भारत के सबसे सुन्दर, प्रदूषण मुक्त वातावरण और स्वच्छ शहरों में प्रमुख है। यहाँ के सभी सेक्टरों में वनस्पति एवं फूलों की विविधता इस शहर को एक नया स्वरूप प्रदान करती है। शिवालिक पहाड़ियों की गोद में बसा चण्डीगढ़ संघीय राज्य होने के साथ–साथ पंजाब एवं हरियाणा राज्यों की संयुक्त राजधानी है। नियोजित रूप से बसाये गये इस शहर को "ब्युटीफुल सिटी" की संज्ञा से विभूषित किया जाता है। करीब 114 वर्ग कि.मी. में फैले इस शहर के नियोजन का कार्य फ्रांसीसी वास्तुकार ली–कार्बूजियर द्वारा किया गया था। शहर की विशेषता है कि यहाँ से बहुत कम दूरी पर कई विश्व प्रसिद्ध पर्यटक-स्थलों पर आसानी से पहुँचा जा सकता है।

शहर के सेक्टर–एक में फ्रांसीसी वास्तुकार ली कोर्बुजिए द्वारा डिजाइन किया गया केपिटल कॉम्प्लेक्स, सरकारी भवनों एवं स्मारकों का एक समूह है जो यूनेस्को द्वारा घोषित विश्व विरासत स्थल है। इसे 2016 में विश्व विरासत शहर की संज्ञा से सुशोभित किया गया। यह लगभग 100 एकड़ जमीन क्षेत्र में फैला हुआ है। इसमें तीन इमारतें, तीन स्मारक और एक झील है। जिनमें विधान सभा, सचिवालय, उच्च न्यायालय, मुक्त हस्त स्मारक, ज्यामितीय पहाड़ी, टॉवर ऑफ शैडोज एवं सुखना झील शामिल हैं। यह चंडीगढ़ की वास्तुकला की एक महान अभिव्यक्ति है। ली कोर्बुजिए ने ही चंडीगढ़ शहर का आर्किटेक्चर भी तैयार किया। प्रथम विश्व युद्ध के पश्चात् ली कोर्बुजिए ने अपने वास्तुशिल्प में लोहा, कंक्रीट और काँच का नये तरीके से प्रयोग कर आधुनिक निर्माण के अगुआ बने और वास्तुशिल्प को नये आयाम दिये। यही प्रमुख कारण रहा जिससे इसे विश्व धरोहर में शामिल किया गया।

ली कॉर्बुरजिये का चंडीगढ़ स्थित 'कैपिटल कॉम्प्लेक्स' शिवालिक की सुंदर पहाड़ियों के मध्य स्थापित है। कल्पना थी कि यहाँ के शांत वातावरण में लोकतंत्र के तीनों स्तम्भ न्यायपालिका, विधानसभा एवं कार्यपालिका शांतिपूर्वक कार्य कर सकें। कैपिटल कॉम्प्लेक्स एवं चंडीगढ़ आर्किटेक्चर म्यूजियम की निदेशक दीपिका गाँधी के कथनानुसार– "विभाजन के बाद अलग हुए पंजाब के 18 हजार लोगों को रोजगार दिलाने के लिए इस कॉम्प्लेक्स की महत्वपूर्ण भूमिका रही। उस समय यहाँ की जनसंख्या 1.5 लाख थी और जैसे– जैसे शहर का दूसरे एवं तीसरे चरण का कार्य पूर्ण हुआ, शहर दक्षिण की ओर फैलता गया एवं आबादी 12 लाख तक पहुँच गई।"

कॉम्प्लेक्स में मार्च 1955 में हाइकोर्ट न्यायालय भवन, मार्च 1958 में सचिवालय एवं मार्च 1961 में विधानसभा भवन बन कर तैयार हुए। हाइकोर्ट एवं विधानसभा भवन आपस में 400 मीटर स्तम्भों से जुड़े हैं। सचिवालय का भवन 240 मीटर लंबा एवं 50 मीटर ऊँचा उस समय का सबसे ऊँचा भवन था। भवन की अद्भुत डिजाइन किसी कंक्रीट स्लैब की लेयर होने का आभास कराता है।

हाइकोर्ट की गोल्डन जुबली के अवसर पर 18 मार्च, 2006 को हाइकोर्ट म्यूजियम बनाया गया। वर्ष के 365 दिन खुलने वाले म्यूजियम में भारतीय

संविधान की हस्ताक्षरित कॉपी, भारतीय क्रांतिकारी सुखदेव एवं ब्रिटिश सरकार के मध्य लाहौर संघर्ष सम्बंधित दस्तावेज के साथ–साथ तत्कालीन समय की अनेक स्मृतियाँ संजो कर रखी गई हैं।

सेक्टर एक में ही स्थित पहाड़ी की गोद में सुखना झील का सुन्दर नजारा देखने को मिलता है। यहाँ वाटर स्पोर्ट के साथ–साथ बोटिंग एवं अन्य जल क्रीड़ाओं का आनन्द लिया जा सकता है। यहाँ से पहाड़ियों के सुन्दर नजारों के साथ–साथ सूर्यास्त का नजारा अत्यन्त मनमोहक दिखाई देता है। मानवनिर्मित इस झील का निर्माण 1958 ई. में किया गया तथा इसकी योजना भी ली–कार्बूजियर ने बनाई थी। यहाँ विशेषकर सर्दियों में प्रवासी पक्षियों का नजारा देखने को मिलता है। इस गार्डन को देखने के लिए करीब 5000 से अधिक सैलानी प्रतिदिन आते हैं।

कॉम्प्लेक्स के समीप करीब 400 एकड़ भूमि में विकसित किये गए राजेन्द्र उद्यान का लोकार्पण 7 अक्टूबर, 1953 को तत्कालीन राष्ट्रपति डॉ. राजेन्द्र प्रसाद द्वारा किया गया। सेक्टर एक में लेक प्रोजेक्ट में 1958 ई. में एक करोड़ रुपये की लागत से मानव निर्मित झील बनाई गई एवं बोट क्लब का निर्माण 1960 ई. में किया गया तथा इसका नाम 'लेक क्लब' रखा गया। कॉर्बुरजिये की इच्छानुसार उसकी आस्थियों का विसर्जन 1967 ई. में इसी झील में किया गया। यहाँ प्रस्तावित राज्यपाल का निवास नहीं बन सका जिसे भतीजे पायरी ने सेक्टर–6 में बनवाया। ज्यामितीय पहाड़ी के परिसर में स्थित स्मारकों, मीनारों, खुले हाथ

एवं शहीद स्मारक दर्शनीय हैं। ज्ञान संग्रहालय सहित कुछ इमारतों का निर्माण नहीं हो पाया। रॉक गार्डन इस प्रोजेक्ट में शामिल नहीं है, पर खूबसूरत है।

चंडीगढ़ शहर की खूबसूरती के पीछे देश के प्रथम प्रधानमंत्री स्व. जवाहरलाल नेहरू की सोच थी। वे अंग्रेजी शासन की कड़वाहट एवं विभाजन के घावों को भुला कर ऐसा शहर बनाना चाहते थे जिसे लोग अपना शहर कह सकें। स्विस–फ्रेंच आर्किटेक्ट–डिजाइनर चार्ल्स एडवर्ड जेनरेट जिन्हें ली कॉर्बुरजिये कहा जाता है, ने उनका यह सपना साकार किया। उसे आर्किटेक्चर सलाहकार नियुक्त कर निर्धारित वेतन, दैनिक भत्ता एवं आवास सुविधाएँ उपलब्ध कराई गईं।

ली कॉर्बुरजिये के लिए यह शहर एक जीवंत प्राणी की तरह है, जिसका सिर कैपिटल कॉम्प्लेक्स है, विभिन्न सेक्टर नासिका, सिटी सेंटर हृदय, शिक्षा बाँया हाथ एवं उद्योग दांया हाथ है। आज यह शहर दुनिया में आर्किटेक्चर का स्वर्ग कहा जाता है। उन्होंने 13 मई, 1960 को नेहरू जी को पत्र लिख कर कहा "इस शहर को ऐसा अद्भुत लैंडस्केप दिया है जो दुनिया में अन्य किसी शहर में नहीं है। इसे हम नष्ट नहीं होने दें।" कॉर्बुरजिये के आर्किटेक्चर को देखने, समझने एवं महसूस करने के लिए अप्रैल 2014 में दर्शकों के लिए केपिटल कॉम्प्लेक्स वाक की शुरुआत की गई।

चण्डीगढ़ शहर में ली कोर्बुजिए के वास्तुकला के निर्माणों के अलावा सेक्टर 16 में स्थित जाकिर हुसैन रोज गार्डन गुलाब के फूलों का एशिया का सबसे बड़ा उद्यान है। करीब 30 एकड़ क्षेत्रफल में बने इस उद्यान में 1700 प्रकार की वनस्पति एवं 1600 से ज्यादा किस्मों के गुलाब पाये जाते हैं। सेक्टर 10 में राजकीय संग्रहालय एवं कलादीर्घा, सेक्टर 14 में बना पंजाब विश्वविद्यालय का भवन एवं इसके परिसर में बना बॉटनिकल गार्डन एवं स्वस्थ रहने के लिए खुली हवा में घूमने के लिए खूबसूरत स्थल लेयर वेली, सेक्टर 3 में विभिन्न रंग एवं प्रजातियों के बोगन बेलियाँ फूलों का 20 एकड़ में बना बाग, सेक्टर 33 में करीब 10 एकड़ में रंग-बिरंगे फूलों का बना टेरस गार्डन एवं पौधों तथा झाड़ियों से बनी जीव जन्तुओं की आकृति वाला टेपियारी पार्क तथा सेक्टर 35 में विशेष रूप से बच्चों के लिए बना पार्क आदि दर्शनीय स्थल हैं।

❖❖❖

# कुतुबमीनार एवं इसके स्मारक

कुतुबमीनार इस्लामिक–मुगलकाल के मध्य में बनी सल्तनत समय की स्थापत्य कला का सुंदर नमूना और भारत में इस्लामिक शक्ति और प्रतिष्ठा का प्रतिनिधि स्मारक है। विश्व विरासत में शामिल भारत की खूबसूरत मीनारों की सिरमौर कुतुबमीनार दिल्ली के महरौली में स्थित है और परिसर में मस्जिद आदि भवन बने हैं। जिस प्रकार विभिन्न धर्मों के मंदिरों के बाहर स्तम्भ बनाने की परंपरा रहीं है, शायद इसी से प्रेरित हो कर कुतुबुद्दीन ऐबक ने जब 1195 ई. में यहाँ कुतुब मस्जिद बनवाई तो 1199 ई.में मस्ज़िद के सामने स्तम्भ के रूप में कुतुबमीनार के निर्माण का कार्य प्रारम्भ कराया। मीनार के कार्य को पूर्ण कराने में उसके उत्तराधिकारियों इल्तुतमिश एवं फिरोजशाह

तुगलक का महत्वपूर्ण योगदान रहा और 1368 ई. में इसका निर्माण कार्य पूर्ण हुआ। इस प्रकार कुतुबमीनार को पूर्ण होने में 169 वर्षों का लम्बा समय लगा। कुतुब मस्जिद से जुड़ी कुतुबमीनार भारत की ही नहीं विश्व की भी अपने ढंग की अनोखी वास्तु संरचना है। पृथ्वीराज चौहान एवं मोहमद गोरी के मध्य 1192 ई. में हुए तराइन के द्वितीय युद्ध के परिणामस्वरूप दिल्ली में गुलाम वंश की स्थापना हुई और इस वंश की यह मीनार प्रथम उल्लेखनीय इमारत थी।

कुतुबमीनार गोलाकार संरचना है जिसकी ऊँचाई 72.5 मीटर (237.86 फीट) और व्यास 14.3 मीटर है। मीनार का आधार 46 फीट है जो ऊपर पहुँचते–पहुँचते 10 फीट रह जाता है। मीनार के अन्दर 7 घुमावदार 379 सीढ़ियाँ हैं। अब इसे केवल बाहर से ही देख सकते हैं। मीनार के अन्दर जाने पर प्रतिबन्ध लगा दिया गया है। कुतुबुद्दीन ऐबक इसका आधार ही बनवा पाया था। इलतुतमिश ( 1211–36 ) ने इसकी तीन मंजिलें बनवाईं और फिरोज शाह ने इनके ऊपर चौथी मंजिल और बनवाई। अलग–अलग समय में बनवाये जाने से हर मंजिल की कारीगरी भी भिन्न-भिन्न है। मीनार की अब 5 मंजिलें हैं। मीनार का स्थापत्य शिल्प तथा मीनार पर लिखी गई आयतें देखते ही बनती हैं। प्रत्येक मंजिल पर छज्जे बने हैं जो मीनार को घेरते हैं तथा इन पर ब्रेकेट से सहारा दिया गया है, जिन पर मधुमक्खी के छत्ते के समान सज्जा की गई है, यह पहली मंजिल पर ज्यादा स्पष्ट नजर आती है। चौथी मंजिल में खिड़की युक्त गोलाकार छतरी बनाई गई थी। आगे की मंजिल बनाये जाने से इसकी ऊँचाई बढ़ गई। यह मीनार लाल और बफ सेंडस्टोन से बनी भारत की सबसे ऊँची मीनार है। सितंबर 1803 में गढ़वाल कुमायूं हिमालय में आये भूकम्प में कुतुबमीनार को भी क्षति हुई जिसकी मरम्मत 1828 ई. में भारतीय ब्रिटिश सेना के मेजर रॉबर्ट स्मिथ ने करवाई थी।

कुतुब मीनार के समीप ही चौथी शताब्दी का 7 मीटर ऊँचा लोह स्तम्भ स्थित है। इसकी विशेषता है कि किसी भी मौसम का इस पर कोई असर नहीं होता है। आज तक इस लोह स्तम्भ पर जरा सा भी जंग नहीं लगना आश्चर्य उत्पन्न करता है।

कुतुब मीनार के उत्तर–पूर्व में स्थित सल्तनत काल में बनी भारत की पहली मस्जिद कुब्बत–उल–इस्लाम मस्जिद है, जिसका निर्माण 1198 ई. में कुतुबुद्दीन ऐबक ने करवाया था। इसकी मेहराब पर सर्प, बेल के अंकन हिन्दू

शैली से प्रभावित हैं। यह मस्जिद अब ढह चुकी है एवं अवशेष ही रह गये हैं। इसमें नक्काशीदार खंभों पर उठे आकार से घिरा हुआ एक आयताकार आंगन है। पूर्वी मुख्य प्रवेश द्वार पर खुदे हुये शिलालेख से पता चलता है कि इनका निर्माण 27 हिन्दू एवं जैन मंदिरों की सामग्री से किया गया जिन्हें ऐबक ने नष्ट कर दिया था। इलतुतमिश एवं अल्लाउद्दीन ने भी इसमें विस्तार कार्य कराए थे। इस मीनार के बारे में अनेक मत हैं, पर सभी इस बात से सहमत हैं कि यह भारत की ही नहीं विश्व की सुंदरतम मीनार है।

परिसर में ही शमसुद्दीन इलतुतमिश का मकबरा भी है जिसे 1235 ई. में बनवाया गया था। लाल सेंड स्टोन से बऩा सादा चौकोर कक्ष है जिसके बाहरी एवं भीतरी हिस्से में अनेक शिलालेख, ज्यामितीय रचनाएँ और अरबी पद्धति में सरसेनिक शैली की लिखावटें दिखाई देती हैं। कुछ हिन्दू चिह्न भी देखने को मिलते हैं।

परिसर के अन्य स्मारक अलाइ मीनार, अलाइ दरवाजा और मस्जिद के दक्षिणी द्वार का निर्माण अल्लाउद्दीन खिलजी द्वारा 1311 ई. में करवाया था। यहाँ एक शिलालेख भी लगा है। कुतुब मीनार के उत्तर में 25 मीटर ऊँचाई की अलाइ मीनार दिखाई देती है। अलाउद्दीन ने कुतुबमीनार से भी ऊँची मीनार बनाने के इरादे से इसका कार्य शुरू किया परंतु वह पहली मंजिल ही बना सका। यहाँ मदरसे, कब्र, मकबरे आदि के अवशेष भी मिले हैं।

❖❖❖

# हुमायूँ का मकबरा

मुगल और भारतीय शिल्प का सुन्दर नमूना हुमायूँ का मकबरा दिल्ली के पुराने किले के समीप संत निजामुद्दीन औलिया की दरगाह के समीप स्थित है। भारत में मुगल वास्तुकला और चारबाग शैली में बना मुगलकालीन वास्तुशिल्प का पहला नमूना है, जिसके आधार पर शाहजहाँ ने आगरा में ताजमहल बनवाया। मकबरे का निर्माण हुमायूँ की विधवा बेगम हमीदा बानो द्वारा करवाया गया था। मुख्य इमारत का निर्माण 1565 से 1572 के मध्य अफगानिस्तान के हैरात से बुलाये गये कारीगर मिराक मिर्जा घियास (घियासुद्दीन) तथा इसके बेटे सैयद मुहम्मद ने आठ वर्षों में पूर्ण किया। उस समय इसके निर्माण पर 15 लाख रुपये खर्च किये गये। मुगल स्थापत्य की प्रथम सुंदर इमारत को वर्ष 1993 ई.में यूनेस्को ने विश्व विरासत में शामिल कर दुनिया का ध्यान इस ओर आकर्षित किया।

मकबरे में प्रवेश के लिये दो 16 मीटर ऊँचे दुमंजिले प्रवेश द्वार पश्चिम और दक्षिण में बने हैं। इन द्वारों में दोनों ओर कक्ष हैं एवं ऊपरी तल पर

छोटे प्रांगण हैं। पश्चिमी द्वार वर्तमान में प्रयोग किया जाता है व दक्षिणी द्वार मुगलकाल में प्रयोग हुआ करता था जिसे अब बंद कर दिया गया है। पूर्वी दीवार से जुड़ी हुई एक बारादरी है। इसमें नाम के अनुसार बारह द्वार हैं और इसमें ठंडी बहती खुली हवा का आनंद लिया जाता था। उत्तरी दीवार से लगा हुआ एक हमाम है जो स्नान के काम आता था।

मुख्य इमारत में छः किनारों वाला सितारा मुख्य प्रवेशद्वार और मकबरे की शोभा बढ़ाता है। मकबरे का निर्माण मूलरूप से लाल बलुआ पत्थर से किया गया है। इसके ऊपर पच्चीकारी, फर्श की सतह, झरोखों की जालियों, द्वार–चौखटों और छज्जों के लिये सफेद संगमरमर का प्रयोग किया गया है। मकबरे के विशाल मुख्य गुम्बद पर भी श्वेत संगमरमर लगाया गया है जबकि शेष इमारत लाल बलुआ पत्थरों से बनी है। मकबरे की इमारत 8 मीटर ऊँचे एवं 12 हजार वर्गामीटर अष्टकोणीय चबूतरे पर बनी है। चबूतरे को चारों ओर से लाल जालीदार मुंडेर से सजाया गया है। चबूतरे के कोनों को अष्टकोणीय बनाया गया है। यहाँ बनी छतरियाँ भारतीय स्थापत्य राजस्थानी कला के रूप हैं। सीढ़ियाँ दर्शकों को चबूतरे तक ले जाती हैं। चबूतरे के नीचे 56 कोठियाँ बनी हैं, जिनमें करीब 100 से ज्यादा कब्रें हैं।

फारसी वास्तुकला से प्रभावित ये मकबरा 47 मी. ऊँचा और 300 फीट चौड़ा है। इमारत पर फारसी बल्बुअस गुम्बद 42.5 मीटर के ऊँचे गर्दन रूपी बेलन पर बना है। गुम्बद के ऊपर 6 मीटर ऊँचा पीतल का किरीट कलश स्थापित है और उसके ऊपर चंद्रमा लगा हुआ है। मुख्य गुम्बद की छोटी–छोटी छतरियाँ नीली टाइल्स से ढकी गई हैं। बाहर की तरफ श्वेत और काले संगमरमर तथा पीले बलुआ पत्थर से पच्चीकारी का काम किया गया है। रंगों का सुंदर संयोजन इमारत को एक अलग आभा प्रदान करता है।

हुमायूँ मकबरे के गुम्बद की आन्तरिक संरचना कुछ जटिल है। इसमें मुख्य केन्द्रीय कक्ष के साथ 9 वर्गाकार कक्ष बनाये गये हैं। मुख्य कक्ष गुम्बददार एवं दुगुनी ऊँचाई का एक मंजिला है। इनमें बीच में बने मुख्य कक्ष को घेरे हुए शेष आठ दुमंजिले कक्ष बीच में खुलते हैं। मुख्य कक्ष गुम्बददार (हुजरा) एवं दुगुनी ऊँचाई का एक–मंजिला है और इसमें गुम्बद के नीचे एकदम मध्य में आठ किनारे वाले एक जालीदार घेरे में मुगल शासक हुमायूँ की कब्र बनी है। ये इमारत की मुख्य कब्र है। यहाँ तक प्रवेश दक्षिणी ओर एक ईवान से होता है, तथा अन्य दिशाओं के ईवानों में संगमरमर की

जाली लगी हैं। सम्राट की असली समाधि ठीक नीचे आंतरिक कक्ष में बनी है, जिसका रास्ता बाहर से जाता है। इसके ठीक ऊपर दिखावटी किन्तु सुन्दर प्रतिकृति बनायी हुई है। पूरी इमारत में पीटा ड्यूरा नामक संगमरमर की पच्चीकारी के अलंकरण हैं और इस प्रकार के कब्र के नियोजन भारतीय–इस्लामिक स्थापत्यकला का महत्वपूर्ण अंग हैं, जो मुगल साम्राज्य के बाद के मकबरों, जैसे ताजमहल आदि में खूब प्रयोग हुए हैं।

प्रधान कक्ष के चार कोणों पर चार अष्टकोणीय कमरे बने हैं, जो मेहराबदार दीर्घा से जुड़े हैं। प्रधान कक्ष की भुजाओं के बीच– बीच में चार अन्य कक्ष भी बने हैं। ये आठ कमरे मुख्य कब्र की परिक्रमा बनाते हैं, जो कई अन्य मुगल मकबरों में भी देखने को मिलती हैं। इन प्रत्येक कमरों के साथ 8–8 कमरे और बने हैं, जो कुल मिलाकर 124 कक्षीय योजना का अंग हैं। इन छोटे कमरों में कई मुगल नवाबों और दरबारियों की कब्रों को समय-समय पर बनाया हुआ है। हमीदा बानो बेगम और दारा शिकोह की कब्रें भी यहाँ हैं। प्रथम तल को मिलाकर इस मुख्य इमारत में लगभग 100 से अधिक कब्रें बनी हैं, जिनमें से अधिकांश पर पहचान न खुदी होने के कारण दफन हुए व्यक्ति का पता नहीं है, किन्तु ये निश्चित है कि वे मुगल साम्राज्य के राज परिवार या दरबारियों में से ही थे।

इस इमारत से मुगल स्थापत्य में एक बड़ा बदलाव दिखा, जिसका प्रमुख अंग चारबाग शैली के उद्यान थे। ऐसे उद्यान भारत में इससे पूर्व कभी नहीं थे और इसके बाद अनेक इमारतों में इस तरह के उद्यान शोभा बने। करीब 30 एकड़ में फैले चारबाग शैली के मुगल उद्यान भारत ही नहीं वरन दक्षिणी एशिया में अपनी प्रकार के पहले उदाहरण थे। ये उच्च श्रेणी की ज्यामिती के उदाहरण हैं। चारदीवारी के भीतर बना उद्यान चार भागों में– पैदल पथों (खियाबान) और दो विभाजक केन्द्रीय जल नालिकाओं द्वारा बंटा हुआ है। इस प्रकार बने चार बागों को फिर से पत्थर के बने रास्तों द्वारा चार–चार छोटे भागों में विभाजित किया गया है। इस प्रकार कुल मिलाकर 36 भाग बनते हैं। केन्द्रीय जल नालिका मुख्य द्वार से मकबरे तक जाती हुई उसके नीचे जाती और दूसरी ओर से निकलती है। परिसर में मुख्य हुमायूँ का मकबरा,चारबाग शैली के आकर्षक उद्यान सहित अनेक स्मारक बनाये गये हैं, जिनमें अधिकांश मुगलकाल के शासकों और दरबार के प्रमुख

व्यक्तियों की कब्र, गुम्बद और मस्जिद है। परिसर के बाहर नीला बुर्ज नामक मकबरा वास्तुकला की दृष्टि से दर्शनीय है।

हुमायूँ का पूरा नाम था नसीरूदीन मुहम्मद हुमायूँ था। वर्ष 1508 ई. में काबुल में जन्मा हुमायूँ महज 23 साल की उम्र में ही हिंदुस्तान की गद्दी पर बैठ गया था। अपने पिता बाबर के जीते जी कम उम्र में ही हुमायूँ युद्ध क्षेत्रों में जाने लगा था। वर्ष 1540 ई. में शेरशाह सूरी ने हुमायूँ को दिल्ली से खदेड़ दिया, हुमायूँ भाग कर इरान के वीराने इलाकों में छिप गया और दिल्ली का तख्त पाने के लिए प्रयास करता रहा। करीब 15 वर्ष के बाद वह वापस गद्दी प्राप्त करने में सफल रहा और 7 महीने ही हुए थे कि अपने निजी पुस्तकालय की सीढ़ियों से गिर कर हुमायूँ की मृत्यु हो गई। जिस समय उसकी मौत हुई उस समय तक उत्तरी भारत, ईरान और अफगानिस्तान के एक बड़े हिस्से पर मुगल वंश का कब्जा हो चुका था।

❖❖❖

# लाल किला दिल्ली

भारत की राजधानी दिल्ली में यमुना नदी के किनारे स्थित लाल किला अपने स्थापत्य, कारीगरी और इतिहास की गाथाओं के साथ पर्यटकों का स्वागत करता है। खूबसूरत इमारतें मुगल स्थापत्य कला का बेहतरीन उदाहरण हैं। किले के ऐतिहासिक महत्व को देखते हुए यूनेस्को की विश्व विरासत समिति ने वर्ष 1993 ई. में भारत की इस धरोहर को विश्व धरोहर में शामिल कर इसके महत्व और मान को विश्व में दुगनित कर दिया। आजादी के बाद से इस किले की प्राचीर से ही देशवासियों को राष्ट्रीय पर्वों पर प्रधान मंत्री सम्बोधित करते आ रहे हैं। आज लाखों सैलानियों के आकर्षण का केंद्र बना लाल किला अपने भाग्य पर इठला उठता है।

लाल किला मुगल बादशाह शाहजहाँ की नई राजधानी, शाहजहाँनाबाद का महल था। यह दिल्ली शहर की सातवीं मुस्लिम नगरी थी। उसने अपनी राजधानी को आगरा से दिल्ली बदला, अपने शासन की प्रतिष्ठा बढ़ाने हेतु, साथ ही अपनी नये–नये निर्माण कराने की महत्वकाँक्षा को नए मौके देने में

उसकी मुख्य रुचि थी। किले को अपना नाम लाल बलुआ पत्थर की प्राचीर एवं दीवार के कारण मिला है। यह दीवार 2.5 किमी लम्बी है और नदी के किनारे से इसकी ऊँचाई 16 मीटर एवं शहर की ओर से 35 मीटर है। इसके नाप–जोख करने पर ज्ञात हुआ है, कि इसकी योजना एक 82 मी की वर्गाकार ग्रिड का (चौखाने) प्रयोग कर बनाई गई है। लाल किले की योजना पूर्ण रूप से की गई थी और इसके बाद के बदलावों ने भी इसकी योजना के मूलरूप में कोई बदलाव नहीं होने दिया है। 18वीं सदी में कुछ लुटेरों एवं आक्रमणकारियों द्वारा इसके कई भागों को क्षति पहुँचाई गई थी। वर्ष 1857 के प्रथम स्वतंत्रता संग्राम के बाद, किले को ब्रिटिश सेना के मुख्यालय के रूप में प्रयोग किया जाने लगा था। इस सेना ने इसके करीब अस्सी प्रतिशत मण्डपों तथा उद्यानों को नष्ट कर दिया। इन नष्ट हुए बागों एवं बचे भागों को पुनर्स्थापित करने की योजना 1903 ई. में उमैद दानिश द्वारा चलाई गई। किले की पूर्व से पश्चिम की लंबाई 1600 फीट एवं दक्षिण से उत्तर की 3200 फीट है।

लाल किले में उच्चस्तर की कला एवं अलंकरण के कार्य हैं। यहाँ की कलाकृतियाँ फारसी, यूरोपीय एवं भारतीय कला का सम्मिश्रण है, जिसका परिणाम विशिष्ट एवं अनुपम शाहजहानी शैली था। यह शैली रंग, अभिव्यंजना एवं रूप में उत्कृष्ट है। लाल किला दिल्ली की एक महत्वपूर्ण इमारत समूह है, जो भारतीय इतिहास एवं उसकी कलाओं को अपने में समेटे हुए है। इसका महत्व समय की सीमाओं से बढ़कर है। यह वास्तुकला सम्बंधी प्रतिभा एवं शक्ति का प्रतीक है। सन् 1913 ई. में इसे राष्ट्रीय महत्व के स्मारक घोषित होने से पहले इसकी उत्तरकालीनता को संरक्षित एवं परिरक्षित करने हेतु प्रयास हुए थे। इसकी दीवारें, काफी सफाई से तराशी गई हैं। ये दीवारें दो मुख्य द्वारों पर खुली हैं – दिल्ली दरवाजा एवं लाहौर दरवाजा। लाहौर दरवाजा इसका मुख्य प्रवेश द्वार है। इसके अन्दर एक लम्बा बाजार है, चपटा चौक, जिसकी दीवारें दुकानों से कतारित हैं। इसके बाद एक बड़ा खुला स्थान है, जहाँ यह लम्बी उत्तर–दक्षिण सड़क को काटती है। यही सड़क पहले किले को सैनिक एवं नागरिक महलों के भागों में बाँटती थी। इस सड़क का दक्षिणी छोर दिल्ली गेट पर है।

लाहौर गेट से चपटे चौक तक आने वाली सड़क से लगे खुले मैदान के पूर्वी ओर नक्कारखाना बना है। यह संगीतज्ञों हेतु बने महल का मुख्य द्वार है। इस गेट के पार एक और खुला मैदान है, जो कि मूलतः

दीवान–ए–आम का प्रांगण हुआ करता था। दीवान–ए–आम जनसाधारण हेतु बना वृहत प्रांगण है। एक अलंकृत सिंहासन का छज्जा दीवान की पूर्वी दीवार के बीचों–बीच बना है। यह बादशाह के लिये बना था और सुलेमान के राज सिंहासन की नकल है। राजगद्दी के पीछे की ओर शाही निजी कक्ष स्थापित हैं। इस क्षेत्र में, पूर्वी छोर पर ऊँचे चबूतरों पर बने गुम्बददार इमारतों की कतार है, जिनसे यमुना नदी का किनारा दिखाई पड़ता है। ये मण्डप एक छोटी नहर से जुड़े हैं, जिसे नहर–ए–बहिश्त कहते हैं, जो सभी कक्षों के मध्य से जाती है। किले के पूर्वोत्तर छोर पर बने शाह बुर्ज पर यमुना से पानी चढ़ाया जाता है, जहाँ से इस नहर को जल आपूर्ति होती है। इस किले का परिरूप कुरान में वर्णित स्वर्ग या जन्नत के अनुसार बना है। यहाँ लिखी एक आयत कहती है, यदि पृथ्वी पर कहीं जन्नत है, तो वो यहीं है, यहीं है, यहीं है। महल की योजना मूलरूप से इस्लामी रूप में है, परंतु प्रत्येक मण्डप अपने वास्तु घटकों में हिन्दू वास्तुकला को प्रकट करता है। लालकिले का प्रासाद, शाहजहानी शैली का उत्कृष्ट नमूना प्रस्तुत करता है। महल के दो दक्षिणवर्ती प्रासाद महिलाओं हेतु बने हैं, जिन्हें जनाना कहते हैं– मुमताज महल, जो अब संग्रहालय बन गया है एवं रंग महल जिसमें सुवर्ण मण्डित नक्काशकृत छतें एवं संगमरमर सरोवर बने हैं, जिनमें नहर–ए–बहिश्त से जल आता है। दक्षिण में तीसरा मण्डप है खास महल। इसमें शाही कक्ष बने हैं। इनमें राजसी शयन–कक्ष, प्रार्थना–कक्ष, एक बरामदा और मुसम्मन बुर्ज बने हैं। इस बुर्ज से बादशाह जनता को दर्शन देते थे।

अगला मण्डप है दीवान–ए–खास, जो राजा का सबसे सुसज्जित निजी सभा कक्ष था। यह सचिवों एवं मंत्रिमण्डल तथा सभासदों की बैठकों के काम आता था। इस मण्डप में पीट्रा ड्यूरा से पुष्पीय आकृति से मण्डित स्तंभ बने हैं। इनमें सुवर्ण पर्त भी मढी है, तथा बहुमूल्य रत्न जड़े हैं। इसकी मूल छत को रोगन की गई काष्ठ निर्मित छत से बदल दिया गया है। इसमें अब रजत पर सुवर्ण मण्डन किया गया है। अगला मण्डप हमाम है, जो कभी राजसी स्नानागार था, एवं तुर्की शैली में बना है। इसमें संगमरमर में मुगल अलंकरण एवं रंगीन पाषाण भी जड़े हैं। हमाम के पश्चिम में मोती मस्जिद बनी है। यह सन् 1659 में, बाद में बनाई गई थी, जो औरंगजेब की निजी मस्जिद थी। यह एक छोटी तीन गुम्बद वाली, तराशे हुए श्वेत संगमरमर से निर्मित है। इसका मुख्य फलक तीन मेहराबों से युक्त है, एवं आंगन में उतरता है जहाँ फूलों का मेला है। इसके उत्तर में एक वृहत औपचारिक उद्यान है

जिसे हयात बख्श बाग कहते हैं। इसका अर्थ है जीवनदायी उद्यान। यह दो कुल्याओं द्वारा विभाजित है। एक मण्डप उत्तर-दक्षिण कुल्या के दोनों छोरों पर स्थित है एवं एक तीसरा बाद में अंतिम मुगल सम्राट बहादुर शाह जफर द्वारा 1842 में बनवाया गया था। यह दोनों कुल्याओं के मिलन स्थल के केन्द्र में बना है।

लाल किला दिल्ली शहर का सर्वाधिक प्रख्यात पर्यटन स्थल है। यह लाखों पर्यटकों को प्रतिवर्ष आकर्षित करता है। यह किला वह स्थल भी है, जहाँ से भारत के प्रधान मंत्री स्वतंत्रता दिवस– 15 अगस्त को देश की जनता को सम्बोधित करते हैं। यह दिल्ली का सबसे बड़ा स्मारक भी है। एक समय था, जब 3000 लोग इस इमारत समूह में रहा करते थे परंतु 1857 के स्वतंत्रता संग्राम के बाद किले पर ब्रिटिश सेना का कब्जा हो गया, एवं कई रिहायशी महल नष्ट कर दिये गये। इसे ब्रिटिश सेना का मुख्यालय भी बनाया गया। इसी संग्राम के एकदम बाद बहादुर शाह जफर पर यहीं मुकदमा भी चला था।

❖❖❖

# अहमदाबाद का ऐतिहासिक नगर

अहमदाबाद की फिजाओं में गूँजती राष्ट्रपिता महात्मा गाँधी की स्मृतियाँ, संग्रहालयों में सुवासित कला-संस्कृति, इतिहास और आधुनिकता की महक, करीब 600 वर्ष प्राचीन अनेक स्मारकों की समृद्ध वैभव की गाथा, वास्तुशिल्प पर मिश्रित संस्कृति का प्रभाव, एक सौ वर्ष पुराने लकड़ी के घरों में रहने वाली करीब चार लाख की आबादी की जीवित सभ्यता की विरासत एवं शहर की आधुनिक बसावट की विशिष्टताओं को देखते हुए यूनेस्को ने अहमदाबाद को मार्च 2017 में विश्व विरासत घोषित किया। यूनेस्को की विश्व की धरोहरों में शामिल होने पर अहमदाबाद शहर अब पेरिस, विएना, कैरो, ब्रुसेल्स, रोम व एडिनबर्ग की श्रेणी में शामिल हो गया है। यूनेस्को ने अपनी साइट पर इसके बारे में लिखा है कि अहमदाबाद के किलेबंद शहर को सुल्तान अहमद शाह ने 15वीं सदी में साबरमती नदी के किनारे बसाया था। यह शहर वास्तुकला का शानदार नमूना पेश करता है जिसमें छोटे किले, किलेबंद शहर की दीवारों और दरवाजों के साथ कई मस्जिदें और मकबरे महत्वपूर्ण हैं। यह भी कहा गया है कि इसमें बाद में बनाए

हिंदू और जैन धर्म के मंदिर भी शामिल हैं। यह शहर छठी शताब्दी से अब तक गुजरात की राजधानी के रूप में बना हुआ है।

भारत के गुजरात राज्य में साबरमती नदी के पूर्वी किनारे के तट पर बसा अहमदाबाद लंबे समय तक गुजरात की राजधानी रहा, बाद में 1970 ई. में गाँधी नगर को गुजरात की राजधानी बना दिया गया। अहमदाबाद नगर की स्थापना सन् 1411 ई. में तत्कालीन गुजरात राज्य के शासक अहमद शाह ने की थी। नगर के परकोटे में 10 द्वार बनाये गए हैं। परकोटे में पुराने क्षेत्र के साढ़े पाँच किलोमीटर में 600 पोलें या आसपास के इलाकों में करीब 100 वर्ष पुराने लकड़ी के घरों में रहने वाली चार लाख की जनसंख्या को जीवित विरासत माना गया है। परकोटा क्षेत्र में बने ओटले (चबूतरे), पोल व उनकी गलियाँ, पोलों में रहने वाले लोगों के रहन-सहन को शामिल किया गया था। लकड़ी व स्थानीय ईंटों से तैयार किए गए पोलों के मकान अपनी बनावट और नक्काशी के लिये अनूठी पहचान रखते हैं। इन पोलों के मकान के आंगन वातावरण को नियंत्रित रखने में मददगार होते हैं और पोलों की गलियों का आपसी जुड़ाव भी अनूठा है। शहर में सल्तनत काल की स्थापत्य विरासत देखने को मिलती है। वर्ष 1915 से 1930 के बीच इस शहर में रहे महात्मा गाँधी से संबंधित अनेक स्थान भी यहाँ मौजूद हैं। शहर में निर्मित 26 इमारतों-स्मारकों का संरक्षण भारतीय पुरातत्व एवं सर्वेक्षण विभाग द्वारा किया जा रहा है।

गुजरात राज्य के 50 संग्रहालयों में से 22 संग्रहालय अकेले अहमदाबाद शहर में हैं। कैलिको टेक्सटाइल संग्रहालय से लेकर गाँधी मेमोरियल संग्रहालय यहाँ के समृद्ध इतिहास के प्रतीक हैं। यहाँ के वास्तुशिल्प पर इस्लाम, हिन्दू एवं ब्रिटिश शैली का प्रभाव दिखाई देता है। पन्द्रहवीं शताब्दी का भद्र किला, झूलती मीनार, अड़जल बावड़ी, एलिसब्रिज एवं मंगलदास गिरधरदास टाउनहाल इन शैलियों का प्रतिनिधित्व करते हैं। ऐतिहासिक दृष्टि से भारतीय स्वतंत्रता संघर्ष के दौरान अहमदाबाद प्रमुख केंद्र रहा है। यहीं पर महात्मा गाँधी ने साबरमती आश्रम की स्थापना की और स्वतंत्रता संघर्ष से जुड़े अनेक आन्दोलन की शुरुआत भी यहीं से हुई थी। अंग्रेजी हुकूमत के दौरान, इस जगह को फौजी तौर पर इस्तेमाल किया जाता था। अहमदाबाद इस प्रदेश का सबसे प्रमुख शहर है। अहमदाबाद बुनाई के लिए भी काफी प्रसिद्ध है। इसके साथ ही यह शहर व्यापारिक, औद्योगिक एवं वाणिज्य केंद्र के रूप में बहुत अधिक विकसित हुआ है। अहमदाबाद को भारत का मैनचेस्टर भी कहा जाता है।

अहमदाबाद में अनेक तत्कालीन सुल्तानों द्वारा बनाये गये खूबसूरत भवनों के साथ–साथ, धार्मिक, प्राकृतिक स्थल दर्शनीय हैं। शहर के उत्तरी भाग में 7 कि.मी. दूर स्थित साबरमती नदी के किनारे गाँधी आश्रम को महात्मा गाँधी ने 1915 ई. में बनवाया था। यह आश्रम अंग्रेजों के विरुद्ध किये गये सत्याग्रह का साक्षी है। अब इसे गाँधी स्मृति गृह एवं संग्रहालय का स्वरूप दे दिया गया है। यहाँ एक समृद्ध पुस्तकालय भी बनाया गया है। आश्रम में प्रतिदिन शाम को "लाइट एवं साउण्ड" कार्यक्रम के माध्यम से स्वतंत्रता आंदोलन की झलकियाँ दिखाई जाती हैं। इस स्थल को देखने के लिए बड़ी संख्या में प्रतिदिन सैलानी पहुँचते हैं। प्राचीन स्मारकों में यहाँ की जामा मस्जिद प्रमुख रूप से दर्शनीय है। वर्ष 1423 ई. में इसे अहमदाबाद के सुल्तान अहमदशाह ने बनाया था। रेलवे स्टेशन से 14 कि.मी. दूर स्थित कारीगरीपूर्ण यह मस्जिद देश की प्रमुख मस्जिदों में गिनी जाती है। पीले बलुआ पत्थर से बनी मस्जिद का आंगन संगमरमर से बना है। नक्काशीदार मस्जिद में मुस्लिम कला के साथ–साथ जैन व हिन्दू रूपांकनों की बाहुल्यता स्पष्ट नजर आती है। इबादत हॉल के 15 गुम्बद बने हैं। यह हॉल 260 कॉलम नक्काशीदार स्तम्भ पर टिका है। इसी प्रकार मिर्जापुर में स्थित रानी रूपमति मस्जिद 15वीं शताब्दी की वास्तुकला का एक सुन्दर उदाहरण है। यह मस्जिद 1430–1440 ई. के मध्य बनवाई गई। यहाँ 12 स्तम्भों वाली मस्जिद का विशाल गुम्बद देखते ही बनता है। अहमदाबाद में एक और सिद्दी मस्जिद भी पत्थर की जालियों से सुसज्जित खिड़कियों के लिए जानी जाती है। प्राचीनता की दृष्टि से वर्ष 1411 ई. में स्थापित प्राचीन भद्र किला शाही महलों की नक्काशी और उद्यान के लिए प्रसिद्ध आकर्षण का केन्द्र है। यहाँ एक मंदिर भी बना है जिसे भद्र काली मंदिर कहा जाता है। यह किला वर्तमान में पुरातत्व विभाग के अधीन संरक्षित धरोहर घोषित किया गया है। शहर से उत्तर में 17 कि. मी. दूर अदजल गाँव में स्थित कुआं समृद्ध वास्तुकला के कारण प्रसिद्ध है। इस कुए की रचना एवं कलाकारी दर्शनीय है। नगर के मुगलकालीन दिल्ली गेट के बाहर बना हाथी सिंह जैन मंदिर जैन मतावलम्बियों के लिए विशेष आकर्षण का केन्द्र है। एक जैन व्यवसायी ने इस मंदिर का निर्माण 1850 ई. में करवाया था। दूधिया संगमरमर से बने मंदिर की नक्काशी देखते ही बनती है। यह मंदिर जैन धर्म के 51वें जैन प्रचारक "धर्मनाथ" को समर्पित है। गुजरात की प्रसिद्ध वस्त्रों की डिजाइन एवं नक्काशीदार कार्य को प्रदर्शित करने के लिए केलिको संग्रहालय एक महत्वपूर्ण संग्रहालय है। संग्रहालय

का भवन लकड़ी की हवेलियों का प्रतिनिधित्व करता है। यहाँ 17वीं शताब्दी से लेकर वर्तमान समय तक के दुर्लभ वस्त्रों का प्रदर्शन देखने को मिलता है। शहर के स्वामी नारायण सम्प्रदाय के पहले कलात्मक मंदिर का निर्माण स्वामी आदिनाथ ने 1822 ई. में करवाया था। नर–नारायण यहाँ के प्रमुख देवता है। कालूपुरा में नमस्कार सर्किल के पास रिलीफ रोड़ पर स्थित यह मंदिर बेहद शानदार और दर्शनीय है। मंदिर का निर्माण बर्मी टीक की लकड़ी से किया गया है। यहाँ धार्मिक ग्रंथों में उल्लेख आकृतियों को ऊँकेर कर उनमें आकर्षक रंग भरे गये हैं। लकड़ी पर रंग–बिरंगी धार्मिक नक्काशी का कार्य बेहद लुभावना है। रात्रि में मंदिर की छंटा रोशनी में अत्यन्त लुभावनी प्रतीत होती है। अहमदाबाद नगर के दक्षिण में मणिनगर उपनगरीय क्षेत्र में स्थित कांकरिया झील अहमदाबाद का सर्वाधिक लोकप्रिय पर्यटन स्थल है। इस खूबसूरत झील का निर्माण 1451 ई. में सुल्तान कुतुबुद्दीन ने करवाया था। करीब 2.25 कि.मी. क्षेत्र में फैली इस झील के मध्य में नगीनावाड़ी एक खूबसूरत उद्यान एवं सुन्दर द्वीप महल है। यहाँ मुगल शासनकाल में नूरजहाँ एवं जहाँगीर अक्सर घूमने आया करते थे। इसे "कुतुब हौज" के नाम से भी जाना जाता है। झील के चारों तरफ घूमने के लिए एक रेल गाड़ी चलती है जिसमें घूमने का और झील के सौन्दर्य को देखने का अपना अलग ही आनन्द है। झील के किनारे बालवाटिका, चिड़ियाघर एवं खूबसूरत उद्यान बने हैं। इनके साथ ही खाने–पीने की दुकानें एवं मनोरंजन के लिए झूले लगे हैं। झील में नौकायन की भी अच्छी व्यवस्था है। झील में विशालकाय गुब्बारों में बैठकर जलक्रीड़ा का अनोखा आनन्द लिया जा सकता है। निःसंदेह यह खूबसूरत पर्यटक स्थल सैलानियों को लुभाने की पूरी क्षमता रखता है।

## गाँधी नगर

गुजरात राज्य की वर्तमान राजधानी गाँधी नगर अहमदाबाद शहर से मात्र 35 कि.मी. की दूरी पर स्थित है। महात्मा गाँधी के नाम पर बसा यह ऐतिहासिक महत्व का शहर पूर्व की ओर साबरमती नदी के पश्चिम तट पर स्थित है। करीब 649 वर्ग कि.मी. क्षेत्र में स्थित यह शहर चण्डीगढ़ के बाद भारत का दूसरा नियोजित शहर माना जाता है। इसका डिजाइन भी चण्डीगढ़ का डिजाइन करने वाले फ्रांसिसी वास्तुशिल्पी ली कार्बूजिये द्वारा किया गया था। गाँधी नगर को व्यवस्थित पर्यटन स्थल के रूप में विकसित किया गया है। गाँधी नगर शहर की सड़कों के दोनों ओर सुन्दर छायादार वृक्ष एवं पार्कों व उद्यानों की हरियाली इसे खूबसूरती प्रदान करती है। यहाँ बना बालोद्यान, सरितोद्यान एवं डीयरपार्क विशेष रूप से दर्शनीय स्थल है। गाँधी नगर में स्थित स्वामी नारायण अक्षरधाम मंदिर भक्ति, वास्तुकला, कारीगरी एवं प्रदर्शनियों का एक खूबसूरत संगम स्थल है। यह मंदिर 6 हजार गुलाबी बलुआ पत्थरों से बनाया गया है। मंदिर 32 मीटर ऊँचा, 73 मीटर लम्बा एवं 39 मीटर चौड़ा है। मंदिर की कारीगरी इसकी खूबसूरती को बढ़ाती है। मंदिर के सामने बगीचे एवं आकर्षक फव्वारें लगाये गये हैं। मंदिर की टेगलाइन है "यह वह स्थान है, जहाँ कला चिरयुवा है, संस्कृति असीमित है और मूल्य कालातीत हैं।" शारदीय नवरात्रा में मनाये जाने वाला "पल्ली उत्सव" यहाँ का प्रमुख पर्व है। गाँधी नगर से 15 कि.मी. दूर रूपल गाँव में पल्ली गाँव से लाई गई देवी का एक भव्य मंदिर है। पल्ली देवी की पालकी को कंधों पर रखकर गाँव में घुमाया जाता है। यह उत्सव सूर्योदय से प्रारम्भ होता है और मध्यरात्रि तक चलता है। गाँधी नगर में राधेजा एवं दभोदा भी दर्शनीय स्थल हैं।

# चंपानेर-पावागढ़ पुरातात्विक पार्क

ऐतिहासिक विरासत को अपने अंक में समेटे खूबसूरत चंपानेर–पावागढ़ पुरातत्व पार्क गुजरात भ्रमण करने वालों के लिए किसी जन्नत से कम नहीं हैं। यहाँ व्यापक स्तर पर उत्खनित पुरातात्विक, ऐतिहासिक एवं जीवित सांस्कृतिक धरोहर सम्पत्ति की बहुतायत है, जो कि एक प्रभावशाली भूखंड में सिमटी है। इनमें प्रमुख रूप से किला, महल, जामा मस्जिद, हिन्दू और जैन मंदिर, गहरे कुएँ, तालाब, आवासीय भवन समेत 38 स्मारकों के रमणीक स्थलों को 'चंपानेर–पावागढ़ पुरातत्व पार्क' के नाम से सन् 2004 ई. में यूनेस्को की विश्व विरासत में शामिल कर इस स्थान के महत्व को प्रतिपादित किया गया। चारों ओर ऊँचे–ऊँचे पहाड़ और प्रकृति की मनोरम छटा यहाँ के दृश्य को नयनाभिराम बना देते हैं। पुरातत्व, धर्म, आध्यात्म एवं प्राकृतिक सौंदर्य में रुचि रखने वाले सैलानियों के लिए यह पार्क किसी आश्चर्य से कम नहीं है। यहाँ के रमणीक वातावरण में आकर अजीब सी शांति भी महसूस होती है। यहाँ बनाये गए स्मारक 8वीं से 14वीं शताब्दी मध्य के हैं। यहाँ प्रागैतिहासिक चेकोलिथिक स्थल होने का भी अनुमान लगाया गया है।

किले की दीवारों के अवशेष से अनुमान लगाया गया है कि यहाँ एक किला था और पहाड़ी की तलहटी में बसा चंपानेर अपने समय में नियोजित रूप से बसाया गया समृद्ध नगर था। पहाड़ी के चारों ओर, पहाड़ी की चोटी एवं तलहटी में स्मारकों का अस्तित्व नजर आता है। वक्त के साथ-साथ भव्य स्मारक खंडहरों में तब्दील हो गये। वास्तुकार कारण ग्रोवर ने काफी समय लगा कर इस विरासत को पुनर्स्थापित किया। समस्त स्मारकों को भारतीय पुरातत्व सर्वेक्षण विभाग के अधीन लेकर संरक्षण एवं पर्यटन विकास के प्रयास किये। पर्यावरण संरक्षण पर भी ध्यान दिया गया।

अनेक स्मारकों के मध्य से होकर पहाड़ी की चोटी पर बने देवी माता के मंदिर तक की यात्रा न केवल रोमांचक है वरण असीम आनन्द की अनुभूति भी कराती है। इस धार्मिक स्थल तक पहुँचने के लिए दो मार्ग हैं। एक पुराना चढ़ाई वाला पैदल रास्ता और दूसरा रज्जुमार्ग है जो 6 मिनिट में गंतव्य तक ले जाता है। रज्जुमार्ग से पहले थोड़ा पैदल चलना होता है और जहाँ उतरते हैं वहाँ से भी चढ़ाई वाली करीब 250 सीढ़ियों का रास्ता पैदल ही पार कर मंदिर तक पहुँचते हैं। जैसे–जैसे मंदिर की ओर बढ़ते हैं, सीढ़ियाँ सकरी होती जाती हैं। कई सीढ़ियों में अवशेषों के उत्कीर्ण शिलाखण्डों का उपयोग किया गया है। कुछ शिलाखण्डों पर लगा सिंदूर गवाही देता है कि इन्हें कभी पूजा जाता रहा होगा। अनियमित रूप से बनी सीढ़ियाँ संभल के चढ़नी होती हैं। विशेषता यह है कि सीढ़ियों के हर मोड़ पर नीचे के दृश्य भिन्न-भिन्न नजर आते हैं।

पैदल मार्ग सैलानियों को पहाड़ी के चक्कर लगाते हुए कई स्मारकों के दर्शन कराते हुए चोटी तक ले जाता है। इसे पार करने में सामान्यतः करीब–करीब दो घंटे का समय लगता है जो चढ़ने वाले की चाल–क्षमता पर निर्भर करता है। इस मार्ग पर करीब 5 किमी की चढ़ाई चढ़नी होती है। मार्ग में 7 द्वार आते हैं। पाँचवें द्वार पर जैन मंदिर है एवं इससे आगे छठवें द्वार पर दूधिया तालाब है। इससे पूर्व जैन मंदिर एवं यहाँ से आगे हिंदू मंदिरों का सिलसिला शुरू होता है। फिर यह मार्ग 250 सीढ़ियों के मार्ग से मिल जाता है। समय और हिम्मत हो तो पैदल मार्ग का विकल्प ही चुनें। यह मार्ग द्वारों, मंदिरों, तालाबों, झीलों, हरी भरी प्रकृति के सौंदर्य से भरपूर है। रज्जुमार्ग से जाने पर चारों ओर के मनभावन दृश्य भी आनन्द प्रदान करते हैं। सुझाव रहेगा कि जाते समय रज्जुमार्ग और आते समय पैदल मार्ग का विकल्प अपनाना बेहतर होगा।

दोनों ही मार्गों से आखिर में हम पहाड़ी की चोटी पर बने कालिका माता के मंदिर तक पहुँचते हैं। माता के मंदिर को एक हजार वर्ष प्राचीन माना जाता है। मंदिर में देवियों की 3 प्रतिमाएँ स्थपित हैं।दर्शन करने के लिए हर दिन यहाँ भक्तों और पर्यटकों का आगमन रहता है। बताया जाता है कभी यहाँ पशु बलि की परंपरा रही थी परंतु आज ऐसा कोई चिह्न नजर नहीं आता है।

धार्मिक विश्वास के चलते इसे देश के 51 शक्तिपीठों में एक प्रमुख शक्तिपीठ माना जाता है। कथानक के अनुसार देवी सती ने पिता दक्ष के यज्ञ में अपमानित होने पर अपने प्राण त्याग दिये, तब शिव ने मृतक देह को उठा कर तांडव नृत्य किया और भगवान विष्णु ने अपने चक्र से देवी के शरीर के टुकड़े कर दिये। जहाँ भी सती के अंग गिरे वहीं शक्तिपीठ बन गये। यहाँ पर सती का अंगूठा गिरा था, इसलिए यह स्थल शक्तिपीठ बन गया। कुछ और हिन्दू मंदिर भी यहाँ बनाये गए हैं परंतु प्रमुख मंदिर माताजी का ही है। नवरात्राओं में यहाँ बड़ी संख्या में भक्तगण माता के दर्शनार्थ आते हैं। उस समय यहाँ मेला सा लग जाता है।

पावागढ़ की पहाड़ियाँ गुजरात राज्य के सोलंकी राजाओं और फिर खींची चौहानों के शासनकाल के दौरान हिन्दुओं के लिए प्रसिद्ध किला था। ये

स्मारक मौलिया पठार नामक एक पहाड़ पर स्थित है। मौलिया पठार में पावागढ़ पहाड़ी पर बना सबसे पुराना मंदिर 10वी–11वीं शताब्दी में बना था और यह लकुलीश को समर्पित है। अन्य मंदिर लगभग 13वीं से 15वीं शताब्दी के बीच बने थे, जो हिन्दू और जैन धर्मावलंबियों के हैं। सभी मंदिरों का निर्माण नागर शैली में किया गया था, जिनमें गर्भगृह, मंडप और प्रवेश द्वार आदि शामिल हैं। यहाँ बने ऐतिहासिक स्मारकों में किले की एक श्रृंखला सी बनी हुई हैं। किले का निर्माण बलुआ पत्थर से किया गया था, जिसमें बुर्ज और खूबसूरत बालकनियाँ लगी हुई हैं।

कहा जाता है कि किसी समय पहाड़ी पर जैन मंदिरों की बड़ी श्रृंखला थीं। जैन मंदिरों को 400 से 500 वर्ष प्राचीन माना जाता है। कालांतर में 15वीं एवं 16वीं शताब्दी के मध्य कुछ समय के लिए पहाड़ी की तलहटी में मुस्लिम शासकों ने चंपानेर को अपनी राजधानी बनाया और सुंदर दुमंजिली जामा मस्जिद का निर्माण कराया। जामा मस्जिद हिंदू और मुस्लिम वास्तुकला का एक शानदार मिश्रण है और इसे सुरुचिपूर्ण से निर्मित पश्चिमी भारत की सबसे बेहतरीन मस्जिदों में से एक माना जाता है। इसके तीन प्रवेश द्वार बनाये गये हैं। इस शहर का स्वरूप 1535 ई. में समाप्त हो गया जब मुगलों के समय राजधानी वापस अहमदाबाद करदी गई।

पहाड़ी के दोनों ओर तालाब बनाये गये हैं। चंपानेर को पावा भी कहा जाता था। बताया जाता है कि विश्वामित्र जब पहाड़ी के शिखर पर उपासना कर रहे थे तब उनकी गाय वहाँ आ गई और नीचे एक खड्डे में गिर गई। उन्होंने भगवान से इस खाई को भरने को कहा। खाई भर गई और यह स्थान पावागढ़ कहा जाने लगा। यह लोकप्रिय स्थल अहमदाबाद से 145 किमी दक्षिण की ओर तथा बड़ोदरा से 50 किमी उत्तर की ओर स्थित है।

❖❖❖

# रानी की वाव

यह है रानी की वाव। गुजराती में वाव का अर्थ पानी के सीढ़ीदार कुएँ से है, जिसे आम बोली में बावड़ी कहा जाता है। ऐसा इस बावड़ी में क्या खास है जो इसकी चर्चा कर रहे हैं। देश भर की लाखों कलात्मक बावड़ियों में रानी की वाव अपनी आकृति की विशालता, अनूठी बनावट, अद्भुत संरचना, उत्कृष्ठ शिल्पकारी, कलश आकार में अलंकरणों से सुसज्जित स्तम्भ, बेमिसाल मूर्तिशिल्प के सम्मोहन से सजी दीवारों की विशिष्टताओं की वजह से सिरमौर बावड़ी है। मारु-गुर्जर शिल्प शैली में निर्मित यह बावड़ी गुजरात राज्य के पाटन शहर के समीप सरस्वती नदी के किनारे अपनी शिल्पकला

और गौरवमयी इतिहास की गाथा बयाँ कर रही है। अपनी असीमित विशेषताओं की वजह से इसे उस समय विश्वस्तरीय सम्मान एवं गौरव प्राप्त हुआ जब 22 जून, 2014 को यूनेस्को की विश्व धरोहर समिति ने इसे विश्व विरासत में शामिल करने की घोषणा की। भारतीय रिजर्व बैंक ने भी जल संरक्षण की इस नायाब धरोहर को जुलाई 2018 में अपने एक सौ रुपये के नोट पर प्रिंट किया।

बावड़ी बनाने के पीछे की कहानी है कि 11वीं शताब्दी में यहाँ सोलंकी वंश के शासकों का राज्य था। इस वंश में राजा भीमदेव प्रथम हुए जिनकी मृत्यु के पश्चात् उनकी रानी उदयमति ने 1022 से 1063 ई. के मध्य पति की प्रेम स्मृति के स्वरूप जल संरक्षण एवं नागरिकों को जल उपलब्ध हो, इस उद्देश्य से इस बावड़ी का निर्माण करवाया था। बावड़ी का सौंदर्य रानी के शिल्पकला के प्रति असीम प्रेम की गाथा सुनाने को पर्याप्त है। वक्त के थपेड़ों के साथ सरस्वती नदी में आने वाली बाढ़ की वजह से बावड़ी गाद और मिट्टी से भर गई और विलुप्त प्रायः हो गई। अस्सी का दशक था जब भारतीय पुरातत्व सर्वेक्षण विभाग ने इसको खोज निकाला। खुदाई कर

जमीन में धँसी बावड़ी को बाहर निकाला और साफ–सफाई की तो इसकी अद्‌भुत संरचना और शिल्पकारी देख कर अचंभित हो गया। शिल्पकला ऐसी थी कि मानो अभी–अभी बनाई गई हो। विभाग ने इसे अपनी सार-सम्भाल में लेकर अपनी राष्ट्रीय धरोहर सूची में शामिल कर इसके दस्तावेजों का डिजिटलाइजेशन किया और विश्व धरोहर का दर्जा दिलाने के प्रयास किये।

बावड़ी की संरचना पर चर्चा करते हैं तो पूरी बावड़ी लाल बलुआ पत्थर से निर्मित की गई है। बावड़ी का छोटा सा प्रवेश द्वार नीचे की ओर जाती सीढ़ियों के माध्यम से दर्शकों को सबसे आखिर में बने पानी के कुएँ तक ले जाता है। प्रवेश द्वार के भीतर से गहराई तक देखने पर उथले मंदिर के भव्य स्वरूप में दिखाई देती है। नीचे तक जाने के लिये काफी समय लगता है। चप्पे–चप्पे पर की गई कारीगरी और कलात्मक मूर्तियाँ अपनी सम्मोहिनी शक्ति से दर्शकों को बाँध लेती हैं और एकटक देखते रहने को मजबूर कर देती हैं। आपको बतादें शिल्पकला का प्रतिमान यह बावड़ी 6 एकड़ क्षेत्र में बनाई गई है जो 7 मंजिली होने के साथ–साथ 64 मीटर लंबी, 20 मीटर चौड़ी और 27 मीटर गहराई लिये हुए है। हजारों अलंकृत स्तम्भों पर बनी संरचना कौतूहल उत्पन्न करती है। जल संरक्षण की उचित तकनीक, बारीकियों एवं अनुपातों का साक्षात् नमूना है। एक सुरंग भी यहाँ बनाई गई थी जिसका उपयोग राजा और उसका परिवार युद्ध या अन्य कठिन परिस्थिति में शरण लेने के लिये करते थे, को अब पत्थरों से बंद कर दिया गया है।

बावड़ी के मूर्तिशिल्प पर तो क्या कहें, लगता है जैसे खूबसूरत प्रतिमाओं का विलक्षण संसार सामने हो। मूर्तियाँ जहाँ धार्मिक भावनाओं और श्रृंगारिकता का प्रतिबिंब हैं। देवी–देवताओं की मूर्तियाँ दर्शक को धर्म की ओर ले जाती हैं वहीं अप्सराओं की प्रतिमाएँ सौंदर्य बोध कराती हैं। भगवान विष्णु के नरसिम्हा, वामन, राम, वराह, कृष्णा समेत दशावतारों के उत्कीर्ण होने से इसे विष्णु को समर्पित बावड़ी माना जाता है। अन्य प्रमुख माता लक्ष्मी, पार्वती, ब्रह्मा, गणेश, कुबेर, भैरव एवं सूर्य सहित समस्त देवी–देवताओं की प्रतिमाएँ उकेरी गई हैं। नाग कन्याओं की अद्‌भुत मूर्तियाँ देखने को मिलती हैं। महिलाओं के सोलह श्रृंगार की प्रतिमाएँ भारतीय महिला कला-संस्कृति का बेहद अद्‌भुत दिग्दर्शन कराती हैं। दीवारों पर बने ज्यामितीय एवं रेखाचित्र का संयोजन भी देखते ही बनता हैं। पानी का गहरा कुआँ भी आकर्षक मूर्तियों से सजाया गया है। इसमें शेष शैय्या पर लेटे हुए भगवान विष्णु की

अद्वितीय मूर्ति भी अभिभूत करती है। बावड़ी करीब 700 बड़ी एवं एक हजार छोटी मूर्तियों से शृंगारित है। इसे प्राचीन सुंदर मूर्तियों का अजायबघर कहें तो अतिशयोक्ति नहीं होगी।

कभी गुजरात की राजधानी अहमदाबाद जाना हो तो रानी की वाव को देखने का कार्यक्रम भी जरूर बनाएँ। पाटन शहर अहमदाबाद से उत्तर–पश्चिम की ओर करीब 140 किमी  की दूरी पर स्थित है तथा मेहसाणा से नजदीक है। अहमदाबाद देश के समस्त प्रमुख शहरों एवं पर्यटक स्थलों से हवाई, रेल एवं बस सेवाओं से भलीभाँति जुड़ा हुआ है।

# गोवा के गिरजाघर एवं मठ

गोवा के खूबसूरत और लुभावने समुद्र तटों, पुर्तगाली शैली में बने भवनों का वास्तुशिल्प, खूबसूरत शहर पणजी के साथ–साथ पुराने गोवा के प्राचीन चर्च, मठ, आश्रम गोवा की अपनी अनूठी सांस्कृतिक धरोहर हैं। अपनी गति से चलते समय ने जहाँ आधुनिकता के रंग बिखेरे वहीं गोवा के विश्व प्रसिद्ध चर्चों में पुरानी सभ्यता और संस्कृति के दर्शन होते हैं। कलात्मक चर्चों में प्रदर्शित कई प्राचीन उत्कृष्ट कलाकृतियों की उपस्थिति में इनका महत्व दुगुना हो जाता है। गोवा के आश्रमों और चर्चों पर पुर्तगाल की संस्कृति का गहरा प्रभाव है। उनकी वास्तुकला कल्पना और पुनर्जागरण शैली का संयोजन है। इन चर्चों को बनाने में मुख्य रूप से चूना प्लास्टर और लैटेराइट का प्रयोग किया गया है। चर्चों में रखे गए अधिकांश चित्र लकड़ी के बॉर्डर से घिरे हैं। ये संत जेवियर के मकबरे को सजाने के लिए इस्तेमाल किए गए फूलों के डिजाइन जैसे ही हैं। पत्थर की कुछ मूर्तियों के अलावा बाकी सभी मूर्तियाँ लकड़ी की बनी हैं और उन पर उत्कृष्ट नक्काशी की हुई है। यहाँ वेदी

को सजाने में इस्तेमाल किए जाने वाले प्रभु यीशु, माँ मैरी और संतों की कुछ उत्कृष्ट पेंटिंग्स भी हैं। गोवा के चर्चों के महत्त्व को पहचान कर यूनेस्को की विश्व विरासत समिति ने वर्ष 1986 ई. में विश्व धरोहर घोषित कर विश्व का ध्यान इनकी तरफ आकर्षित किया।

## बोम जीसस बेसिलिका चर्च

सबसे पहले चलते हैं गोवा में समुद्र के किनारे स्थित प्राचीन बोम जीसस बेसिलिका चर्च की ओर। इसका निर्माण 1605 ई. में कराया गया, यह भारत के सर्वाधिक प्रसिद्ध चर्चों में माना जाता है। बोम जीसस का अर्थ होता है भगवान जीसस। चर्च के दक्षिण की ओर प्रार्थना स्थल बनाया गया है जहाँ सेंट फ्रांसिस जेवियर का मृत शरीर चाँदी के ताबूत में रखा गया है। इनके अवशेषों के कारण यह चर्च सैलानियों में विशेष रूप से लोकप्रिय है। जेवियर के ताबूत को वर्ष में एक बार सार्वजनिक प्रदर्शन के लिए खोला जाता है। इस अवधि में बड़ी संख्या में देशी-विदेशी श्रद्धालु यहाँ दर्शन करने के लिए आते हैं। इस चर्च को विश्व विरासत स्थल की सूची में शामिल किया गया है। यह चर्च बाहर से काले ग्रेनाइट से निर्मित है। यह बारीक वास्तु कला के लिए पहचान बनाता है, जिस पर डोरिक, कोरिंथियन और इसके मिश्रित प्रभाव स्पष्ट दिखाई देते हैं। चर्च के भीतर 30 फीट चौड़ा एवं 54 फीट ऊँचा एक आल्टर है जिसके स्तम्भ यहाँ से 300 किमी. दूर वसई शहर के वेसाल्ट--भूरे चट्टान के पत्थरों से बनाये गए हैं। यहाँ पर बाल्यकाल की जीसस क्राइस्ट की सोने की परत चढ़ी प्रतिमा स्थापित है। इसके ऊपर जेसुइट ऑर्डर नामक कैथोलिक सोसाइटी के संस्थापक सेंट इग्नाइटिस लोयला की मूर्ति बनाई गई है। इसके ऊपर प्राचीन पदक पर पवित्र त्रिमूर्ति का चित्रण दिखाई देता है। द बोम जेसु बेसिलिका या बोम जीसस बेसिलिका पुराने गोवा में स्थित है। पुराना गोवा पुर्तगाल के शासन के आरंभिक दिनों में उसकी राजधानी हुआ करता था। यहाँ गोवा की राजधानी पणजी से दस किलोमीटर की दूरी पर एक चर्च है।

## सेंट कैथेड्रल चर्च

पुराने गोवा का ही सबसे लोकप्रिय और प्राचीन धार्मिक चर्च है सेंट कैथेड्रल चर्च जो कि सम्पूर्ण एशियाई क्षेत्र का सबसे बड़ा चर्च है। पुर्तगालियों की वास्तु कला का यह बेहतरीन उदाहरण है। यह चर्च एलेक्जेन्ड्रिया की कैथरीन को समर्पित है। इस चर्च का निर्माण मुस्लिम सेना पर पुर्तगाली सेना

की विजय के उपलक्ष्य में किया गया जो गोवा पर अपना अधिकार करना चाहती थी। इसका निमार्ण कार्य 1562 में शुरू हुआ और 1619 में पूर्ण किया गया। चर्च 181 फीट चौड़ा एवं 250 फीट लम्बा है। कैथेड्रल में घन्टे के ऊँचे स्वर के कारण इसे "गोल्डन बेल" के नाम से जाना जाता है। यह घन्टा विश्व का सबसे अच्छा एवं गोवा में सबसे बड़े घन्टे के रूप में जाना जाता है। मुख्य भवन में कैथरीन को समर्पित अनेक सुन्दर चित्र बनाये गये हैं। बाँई ओर चेपल बना है। यहाँ क्राईस्ट ने 1919 में प्रवेश किया था। चेपल को क्रॉस ऑफ मिराकॅल के रूप में जाना जाता है। चर्च की वास्तु कला में मुंडजेर,स्पेनिश,प्लेटरेस शैली एवं फ्लेमिश वास्तु कला और इतावली शहरी डिजाइन शामिल हैं। गिरजाघर के अंदरूनी भाग को एक कुरूस के रूप में बनाया गया है जब कि बाहरी भाग को आयताकार रूप दिया गया है। चर्च में प्रवेश करते ही नजर पड़ती है कुरिन्थियन स्तम्भों पर, जिन्हें खूबसूरत नक्काशी से सजाया गया है। अंदर की ओर संत कैथरीन की मुख्य वेदी के ऊपर रेरडोस के रूप में अलंकृत है, जो सोने से बनाया गया है। इसमें प्रवेश निशुल्क हैं। पूरे विश्व के ईसाई समुदाय द्वारा उच्च सम्मान और पवित्रता के साथ इसका भ्रमण कर पुर्तगाली कला, मूर्तिकला और उनकी राजसी गौरव का आसानी से अनुभव कर सकते हैं। यूनेस्को ने 'से कैथेड्रल' को विश्व धरोहर स्थल का दर्जा दिया है।

## वेलकन्नी चर्च

गोवा के वास्कोडिगामा में स्थित वेलकन्नी चर्च दुनिया भर के ईसाइयों के लिए श्रद्धा का बड़ा केन्द्र है। यह चर्च बेसिलिका जिसे "स्वास्थ्य की

देवी" कहा जाता है, के नाम समर्पित है। माना जाता है कि यहाँ देवी को जलती हुई मोमबत्ती पेश करने पर बीमारियों से मुक्ति मिलती है। यहाँ मानव अंगों दिल, फेफड़े आदि आकृतियों में मोमबत्तियाँ जलाई जाती हैं। यह चर्च बहुसांस्कृतिक, अन्तर्राष्ट्रीय और धार्मिक सद्भावना की मिसाल है।

## असीसी के सेंट फ्रांसिस का चर्च

सेंट कैथेड्रल के पश्चिम दिशा में सेंट फ्रांसिस ऑफ असीसी चर्च स्थित है। इसे शुरुआत में प्रार्थनाघर के तौर पर बनाया गया था। वर्ष 1521 में इसका पुनर्निर्माण किया गया और पूर्ण रूप से काम करने वाले चर्च का रूप दिया गया। 2 अगस्त, 1602 को इस चर्च को प्रभु यीशू को समर्पित किया गया। चर्च में मोजेकदृ कोरिंथियन शैली और टस्कन संस्कृति का मिलाजुला स्वरूप देखने को मिलता है। पहली शैली का प्रयोग चर्च की आंतरिक सज्जा में जबकि बाद की शैली का प्रयोग चर्च के बाहरी हिस्सों की सज्जा में किया गया है। चर्च के भीतरी दीवारों को बाईबल के महत्वपूर्ण विचारों और जटिल फूलदार डिजाइनों से सजाया गया है। चर्च के सामने वाले हिस्से में संत माइकल की मूर्ति है। इसके अलावा एक चौपल में कुर्सी पर सेंट फ्रांसिस असीसी के लकड़ी की मूर्ती भी सजाकर रखी गई है। फ्रांसीसी भिक्षुक आश्रमों का प्रयोग अपने निवास स्थान के तौर पर करते थे और वर्ष 1559 में इन आश्रमों का जीर्णोद्धार किया गया था। हालांकि, 1835 में पुर्तगाल प्रशासन ने इन आश्रमों को बंद कर दिया था। वर्ष 1964 में भारतीय पुरातत्व सर्वेक्षण ने इस चर्च को संग्रहालय बना दिया था। इस चर्च में मूर्तियों, पेंटिंग और कलाकृतियों का विशाल खजाना है।

## सेंट कैजेतन चर्च

सेंट कैथेड्रल के समीप ही स्थित इस चर्च को भी गोवा के खूबसूरत चर्चों में गिना जाता है। इस सुंदर चर्च का निर्माण 1665 ई.में आर्डर ऑफ थीयेटिन्स के इतावली संतों ने किया था। चर्च कोरिंथियन वास्तु कला का अच्छा नमूना है। बाहर की ओर सेंट पाल, सेंट पीटर, सेंट जोन्स एवं सेंट मैथ्यू की शानदार प्रतिमाएँ दिखाई देती हैं। अंदर सोने की परत चढ़ी अनेक कलाकृतियों सहित मुख्य आल्टर 'लेडी ऑफ डिवाइन प्रॉविडेंस' को समर्पित है।

## अवर लेडी ऑफ द इमेक्यूलेट कण्न्सेप्शन चर्च

पणजी में स्थित इस चर्च को प्रारम्भ में 1541 ई. में मीक चौपल---प्रार्थनालय के रूप में निर्मित कराया गया था। इसका वर्तमान स्वरूप 1619 ई. में किये गए पुनर्निर्माण के बाद से नजर आया। बाहर की ओर यह सफेद रंग में नजर आता है जो पुर्तगाली–,ब्रॉक और गोवन वास्तुकला को दर्शाता है। एक मीनार एवं एक लम्बा घंटाघर दूर से ही दिखाई देता है। इसे पणजी का मुकुट भी कहा जाता है। चर्च ऑफ आवर लेडी ऑफ ग्रेस के आगस्टिनीयन खण्डरों से प्राप्त एक घण्टा भी यहाँ लगा है जो अपनी तरह का दूसरा बड़ा घन्टा माना जाता है।

इन खूबसूरत विश्वविख्यात चर्चों की विरासत के साथ–साथ यहाँ कामांक्षी, सप्तकेटेश्वर, श्री शांतादुर्ग, महालसा नारायणी, परनगेम का भगवती मंदिर एवं महालक्ष्मी मंदिर प्रमुख प्राचीन मंदिर हैं। अगोडा का किला, केसरवाला जलप्रपात, मेयम झील, महावीर राष्ट्रीय प्राणी उद्यान, संग्रहालय यहाँ के प्रमुख दर्शनीय स्थल हैं। इनके साथ ही आदिल शाह का अस्तबल, इडालको का राजमहल (जहाँ अब सचिवालय है), अब्बे फारिया मूर्ति, शहीद स्मारक भी दर्शनीय हैं। पणजी से 4 कि.मी. दूर चौराओ गाँव में सलीम अली पक्षी विहार में दुर्लभ पक्षियों की भारतीय एवं प्रवासी प्रजातियाँ देखने को मिलती हैं। इस पक्षी विहार का नाम प्रसिद्ध पक्षी विशेषज्ञ डॉ. सलीम अली के नाम पर रखा गया है। फुटबाल एवं हॉकी यहाँ के लोकप्रिय खेल हैं। दिन में गोवा के समुंद्री खूबसूरत बीचों का आनन्द ले कर रात्रि को माडंवी पर तैरते क्रूज पर संगीत एवं नृत्य में गोवा की संस्कृति देखने और लज्जतदार भोजन का लुत्फ भी उठा सकते हैं।

वास्को–डी–गामा भारतीय रेलवे का अन्तिम पड़ाव है। यहाँ आने के लिए पावला से स्टीमर भी उपलब्ध है। हवाई अड्डा होने से भी इसका महत्व हैं। गोवा में जो भी प्राचीन इमारतें नजर आती हैं वे सब पुर्तगालियों की देन हैं। गोवा पहुँचने के लिए डैबेलिम विमान क्षेत्र घरेलु हवाई अड्डा देश के प्रमुख शहरों से जुड़ा हुआ है। पणजी अन्तर्राष्ट्रीय हवाई अड्डे से विभिन्न देशों के लिए विमान सेवा उपलब्ध है। गोवा सड़क मार्ग से मुम्बई व बैंग्लूर से अच्छी तरह से जुड़ा हुआ है, जहाँ से लग्जरी बसें उपलब्ध हैं। कोंकण रेलवे–गोवा भारत के पूर्वी तटीय शहरों से जुड़ा हुआ है। रेल द्वारा वास्कोडिगामा भी पहुँचा जा सकता है। गोवा भ्रमण के लिए पणजी से बस एवं टैक्सी टूर पैकेज उपलब्ध हैं। मुम्बई और पणजी के मध्य फ्रैंक शीपिंग कम्पनी जहाज सेवाएँ उपलब्ध कराती है। गोवा घूमने के लिए सबसे उत्तम समय अक्टूबर से मई के मध्य का है। क्रिसमिस के समय दिसम्बर में गोवा का सौन्दर्य अपने चरम पर होता है। अतः इस समय गोवा घूमने का आनन्द दुगुनित हो जाता है।

❖❖❖

# ग्रेट हिमालयन राष्ट्रीय पार्क–सुरक्षित क्षेत्र

ट्रेगोपेन (दुर्लभ पक्षी)

बर्फ से ढकी हिमालयी चोटियाँ, हरियाली से आच्छादित, सुबह-शाम सूर्य की लाल-पीली रश्मियों की सुरम्य आभा तो कभी दिन की तेज धूप में चमकते हिमालय के लुभाते ऊँचे–ऊँचे शिखर। अल्पाइन वनस्पति मैदान। गगनचुम्बी देवदार के वृक्षों के पत्तों से छन कर आने वाली धूप में खिलती प्रकृति का तेज। मंद-मंद शीतल पवन के झोंके। पर्वतों की गोद में टेडी-मेडी बल खा कर ऊँचे-नीचे रास्तों से कलकल बहती नदियाँ। नदियों के बहाव से बनते झरनों से गूँजता संगीत। चित्ताकर्षक जंगलों की सरसराहट और रूपहलापन। कभी न देखे जाने वाले दुर्लभ पशु एवं उनकी क्रीड़ाएँ

और पक्षियों का गुंजायमान कलरव। व्यापक-अद्वितीय जैवविविधता और खूबसूरत घाटियाँ। जी हाँ ! यही सब कुछ मिलकर विश्व धरोहर में शामिल हिमाचल प्रदेश का ग्रेट हिमालयन राष्ट्रीय पार्क सुरक्षित क्षेत्र आज सैलानियों के आकर्षण का केंद्र बन गया है। यहाँ आने वाले प्रकृति-पर्यावरण प्रेमी, ट्रेकर्स एवं देश–विदेश के सैलानी यहाँ की ऊँचाइयाँ नापने और विकट भौगोलिक स्थितियों में भी शिखर छूने को आतुर दिखाई देते हैं। पर्यटक यहाँ रॉक क्लाइम्बिंग, ट्रेकिंग, कैम्पिंग, बानफायर, ट्राउट फिशिंग एवं फोटोग्राफी का आनंद भी उठाते हैं।

अनेक पर्यावरणीय आकर्षणों को अपने अंचल में समेटे ग्रेट हिमालयन राष्ट्रीय पार्क भारत के हिमाचल प्रदेश के कुल्लू जिले में कुल्लू से 60 किलोमीटर दूर पश्चिम भाग में 1500 से 1600 मीटर की ऊँचाई पर स्थित है। पार्क की स्थापना का विचार 1977 ई. से चला और इसे 1984 ई. में स्थापित कर 1999 ई. में राष्ट्रीय पार्क का दर्जा प्रदान किया गया। पार्क की विख्यात व्यापक जैव विविधता, लुप्त होती दुर्लभ पशु–पक्षियों की प्रजातियों विशेषकर वेस्टर्न ट्रेगोपैन पक्षी एवं वनस्पति के संरक्षण के उद्देश्य से इसे यूनेस्को की विश्व धरोहर समिति ने निर्णय लेकर 23 जून, 2014 को प्राकृतिक श्रेणी में विश्व विरासत घोषित किया। बतादें वेस्टर्न ट्रेगोपैन नामक खूबसूरत दुर्लभ पक्षी भारत के हिमाचल में यहीं पाया जाता है। इसके अलावा यह पक्षी अफगानिस्तान एवं पाकिस्तान में भी कुछ जगह पाया जाता है। राज्य पक्षी लंबी पूँछ का चीर फेजेंट और स्नो कॉक अर्थात् हिमाल भी संरक्षित श्रेणी में शामिल हो गये हैं।

ग्रेट हिमालयन नेशनल पार्क में वर्ष 2010 में सैंज और तीर्थन वन्यजीव अभयारण्यों को भी शामिल किया गया, जिससे इसका क्षेत्र 754.7 से बढ़ कर 905.7 वर्ग किलोमीटर विस्तृत हो गया। इसमें सैंज का 90 एवं तीर्थन का 62 वर्ग किलोमीटर क्षेत्र है। साथ ही 255 वर्ग किलोमीटर क्षेत्र पश्चिमी सीमा के साथ है जहाँ पर ईको विकास सम्बन्धी क्रीड़ाएँ 30 गाँवों में चलाई जा रही हैं। इस तरह परियोजना का पूरा कार्यक्षेत्र 1171 वर्ग किलोमीटर के दायरे में फैला हुआ है। इसके इको जॉन में 160 गाँव आते हैं। इस पार्क की सीमाएँ खिरगंगा राष्ट्रीय पार्क (710 वर्ग किमी.), ट्रांस हिमालय में स्थित पिन वैली राष्ट्रीय पार्क (675 वर्ग किमी.), सतलज जलविभाजक क्षेत्र में स्थित रूपी–भाभा वन्यजीव अभयारण्य (503 वर्ग किमी.) और कानावर वन्यजीव अभयारण्य (61 वर्ग किमी.) से मिलती हैं।

ग्रेट हिमालयन नेशनल पार्क संरक्षण क्षेत्र में एशियाई काले भालू, भूरे भालू, हिमालयी कस्तूरी मृग, गोराल, नीली भेड़, हिमालयी ताहर, हिम तेंदुआ, आदि अनेक पशु प्रजातियाँ पायी जाती हैं। पार्क संरक्षित क्षेत्र में ऊपरी ग्लेशियर से निकली तीर्थन नदी, जैवानल, सैंज तथा उत्तर—पश्चिम की ओर बहने वाली पार्वती नदियों की जलराशि और इनके प्रवाह से बनने वाले खूबसूरत दृश्य पार्क के सौंदर्य में श्रीवृद्धि का प्रबल आकर्षण हैं। अकेली तीर्थंन नदी ऐसी नदी है जो हर तरह की बाधा से मुक्त निर्मल एवं स्वच्छ जल से भरपूर है। इस नदी में ट्राउट नामक मछली विशेष रूप से देखने को मिलती है। तीर्थंन नदी से लगती भीड़भाड़ से दूर शांत तीर्थंन घाटी अपनी रहस्यमयी खूबसूरती के लिए पूरी दुनिया में मशहूर है।

शाई रोपा बंजार और गुसैनि से ट्रेकिंग द्वारा पार्क में प्रवेश कर सकते हैं। यहाँ तक टेक्सी जाती है। ट्रेकिंग के लिऐ विशेष लोकप्रिय है यह पार्क। यहाँ सैंज घाटी, हुसैनी से पार्वती घाटी एवं सैंज से 6 मीडोज खड़ी चढाई वाले तीन ट्रेकिंग मार्ग हैं।

राष्ट्रीय पार्क में 241 प्रजातियों के स्तनपायी जीव, 218 प्रजातियों की मछलियाँ, 149 प्रजाति के सरीसृप, 74 प्रकार के उभयचर तथा 528 प्रजातियों के पक्षी देखने को मिलते हैं। वनस्पति में मुख्य रूप से देवदार और ओक के पेड़, औषधीय जड़ी—बूटियों सहित विभिन्न प्रकार के पौधों की किस्में यहाँ पाई जाती हैं। कम ऊँचाई पर अल्पाइ घास के मैदान चराई के काम आते हैं।

इस पार्क को देखने के लिए मार्च से जून एवं मानसून काल के बाद अक्टूबर—नवम्बर के मध्य जाना ज्यादा ठीक रहता है, इस समय में हिमालयन

इको टूरिज्म टीम की ओर से ट्रेक आयोजित किये जाते हैं। सर्दियों का मौसम भी ज्यादा अनुकूल नहीं माना जाता है क्योंकि यहाँ काफी ठंड रहती है और बर्फबारी भी हो जाती है। मानसून काल में तो जाना किसी भी प्रकार उचित नहीं है। अधिकांश खड़ी चढाई वाले ट्रेकिंग मार्ग की दृष्टि से उपयुक्त ट्रेकिंग जूते जरूरी हैं। शारीरिक रूप से फिट हों। परमिट प्राप्त कर ही जाएँ। ठहरने की जगह सीमित होने से एडवांस बुकिंग करा लेनी चाहिये और कैम्पिंग के लिये आवश्यक सामान टैंट, स्लीपिंग बैग, बर्तन, चूल्हा, पानी, आवश्यक दवाइयाँ एवं कुछ ड्राई फ्रूट अवश्य लेजाना चाहिये। अल्पाइन चरागाहों में कैंपिंग करने का अपना अलग ही आनन्द है।

किसी भी असामयिक परेशानी से बचने के लिए पंजीकृत ट्रैकर की सेवाएँ लेकर ही ट्रेकिंग पर जाएँ। इनके माध्यम से गाइड, पोर्टर एवं रुकने के साधन आसानी से उपलब्ध होते हैं। सनशाइन एडवेंचरस यहाँ सबसे प्रसिद्ध ट्रैकर ऑपरेटर्स में से एक है जो होमस्टे उपलब्ध कराते हैं। ठहरने के लिये त्रिशला गेस्ट हाउस भी विश्वसनीय है।

ग्रेट हिमालयन नेशनल पार्क के आसपास एक किमी. पर भन्तर हिल स्टेशन में अनेक मंदिर हैं एवं व्यास नदी में वाटर राफ्टिंग का आनन्द ले सकते हैं। यहाँ से 10 किमी.दूरी पर सुल्तानपुर पैलेस दर्शनीय है। यह पहाड़ी एवं औपनिवेशक वास्तु शैली के मिश्रण का नायाब नमूना है। यहाँ कुल्लू घाटी के पूर्ववर्ती शासक रहते थे। यहाँ से 32 किमी. पर नग्गर में लोक कला संग्रहालय एवं गर्म पानी के झरने दर्शनीय हैं। यहाँ एक हेरिटेज होटल भी है।

# हम्पी के स्मारक समूह

हम्पी कर्नाटक राज्य में भारतीय स्थापत्य एवं मूर्तिशिल्प की दृष्टि से कभी अपनी भव्यता के साथ कला का महान केंद्र था। विजयनगर साम्राज्य के समय में यहाँ बनाये गए दक्षिण शिल्प शैली के विशाल मंदिर यद्यपि समय के साथ–साथ ध्वस्त होते गये परंतु जो कुछ भी शेष बचा है वह भी दक्षिण की कला–संस्कृति पर गर्व महसूस कराने के लिये पर्याप्त है। अस्सी के दशक के बाद हम्पी के पुनरुद्धार और प्राचीन गौरव को फिर से कायम करने का कार्य कर्नाटक सरकार, भारतीय पुरातत्व सर्वेक्षण विभाग और कर्नाटक सरकार एवं भारत सरकार के पर्यटन विभाग ने शुरू किया।

यहाँ के मंदिर परिसर, मंदिरों, प्राकारों, स्तम्भों, अग्रमंडप, मंडप, छतों का स्थापत्य एवं भव्य कलात्मक मूर्तियों की बारीक कारीगरी की उत्कृष्टता और इनके प्राचीन महत्व को दृष्टिगत रखते हुए हम्पी को यूनेस्को से विश्व धरोहर टैग के साथ 1986 ई. से वैश्विक मान्यता मिली। हम्पी की पहचान

देश के प्रमुख पर्यटन गंतव्यों के रूप में है और सैंकड़ों वर्ष पुराने गौरवशाली इतिहास को संजोए अवशेषों को देखने के लिए हर वर्ष भारत सहित पूरी दुनिया से लाखों पर्यटक आते हैं।

हम्पी कभी विजयनगर की राजधानी और संस्कृति का महान केंद्र था। प्रसिद्ध संत विद्याधरन स्वामी के निर्देशन में हरिराय एवं बुककराय ने हम्पी नगर के निर्माण से विजयनगर साम्राज्य की नींव डाली थी। विजयनगर साम्राज्य लगभग दो शताब्दियों (1330 ई.से 1565 ई.) तक रहा। तुंगभद्रा नदी के किनारे स्थित यह बड़े साम्राज्य के रूप में स्थापित हो गया। विजयनगर में हीरे, जवाहरात, मणि, मुक्ता खुले रूप से बिका करते थे। विजयनगर अंतर्राष्ट्रीय व्यापार का केन्द्र था। वहाँ विश्व भर के व्यापारी सामान बेचने, खरीदने आते थे। अपने समय का यह धनी साम्राज्य था और कृष्णदेव राय सबसे प्रतापी राजा हुए। उस काल में दक्षिण शैली में अतिअलंकृत मंदिरों एवं देव स्थानों का निर्माण कराया गया।

तलिकोट्टा की लड़ाई के बाद, विजयी सल्तनतों के लिए असाधारण कला और स्थापत्य डिजाइन की सभ्यता वाले हम्पी शहर को लगातार कई महीनों तक नष्ट करने की कोशिश के बावजूद आज तक हम्पी के अवशेष मौजूद हैं। हम्पी में तकरीबन 500 से ज्यादा खंडहर स्मारक हैं, जो 25 किलोमीटर के क्षेत्र में फैले हुए हैं। यहाँ मंदिरों में भगवान विष्णु का विठ्ठलस्वामी एवं भगवान राम का हजारा रामस्वामी मंदिर प्रमुख मंदिरों में माने जाते हैं। हम्पी की कला भव्य और विशालता के साथ अलंकरण प्रधान है। नृसिंह की विशाल प्रतिमा उग्र भाव एवं विशालता से प्रभावित करती है। मंदिरों के मंडप एवं गोपुरम भव्य आकार में असाधारण हैं। पुष्पों का अलंकरण खास विशेषता है। मूर्ति कला में देवी–देवताओं, आभूषणों से सज्जित सुंदर नारियाँ एवं हाथी, घोड़े, सिंह, आदि पशु मूर्तियाँ सजीव नजर आती हैं। इसके अलावा कमल महल और जनानखाना भी ऐसे आश्चर्यों में शामिल हैं। इसकी हर एक इमारत में रहस्य छिपा है जो अतीत के किस्से बयाँ करता है।

शिल्पकला की उत्कृष्ठता का प्रतीक विठ्ठलस्वामी मंदिर सबसे बड़ा मंदिर परिसर है जो एक ही समय में बनाया गया। इसमें वितान,अक्षीय मंडप, गरुड़ मंडप, कल्याण मंडप, अन्य मंडप, समूह प्राकार एवं गोपुरम शामिल हैं। इस मंदिर के मुख्य हॉल में लगे 56 स्तंभों को थपथपाने पर उनमें से संगीत लहरियाँ निकलती हैं। मंदिर में एक ही पत्थर में तराशा गया 28

फीट ऊँचा पाषाण रथ तो कल्पना का बेमिसाल कलात्मक नमूना है। इसमें पाषाण के पहिये इस तकनीक से लगाये गए है कि ये सरलता से घूम सकते हैं अर्थात् रथ गतिशील है। रथ को अत्यंत बारीक अंकन से सुसज्जित किया गया है। हम्पी में इसे शिल्पकला का आश्चर्य कहें तो कोई अतिशयोक्ति नहीं होगी।

विरुपाक्ष मंदिर हम्पी के प्रमुख मंदिरों में है। इसका अग्रमंडप अपने शिल्पांकित स्तम्भों एवं समकालीन वितान चित्रों के लिये विख्यात है। यहाँ एक पैनल में शंकराचार्य के उत्तराधिकारी और श्रृंगेरी मठ के धर्माचार्य संत विद्याधरन को राज सम्मान और साज–सामान सहित पालकी में बैठा कर जुलूस के साथ विरुपाक्ष मंदिर की ओर लेजाते हुए दर्शाया गया है। यह विजयनगर साम्राज्य की स्थापना से पूर्व का मंदिर है। मंदिर का प्रवेश द्वार 160 फीट ऊँचा है। शिव मंदिर में भुवनेश्वरी एवं पम्पा की मूर्तियाँ स्थापित हैं। विशेषता यह है कि यहाँ कई भूमिगत मंदिर भी हैं।

हम्पी में कृष्णदेव राय द्वारा बनवाये गए हजारा राम मंदिर में प्राकार की दीवारें चित्रों से सज्जित हैं। बाहर की दीवारों को नृत्य, संगीत एवं लोकोत्सवों के चित्रों से सजाया गया है। अग्रमंडप, वितान और प्राकार की भीतरी दीवारों पर कृष्णलीला और रामलीला के वर्णनात्मक चित्र देखने को मिलते हैं।

लेपाक्षी मंदिर में शिव के ऊपर छत्रछाया करते हुए सप्तफनी नाग की विशाल 15 फीट ऊँची प्रतिमा, रौद्र रूप में विशाल गणेश प्रतिमा जिन्होंने एक दाँत हाथ में ले रखा है एवं 15 फीट ऊँची तथा 22 फीट लम्बी शिव के वाहन नन्दी की प्रतिमा कलात्मक है। एक पत्थर में तराशा गया इसी मंदिर की छत से लटका अंतरिक्ष स्तम्भ शिल्प कला का अद्वितीय नमूना है।

बेलूर के जलकन्श्वठेश्वर मंदिर के कल्याण मंडप के स्तम्भों में अश्वारोही, आखेट करते मनुष्य, योद्धाओं, दिक्पालों, योगनियों, ऋषियों के साथ–साथ तपस्या को भंग करने वाली विलासितापूर्ण मोहिनी नारी प्रतिमाएँ भी उकेरी गई हैं। निकट ही एक छोटे मंडप में पुष्पलताओं और पक्षियों की 90 प्रजातियों के चित्रों को बारीक और अलंकृत शैली में बनाया गया है।

हम्पी के गौरवशाली अवशेष आज भी पर्यटकों, सैलानियों, इतिहास और पुरातत्व के छात्रों और आम जनता को आकर्षित और सम्मोहित करते हैं। हम्पी के अवशेषों में एक रहस्यात्मकता है, एक जादुई प्रभाव है, जो पर्यटकों पर स्थायी प्रभाव छोड़ता है। इस समूचे क्षेत्र को एक दिन में पैदल नहीं देखा जा सकता। हम्पी को देखने, समझने और उसके प्राचीन वैभव एवं गौरव को आत्मसात करने का सर्वोत्तम तरीका उसे दो–तीन दिन में घूम–घूम कर पैदल देखना है। समयाभाव होने पर उसे कार से एक दिन में भी देखा जा सकता है।

❖❖❖

# पत्तदकल के स्मारकों का समूह

कारीगरी में बेमिसाल प्राचीन मंदिर समूह को देखना हो तो आप को ले चलते हैं कर्नाटक राज्य के खूबसूरत स्थान पत्तदकल। चालुक्य शासन काल के शासकों द्वारा 7वीं–8वीं शताब्दी में यहाँ तराशे गए वैभवशाली मंदिर कर्नाटक राज्य की वास्तु कला का उदय और स्वर्ण काल कहा जाता है। राज्य के बागलकोट जिले में मालयप्रभा नदी के उत्तर की ओर स्थित पत्तदकल के 65 हेक्टेयर क्षेत्रफल में छोटे–बड़े करीब 150 मंदिर देखने को मिलते हैं, जिन्हें घेरे हुए ढेरों चैत्य, पूजा स्थल एवं अपूर्ण शिलाएँ दिखाई देती हैं, जिनमें से शिल्प और वास्तुकला में अद्‌भुत 10 मंदिरों की निर्माण शैली की श्रेष्ठता की वजह से इन्हें 1987 ई. में यूनेस्को की विश्व विरासत

में शामिल कर इनके महत्व को दुनिया के सामने प्रकाशमान किया। इनकी प्रमुख विशेषता थी स्थापत्य के क्षेत्र में बेसर शैली का उदय। इस शैली का उदय उत्तर भारत की नागर शैली और दक्षिण भारत की द्रविड़ शैली के मिश्रित निर्माण से हुआ। यह मंदिरों के वास्तुकला के विकास का अनूठा प्रयोग था। भारत में यह वास्तु शैली केवल पत्तदकल के मंदिरों में ही देखी जा सकती हैं। विशेषता यह भी है कि सभी मंदिर अलग–अलग देवताओं के न होकर केवल भगवान शिव को ही समर्पित हैं। यहाँ का पूरा परिवेश नदी, पहाड़ और बड़े–बड़े हरे–भरे लॉन होने से प्राकृतिक आभा से अत्यंत लुभावना है।

पत्तदकल के मंदिर शासकों की धर्म के प्रति रुचि और उनके धार्मिक विचारों का प्रतिबिंब हैं। उन्होंने किलेबंदी निर्माण के विपरीत अपनी धनदौलत का उपयोग मंदिरों का निर्माण कराकर ईश्वरीय वंदना और धर्म के विकास में किया। चालुक्य वंश के राजा विक्रमादित्य प्रथम ने 659 ई. में शैव मत अपना लिया तब से इस वंश के आगे के शासक भी शैव धर्म के पाशुपत मत के अनुयायी बन गए जो शारीरिक रूप से शक्तिशाली बने रहने की कामना के लिए आलौकिक क्रियाकलापों को महत्व प्रदान कर आलौकिक शक्ति की उपासना करते थे। इससे पूर्व 650 ई. तक के चालुक्य राजा वैष्णव मत को मान कर विष्णु को आराध्य मानते थे।

बताया जाता है यहाँ एक शिला पर पट्टाडाकिसोबुलाल नामक राजा का राज्याभिषेक किया गया था और तब से ही इस स्थान का नाम पत्तदकल पड़ गया। मध्यकाल में चालुक्यों की राजधानी यहाँ से 22 किलोमीटर दूर बादामी में थी और पत्तदकल सांस्कृतिक राजधानी थी। यहाँ राज्याभिषेक एवं सांस्कृतिक कार्यक्रम किये जाते थे। मालप्रभा नदी यहाँ से उत्तर की ओर मुड़ती है। इसे शुभ मानकर यहाँ मंदिरों का निर्माण कराया गया। मंदिरों के उत्तर में ही छोटी सी जगह पत्तदकल मध्यकाल में एक समृद्ध नगर था। इस का प्राचीन नाम किसुअडल बताया जाता है। इसका अर्थ था लाल शहर। चूँकि यहाँ आस–पास लाल–पीले पत्थरों के बड़े–बड़े पहाड़ हैं, शायद इसी लिए इसका नाम लाल शहर अर्थात् किसुअडल था। अठारहवीं शताब्दी के ग्रन्थों में इसका नाम पत्तदकल मिलता है। बादामी को मंदिरों की वजह से वास्तुकला का महाविद्यालय एवं पत्तदकल को विश्वविद्यालय की उपाधि प्रदान की गई है।

## मणी माला का मोती

पत्तदकल मंदिर समूह के प्रमुख 10 मंदिरों में मल्लिकार्जुन एवं विरुपाक्ष मंदिरों को विक्रमादित्य द्वितीय की दो रानियों ने पल्लवों पर चालुक्यों की विजय के फलस्वरूप बनवाया था। विरुपाक्ष मंदिर इस समूह में वास्तुकला की दृष्टि से श्रेष्ठ और आदर्श प्रतीक है। रानी लोक महादेवी द्वारा बनवाये गए इस मंदिर का विशाल प्रवेश द्वार और वृहद क्षेत्र है। अनेक शिलालेखों युक्त मंदिर का निर्माण एलोरा के कैलाश मंदिर के समान कलात्मक रूप से करवाया गया है।

विरुपाक्ष मंदिर पत्तदकल मंदिर समूह में बृहद क्षेत्र में विशाल मंदिर है जो मंदिरों की मणी माला का प्रमुख मोती है। यह मंदिर विरुपक्ष एवं उनकी पत्नी देवी पम्पा को समर्पित है। विरुपाक्ष भगवान शिव का ही एक स्वरूप है। यहाँ आज भी शिव की पूजा की जाती है। इस मंदिर को विरूपाक्ष विक्रमादित्य द्वितीय की रानी लोकमहादेवी ने 745 ई. में काँचीपुरम पल्लवों के राज्य की विजय के उपलक्ष्य में बनवाया था। मंदिर नौ स्तरों में बना है एवं जिसका गोपुरम आधार से 50 मीटर ऊँचा है। द्रविड़ शैली में निर्मित मंदिर अत्यंत कारीगरीपूर्ण है। मंदिर का वास्तुशिल्प काँची एवं राष्ट्रकूट के एलोरा के कैलाशनाथ मंदिरों से काफी समानता रखता है। मंदिर की शिल्पकृतयों में लिंगोद्भव, नटराज, रावनानुग्रह एवं उग्रनृसिंह प्रमुख हैं। त्रिपुरारी, वराह, त्रिविक्रम, छत पर की गई शिल्पकारी, रामायण, महाभारत, भगवत् गीता एवं पंचतंत्र के कुछ कथानकों का शिल्पांकन भी देखते ही बनता है। मल्लिकार्जुन मंदिर की बनावट भी विरुपाक्ष मंदिर से मिलती–जुलती है। इसके समीप एक प्राचीन गौरी मंदिर भी दर्शनीय है।

## अन्य मंदिर

यहाँ मंदिर समूह में चार द्रविड़ शैली, चार नागर शैली और एक मिश्रित शैली के मंदिर हैं। विरुपाक्ष, मल्लिकार्जुन, संगमेश्वर एवं गलगनाथ श्रेष्ठ चालुक्य वास्तु कला के प्रमुख मंदिर हैं। विजयादित्य द्वारा 697 से 733 ई. के मध्य बनवाया गया संगमेश्वर यहाँ बने मंदिरों में सबसे प्राचीन मंदिर है। गलगनाथ पिरामिड आकार में बनाया इस काल का आखिरी मंदिर माना जाता है जो बहुत सुंदर होने से सैलानियों को खूब पसंद आता है। इसमें शिव को अन्धकासुर का मर्दन करते हुए दिखाया गया है और मंदिर के हाल में विशाल शिवलिंग बनाया गया है।

कदासिधेश्वर मंदिर चौकोर आकार के गर्भगृह के आसपास बना है। इसकी बाहरी दीवारों पर अर्धनारीश्वर की प्रतिमाएँ बनाई गई हैं तथा शिव, नन्दी एवं पार्वती का अंकन भी किया गया है। जम्बू लिंगेश्वर मंदिर वर्गाकार गर्भगृह में पीठ पर शिवलिंग स्थित है। गर्भगृह के सामने अंतराल और मंडप बनाये गये हैं। इस मंदिर को भी दर्शक रुचिपूर्वक देखते हैं और काफी पसंद करते हैं। चंद्रशेखर मंदिर के गर्भगृह में शिवलिंग एवं एक बंद हाल है। इसकी छत का समतल होना इसका आकर्षण है। मंदिर की दीवारें और स्तम्भों पर की गई शिल्पकारी लुभावनी है। विरुपाक्ष मंदिर के दक्षिण में स्थित पापनाथ मंदिर की विशेषता उसकी छत के मध्य वाले भाग में शिव नटराज की सज्जा और बेसरा शैली में बना होना है। पहले यह नागर शैली में बनना शुरू हुआ और बाद में द्रविड़ शैली में बदल गया। मिश्रित शैली को ही वेसरा शैली कहा गया। मंडप लंबाई में है जिसमें एक मंडप में 16 और दूसरे मंडप में 4 स्तम्भ हैं। मंदिर में रामायण और महाभारत के कथानकों का अंकन किया गया है। काशी विश्वनाथ का गर्भगृह वर्गाकार है। यह भी प्राचीन मंदिरों में एक है। परिसर में एक तिमंजिला जैन नारायण नामक जैन मंदिर भी है। यह मंदिर भी यहाँ आने वालों के आकर्षण का केंद्र है।

यहाँ कई स्मारकों में शिलालेख भी देखे जा सकते हैं। बहुत शिल्प अवशेषों को यहाँ एक संग्रहालय का निर्माण कर प्रदर्शित किया गया है। वर्ष के प्रारंभिक त्रैमास में संगीत एवं नृत्य का उत्सव 'चालुक्य उत्सव' के नाम से पत्तदकल के साथ–साथ ऐहोल एवं बादामी में आयोजित किया जाता है।

पत्तदकल एवं ऐहोल से 10 किलोमीटर कर्नाटक राजमार्ग–14 पर बादामी से 22 किलोमीटर, गोवा से 265 किमी., बेलगाम से 165 किमी. दूरी पर है। निकटतम हवाई अड्डा बेंगलुरु एवं रेलवे स्टेशन बादामी है। बेंगलुरु से यह 514 किमी. दूरी पर स्थित है। यहाँ से रेल अथवा बस द्वारा पत्तदकल पहुँचा जा सकता है।

❖❖❖

# अजंता गुफाएँ

भारतीय चित्रकला, मूर्ति कला और स्थापत्य कला के भव्यतम प्रतिमानों के दर्शन करने हों तो अजन्ता की गुफाएँ आपका स्वागत करती हैं। यहाँ की सुंदर चित्रकारी व मूर्तियाँ कलाप्रेमियों के लिए किसी जन्नत से कम नहीं हैं। अजंता–एलोरा की गुफाएँ महाराष्ट्र के औरंगाबाद शहर से 107 किमी. दूर अजंता ग्राम के समीप स्थित हैं। ये गुफाएँ बड़ी–बड़ी चट्टानों को काटकर अश्व नाल आकृति में बनाई गई हैं। अजंता की 30 गुफाओं के समूह को वर्ल्ड हेरिटेज के रूप में संरक्षित किया जा रहा है ताकि हमारी आने वाली पीढ़ी भी भारतीय कला की इस उत्कृष्ट मिसाल को देख सके। हरीतिमा की चादर ओढ़ी यहाँ की चट्टानें अपने भीतर छुपे हुए इतिहास की धरोहर

की गौरवगाथा बयाँ करती हैं। विशालकाय चट्टानें, हरियाली, सुंदर मूर्तियाँ और इस पर यहाँ बहने वाली वाघोरा नदी जैसे यहाँ की खूबसूरती को परिपूर्णता प्रदान करती हैं। इन्हें एक चट्टान के आग्नेय पत्थरों की परतों को खोखला करके बनाया गया है। सह्याद्रि की पहाड़ियों पर स्थित गुफाओं में 5 प्रार्थना भवन एवं 25 बौद्ध मठ चैत्य एवं विहार के रूप में हैं।

ऐसा माना जाता है कि गुफाओं की खोज 1819 ई. में सेना के अधिकारी जॉन स्मिथ एवं उनके दल द्वारा की गई थी। वे यहाँ शिकार करने आये थे तब उन्हें इन गुफाओं का पता चला था। गुफाएँ तब से ही दुनियाँ के सामने आई और प्रसिद्ध हो गईं। गुफाओं का प्रमुख आकर्षक दीवारों पर बने भित्ती चित्र हैं जो भारतीय चित्रकला में सिरमौर हैं। कला के क्षेत्र में इन चित्रों का महत्वपूर्ण योगदान और विशेष महत्व है। गुफाएँ बौद्ध एवं जैन धर्म द्वारा प्रेरित तथा उनकी करुण भावनाओं से ओत–प्रोत हैं। गुफाओं में आकर आपको शांति, आध्यात्मिक, दैवीय ऊर्जा एवं शक्ति का अद्‌भुत समन्वय देखने को मिलेगा। गुफाओं को प्रथम शताब्दी (गुप्त काल से पूर्व), उत्तर गुप्त काल एवं करीब 628 ई. गुप्तोत्तर काल की बनी हुई माना जाता है। वर्तमान में छः गुफाएँ– गुफा संख्या एक, दो, नौ, दस, सोलह एवं सत्रह ही दर्शनीय हैं। गुफाओं में फूल–पत्तियों, वृक्षों, पशु आकृति से चित्रों को सजाया गया है। बुद्ध तथा बोधिसत्वों की प्रतिमाओं के चित्रण का काम जातक ग्रन्थों से ली गई कहानियों पर आधारित है। जातक कहानियों का कथानक ही इन चित्रों में देखने को मिलता है। चित्रों में बौद्ध धार्मिक आख्यानों और देवताओं का प्रचुरता एवं जीवंतता के साथ चित्रण किया गया है।

गुफा संख्या 9 एवं 10 में प्राचीनतम चित्रों की कला की समानता अमरावती की मूर्तिकला और सातवाहन काल की मानव आकृतियों की वेशभूषा, आभूषणों एवं जातीय विशेषताओं से मिलती है। गुफा सं. दस में उड़ती हुई अप्सराएँ हैं। इस युग की विशेषता समृद्ध अलंकरण को उनकी मोतियों और फूलों से सजी पगड़ी में सुन्दरता से चित्रित किया गया है। कंठी का पीछे की ओर जाना दक्षतापूर्वक चित्रित अप्सरा की उड़ान का आभास देता है।

गुफा नं. 16 में उत्कीर्ण मरणासन्न राजकुमारी का चित्र अत्यन्त दर्शनीय है, जिसे पाँचवीं शताब्दी ईसवी सन् के प्रारम्भिक भाग में तैयार किया गया था। कहानी यह बताती है कि कैसे भगवान बुद्ध, नन्द को एक कन्या से छुड़ा कर स्वर्ग में ले जाते हैं, जो उससे भावपूर्ण रूप से प्यार करती है।

अप्सराओं के सौन्दर्य से अभिभूत होकर, नन्द अपने सांसारिक प्यार को भूल गया था और स्वर्ग के एक लघु मार्ग के रूप में बौद्ध धर्मसंघ को अपना लिया था। यह अजन्ता की सर्वाधिक असाधारण चित्रकलाओं में से एक है क्योंकि रेखा का संचलन अचूक और निश्चल है। रेखा का वह अनुकूलन सभी प्राच्य चित्रकलाओं की मुख्य विशेषता है और अजन्ता के कलाकारों की महानतम उपलब्धियों में से एक है। यहाँ मनोभाव और करुणा को शरीर के नियंत्रित घुमाव तथा संतुलन तथा भुजाओं की भावपूर्ण भंगिमाओं द्वारा व्यक्त किया गया है। इस चित्र की प्रशंसा करते हुए ग्रिफित, ब्रजेश और फर्गुसन ने कहा था– करुणा भाव एवं कथा को स्पष्ट रूप से कहने की दृष्टि से यह चित्र चित्रकला के इतिहास में अनतिक्रमणीय है। इस गुफा को वाकाटक वंश के वसुगुप्त शाखा के शासक हरिषेण के मंत्री वराह ने बौद्ध संघ को दान में दिया था।

अजंता की गुफा नं. 17 को तो "चित्रशाला" ही कहें तो अतिशयोक्ति नहीं होगी। यहाँ बुद्ध के जन्म, जीवन, महाभिनिष्क्रमण एवं महापरिनिर्वाण से संबंधित चित्र उकेरे गये हैं। चित्रों में माता और शिशु का चित्र सर्वोत्कृष्ट है। यहाँ चित्रित पद्मपाणी का चित्र विश्वविख्यात है। एकमात्र बची चित्रकला गुफा की बाईं दीवार पर एक समूह है। इसमें एक राजा को अपने परिचरों के साथ पताकाओं से अलंकृत एक वृक्ष के समक्ष चित्रित किया गया है। राजा पवित्र बोधिवृक्ष तक राजकुमार से जुड़ी किसी मन्नत को पूरा करने के

लिए आया है। राजकुमार राजा के निकट ही खड़ा है। यह खण्डित चित्रकला संरचना और निष्पादन दोनों ही क्षेत्रों की एक सुविकसित कला को दर्शाती है। इस चित्रकला और अमरावती की मूर्तिकला और लगभग दूसरी शताब्दी ईसवी पूर्व के प्रारम्भिक सातवाहन शासन के कालों के बीच मानव आकृतियों की वेशभूषा, आभूषणों तथा जातीय विशेषताओं के बारे में इनके निरूपण में घनिष्ठ समानता है। लगभग पहली शताब्दी ईसवी सन् से संबंधित इसी गुफा की दाहिनी दीवार के साथ–साथ शददान्ता जातक भी अत्यधिक दीर्घ तथा सतत संरचना अजन्ता की एक अन्य बची चित्रकला है।

अजन्ता की बाद की चित्रकलाएँ जो कुछ भी अब शेष हैं, कुल मिला कर उसका एक बड़ा हिस्सा हैं तथा इनका सृजन छठीं और सातवीं शताब्दी ईसवी सन् के मध्य में किया गया था तथा ये गुफा सं.1, 2 एवं 5 में हैं। ये विस्तार और आभूषणीय अभिकल्पों के साथ जातक की कहानियों को चित्रित करती हैं। गुफा सं. एक में महाजनक जातक के दृश्य इस युग की अजन्ता चित्रकलाओं के सर्वोत्तम बचे हुए उदाहरण हैं। गुफा एक की बोधिसत्व पद्मपाणि की चित्रकला अजन्ता चित्रकला की श्रेष्ठ कलाकृतियों में से एक है, जिसे छठी शताब्दी ईसवी सन् के अन्त में निष्पादित किया गया था। उसने राजसी शैली में एक नीलम जड़ित मुकुट पहना हुआ है, उसके लम्बे काले बाल मनोहारी रूप से झुक रहे हैं। रमणीय रीति से अलंकृत यह आकृति आदमकद से भी बड़ी है और इसमें उसके दाहिने हाथ कुछ–कुछ रुके हुए तथा कमल के एक पुष्प को पकड़े हुए दर्शाया गया है। एक समकालीन कला आलोचक के शब्दों में अपने दुख की अभिव्यक्ति कर रही है, अपनी गहरी करुणा की अनुभूति में है। यह कलाकृति इसमें अपनी विशिष्टता दर्शाती है और इसका अध्ययन करने पर हम यह समझ पाएँगे कि आनन्दमय जीवन को सदैव के लिए त्याग देने की कड़वाहट भविष्य की प्रसन्नता के प्रति चाहत, आशा की एक भावना से मेल खाती है। कंधों और भुजाओं का सुदृढ़ प्रत्यक्ष रेखांकन कुशलतापूर्वक अपने साधारण रूप में है। भौहें, जिन पर चेहरे की अभिव्यक्ति काफी कुछ निर्भर करती है, साधारण रेखाओं द्वारा खींची गई है। कमल के पुष्प को पकड़ने और हाथों की मुद्राओं को यहाँ जिस रूप में दिखाया गया है, अजन्ता के कलमकारों की महानतम उपलब्धि है।

एक दृश्य में राजकुमार महाजनक, भावी बुद्ध, अपनी माता से साम्राज्य की समस्याओं के बारे में चर्चाकर रहे हैं, महारानी को अत्यधिक मनोहारी

मुद्रा में दर्शाया गया है तथा वे अपनी दासियों से घिरी हुई हैं। इनमें से कुछ चंवर के साथ राजा के पीछे खड़ी हुई दिखाई दे रही हैं। एक अन्य प्रवचन में, राजकुमार अपने उस साम्राज्य पर पुनः विजय पाने के उद्देश्य से प्रस्थान करने से पूर्व सम्भवतः अपनी माता से सलाह ले रहा है जिसे उसके चाचा ने हड़प लिया है। राजकुमार का एक विस्तृत दृश्य उसके दाहिने हाथ की मनोहारी मुद्रा को दर्शाता है। कहानी का अगला दृश्य राजकुमारी की एक घोड़े की पीठ पर, उसके समस्त परिजनों सहित यात्रा को दर्शाता है। उसके अति उत्साही घोड़े द्वारा दृढ़ संकल्प को सुन्दरता से व्यक्त किया गया है, जबकि राजकुमार को सुकुमारता के एक सच्चे मूर्त रूप में दिखाया गया है, मानो करुणा से द्रवित हो रहा हो। इन तीन दासियों का संबंध राजसी भवन से है। इनमें से एक ने सफेद वस्त्र पहने हुए हैं जिन पर बत्तखों की एक सुन्दर अलंकारी आकृति बनी हुई है। राजकुमार को अपने चाचा की राजधानी पहुँच कर यह पता चलता है कि उसके चाचा की अभी मृत्यु हो गई है और उसने उस व्यक्ति को अपना उत्तराधिकारी नामित किया है जो उसकी पुत्री सिवाली का मन जीत सकेगा। सिवाली को राजकुमार से प्यार हो जाता है और शगुनानुसार राजकुमार द्वारा राजसिंहासन को ग्रहण करना नियत करते हैं। अतः उसे राजसिंहासन पर बैठा दिया जाता है और इसके पश्चात् खूब आनंद मनाया जाता है। राज्याभिषेक समारोह का एक दृश्य है जिसमें राजकुमार को अपने सिर के ऊपर दो जल–पात्रों की सहायता से स्नान करते हुए दिखाया गया है। दृश्य के बाईं ओर एक दासी प्रसाधन किश्ती पकड़े हुए छतरी की ओर बढ़ रही है। यह राजसी अन्तःपुर को दर्शाता है, जिसमें राजा महाजनक वैभवपूर्ण शैली में बैठे हुए हैं और रानी सिवाली पूरी मनोहरता से अपने प्रीतम की ओर देख कर मुस्करा रही हैं। ये नृत्य और संगीत का आनंद ले रहे हैं। आगामी दृश्य में वस्त्र धारण की हुई एक नर्तकी है जिसने सुन्दर मुकुट धारण किया हुआ है, उसके केश पुष्पों से सजे हुए हैं और वह वृन्दवाद्य की संगत पर नृत्य कर रही है। बाईं ओर दो महिलाएँ बाँसुरी बजा रही हैं और दाहिनी ओर कई महिला संगीतकार ढोल और मजीरा सहित विभिन्न वाद्य यंत्रों के साथ उपस्थित हैं। नर्तकी और संगीतकारों को रानी शिवाली ने आमंत्रित किया है ताकि राजा को रिझाया जा सके तथा उसका मनोरंजन किया जा सके एवं उसे विश्व का परित्याग करने के लिए हतोत्साहित किया जा सके, तथापि राजा महल की छत पर अतिसंयमी जीवन व्यतीत करने का निर्णय लेता है और वह एक एकान्तवासी

से प्रवचन सुनने चला जाता है जिससे उसके संकल्प को शक्ति मिल सकेगी। एक हाथी की पीठ पर उसकी यात्रा एक ऐसे राजसी जुलूस का निरूपण है, जो शाही मुख्य द्वार से होकर गुजर रहा है। कहानी के अन्तिम दृश्य में एक आश्रम के एक आंगन को चित्रित किया गया है जिसमें राजा एकान्तवासी के प्रवचन को सुन रहा है।

गुफाओं में चित्र चावल के मांड, गोंद और अन्य कुछ पत्तियों तथा वस्तुओं का सम्मिश्रण कर आविष्कृत किए गए रंगों से बनाए गए हैं। अजन्ता में 'फ्रेस्को' तथा 'टेम्पेरा' दोनों ही विधियों से चित्र बनाये गए हैं। चित्र बनाने से पूर्व दीवार को भलीभाँति रगड़कर साफ किया जाता था तथा फिर उसके ऊपर लेप चढ़ाया जाता था। हजार वर्ष बीतने पर भी इनका रंग हल्का नहीं हुआ, खराब नहीं हुआ, चमक यथावत बनी रही। कहीं कुछ सुधारने या आधुनिक रंग लगाने का प्रयत्न हुआ तो वह असफल ही हुआ। रंगों और रेखाओं की यह तकनीक आज भी गौरवशाली अतीत की याद दिलाती है। ब्रिटिश समीक्षक मि. ग्रिफिथ कहते हैं– "अजंता में जिन चितेरों ने चित्रकारी की है, वे सृजन के शिखर पुरुष थे। अजंता में दीवारों पर जो लंबरूप (खड़ी) लाइनें कूची से सहज ही खींची गयी हैं वे अचंभित करती हैं। जबकि छत की सतह पर संवारी क्षितिज के समानान्तर लकीरें, उनमें संगत, घुमाव, मेहराब की शक्ल में एकरूपता के दर्शन होते हैं और इसके सृजन की हजारों जटिलताओं पर ध्यान जाता है, तब लगता है वास्तव में यह विस्मयकारी आश्चर्य है और कोई चमत्कार है।'

लगभग हजार साल तक भूमि में दबे रहे और 1819 में पुनः उत्खनन कर इन्हें प्रकाश में लाया गया। अजंता की खुदाई में मिले विहार कई आकार के हैं, इनमें सबसे बड़ा विहार 52 फीट का है। कुछ साधारण तो कुछ अलंकृत हैं। एक वृहत हॉल बना है एवं बुद्ध प्रतिमा धर्म–चक्र प्रवर्तन की मुद्रा में विराजित है। अनेक विहारों में दीवार के फलक को नक्काशी से सजाया गया है। दीवारों और छतों पर भित्ति चित्र सजे हैं। गुफाओं का मूर्ति शिल्प भी अद्वितीय है। मूर्तियाँ सहज भाव में तराशी गई हैं। कई विषय राजसिक हैं। विहार एक प्रकार से बौद्ध मठ थे जहाँ शिक्षा प्रदान की जाती थी और शिक्षक व छात्र एक साथ निवास करते थे। धर्म चक्र प्रवर्तन मुद्रा की बुद्ध की मूर्ति इस ओर संकेत करती है।

अजंता की गुफाओं को देखने के लिए रेल एवं बस सुविधाएँ उपलब्ध हैं। दिल्ली और मुम्बई से औरंगाबाद के लिए ट्रेन उपलब्ध है। मुम्बई, पुणे, अहमदाबाद, नासिक, इंदौर, धुले, जलगाँव, शिरडी आदि स्थानों से औरंगाबाद के लिए बस सेवाएँ उपलब्ध हैं। औरंगाबाद, नासिक एवं शिरडी में रात्रि विश्राम किया जा सकता है।

❖❖❖

# एलोरा गुफाएँ

अजंता की गुफाएँ जहाँ अपनी विश्व प्रसिद्ध चित्रकला के लिए पहचान बनाती हैं वहीं आश्चर्यजनक उत्कृष्ट शिल्प कला के दर्शन करने हों तो एलोरा की गुफाएँ आपका स्वागत करती हैं। अपने भाग्य पर गर्व करती हैं कि शिल्पियों ने विशाल पहाड़ों को काट कर अपनी हथोड़ी और छेनी से पत्थरों को तराश कर जिस अद्‌भुत, अकल्पनीय एवं विशाल मूर्ति शिल्पकला से संसार को साकार किया वह आज विश्व विरासत में शामिल हैं। इन गुफाओं को यूनेस्को द्वारा 1983 ई. में विश्व विरासत धरोहर धोषित किया गया था।

सीधे पहाड़ के पाषाण को तराश कर बनाई गई बड़ी–बड़ी विशाल मूर्तियाँ किसी कौतूहल से कम नहीं हैं। गुफाएँ एक कतार में स्थित हैं। दुमंजली एवं तिमंजली गुफाओं को बहुत कुशलता से बनाया गया हैं। विषय पौराणिक हैं, अलंकरण का प्रयोग कम किया गया है। शिल्प हिन्दू देवताओं, जैन एवं बौद्ध मूर्तियाँ तराशी गई जो मूर्ति कला की अमूल्य धरोहर हैं। गुफाओं में

धार्मिक मूर्तियों की बहुलता, धार्मिक फलक के आकाश के चमकते सितारे जैसी प्रतीत होती हैं। ब्राह्मण मूर्तियों में असीमित शक्ति व स्फूर्ति साफ नजर आती है। विविध क्रिया–कलापों एवं भाव–भंगिमाओं में विषय के अनुरूप शरीर रचना पूरे दृश्य की गतिशीलता में अभिवृद्धि करती है जो राष्ट्रकूट मूर्तिकला की एक विशेषता है। शिव की प्रधानता होते हुए भी ब्राह्मण धर्म के लगभग सभी देवी–देवताओं को यहाँ अंकित किया गया है। साथ ही जैन व बौद्ध धर्म से सम्बन्धित मूर्तियाँ भी यहाँ बनाई गई हैं। देव मूर्तियों के साथ–साथ उनके अभिप्रायों व अलंकरणों को भी यहाँ दर्शाया गया है। इस प्रकार कलाकार ने सम्पूर्ण धार्मिक एवं लौकिक जगत् को अभिव्यक्ति प्रदान कर एलोरा को 'कला तीर्थ' की उपमा दिलाने में कोई कोर–कसर नहीं छोड़ी है।

एलोरा के विशाल आँचल में 34 गुफाएँ बौद्ध, जैन एवं हिन्दू धर्म के समन्वय का सुन्दरतम् प्रतीक समाया हुआ है। औरंगाबाद से करीब 26 कि.मी. दूरी पर वेरूल (एलोरा) नामक स्थान पर 7वीं से 9वीं शताब्दी के बीच बनी गुफाओं में गुफा 1 से 12 तक बौद्धों, 13 से 29 तक हिन्दुओं तथा 30 से 34 तक जैनियों की गुफाएँ हैं। शिल्प के देवता विश्वकर्मा को समर्पित गुफाओं में 10 चैत्य–गृह हैं जिनका निर्माण राष्ट्रकूट राजाओं के समय किया गया। राष्ट्रकूट–कालीन कला के समृद्ध विकास के यहाँ दर्शन होते हैं। चालुक्यों के समान राष्ट्रकूट शासक स्थापत्य एवं मूर्ति कला के महान आश्रयदाता रहें। इनके समय में मुख्यतः एलोरा, एलिफेंटा और कन्हेरी में मूर्तियों का निर्माण कराया गया।

एलोरा गुप्त कालीन शिल्प शैली का ही एक विस्तृत रूप है, जिसमें विशाल पृष्ठभूमि पर बाहुल्यता से विशाल आकृतियों का शिल्पांकन किया गया है। यहाँ की परम्परागत विशालकाय मूर्तियों की आभा उनकी कथावस्तु को प्रदर्शित करती है। मूर्तियों के मुख गोल हैं, आँखों की बनावट में कल्पना का सहारा लिया गया है तथा शरीर पर आभूषण आदि अलंकार पहनाये गये हैं। वस्त्रों का प्रयोग नगण्य ही किया गया है। एलोरा की सभी गुफाओं के बाहर अधिकांशतः 'द्वारपाल' या 'गंगा' और 'यमुना' की मूर्तिशिल्प तराशे गये हैं।

एलोरा की शिल्प शैली का सर्वश्रेष्ठ उदाहरण राष्ट्रकूट राजा कृष्ण के समय बनाया गया दुमंजिला कैलाश मन्दिर है। इसके विशाल और विस्तृत आँगन में पहुँचकर दर्शक आश्चर्यचकित रह जाते हैं और लगता है जैसे वे

किसी कल्पनालोक में आगये हैं। मंदिर को एक ही चट्टान से काटकर तराशा गया है, जिसकी लम्बाई लगभग 142 फीट, चौड़ाई 62 फीट और ऊँचाई लगभग 100 फीट है। चट्टान से ही तराश कर मन्दिर के दरवाजे, झरोखे, सीढ़ियाँ तथा सुन्दर स्तम्भों की संरचनाएँ बनाई गई हैं। इसके मध्य में एक विशाल दीप स्तम्भ नजर आता है।

एलोरा की गुफाओं में प्रमुखतः कैलाश गुफा, गजलक्ष्मी, रावण द्वारा कैलाश पर्वत को उठाना, शिव–पार्वती विवाह, शिव का त्रिपुर दाह, महिषमर्दिनी एवं नृसिंह अवतार जैसी मूर्तियाँ कतिपय उत्कृष्ठ शिल्प के प्रतिमान हैं। कैलाश मन्दिर में अधिकांशतः "शैव–धर्म" से सम्बन्धित शिल्प ही नजर आता है परन्तु अन्य धर्मों के शिल्प भी यहाँ बनाये गये हैं। मन्दिर में लगभग 42 पौराणिक दृश्य पाषाण पर उत्कीर्ण किये गये हैं। रामायण तथा महाभारत से सम्बन्धित विषयों को भी यहाँ सुन्दरता के साथ बनाया गया है। कैलाश मन्दिर का प्रत्येक भाग ब्राह्मण परम्परा (शैव, वैष्णव व शाक्त) की गाथाओं से गुंथित और गहन व तात्विक अर्थों वाली मूर्तियों से सुसज्जित हैं। मन्दिर के प्रवेश द्वार के बाहर गंगा, यमुना और सरस्वती की मूर्तियाँ हैं। दर्शक का सामना यहाँ बनी 'गजलक्ष्मी' की विशाल ध्यानमुद्रा में रत मूर्ति से होता है जो एलोरा के निर्माताओं की ऐश्वर्य (राजलक्ष्मी) व शक्ति की प्रतीक है। प्रवेश द्वार से भीतर जाने पर दीवार पर "महिषमर्दिनी दुर्गा" की मूर्ति एवं समीप ही 'रति व कामदेव' की मूर्तियाँ और "कामान्तक महायोगी शिव" की मूर्तियाँ हैं। ये मूर्तियाँ 'काम–भावना' पर नियन्त्रण की सूचक स्वरूप ही यहाँ पर बनाई गई हैं।

एक मूर्ति में रावण कैलाश पर्वत को उठाने का प्रयत्न करते हुए दिखाया गया है। इससे पार्वती भयभीत होकर शिवजी के कंधे का सहारा ले रही है। उनकी सखियाँ भी भयभीत होकर इधर–उधर भाग रही हैं, किन्तु भगवान शिव शान्त भाव से अटल बैठे हैं और अपने दायें पैर के अंगूठे से कैलाश पर्वत को दबाकर रावण का यह दुष्कृत्य निष्फल कर रहे हैं। इस शिल्प में उत्कृष्ट भावाभिव्यक्ति की गई है। रावण का अभिमानी रूप, पार्वती व उसकी सखियों का भयभीत होना व शिव का शान्त–गम्भीर भाव स्पष्ट दिखाई दे रहा है, जो कला की उत्कृष्टता का प्रतीक है।

यहीं पर एक अन्य मूर्ति में "शिव का त्रिपुर दाह" दृश्य भी नजर आता है जो कि एक उत्कृष्ट कृति है। इसमें शिव योद्धा वेश में हैं। विष्णु तथा

ब्रह्मा को भी सांकेतिक रूप से अंकित किया गया है जो शिव शक्ति में साथ दे रहे हैं। ऊपर की ओर असुर शिव के बाण का शिकार होते हुए दिखाया गया है। शिव हाथ में धनुष ताने हुए रथ पर सवार हैं। गुफा की पश्चिमी दीवार पर शिव की यमान्तक मुद्रा उत्कीर्ण है, जिसमें वे पूर्ण शक्ति के साथ असुर पर खड्ग से प्रहार करते दिखाये गये हैं। उन्होंने अपना बायाँ पैर असुर के सीने पर रखा हुआ है। सम्पूर्ण दृश्य में गति व लय दृष्टिगत है।

कैलाश मन्दिर में शिव–पार्वती के विवाह से सम्बन्धित "कल्याण–सुन्दर" मूर्ति कला का एक उत्कृष्ट उदाहरण है। चतुर्भुज शिव तथा पार्वती की खड़ी हुई आकृतियाँ दर्शनीय हैं। शिव अपना बायाँ हाथ पार्वती के कन्धे पर रखे हुए हैं तथा दाहिने हाथ में पार्वती का हाथ लिए हुए पाणिग्रहण–मुद्रा में हैं। यहाँ पुरोहित के रूप में ब्रह्मा भी दिखाये गये हैं। परिसर में अनेक देवता भी अंकित हैं। पार्वती की नारी–सुलभ लज्जायुक्त मुख–मुद्रा सौन्दर्य व नववधू के संकोच की परिचायक है। यहीं पर उत्तरी दीवार पर उत्कीर्ण एक दृश्य में रावण की तपस्या का सजीव अंकन हुआ है। इसमें रावण द्वारा अपने सिर काट–काट कर शिव को अर्पित करते हुए दिखाया गया है। इससे रावण की शिव–भक्ति और बलिदान की अभिव्यक्ति बहुत ही सशक्त रूप में हुई है। इस दृश्य में शिवलिंग के समीप रावण के नौ सिर कटे हुए दिखाये गये हैं और वह अपने बाएँ हाथ से सिर व दायें हाथ से खड्ग पकड़े हुए अपना अंतिम सिर काटने को उद्यत है।

कैलाश मन्दिर में नृसिंह अवतार की कई मूर्तियाँ हैं जो कि विष्णु के ही एक लोकप्रिय अवतार माने जाते हैं। इसमें रौद्र रूपधारी नृसिंह को अपने तीक्ष्ण नखों से हिरण्यकंश्यप् रूपी असुर का उदर चीरते हुए दिखाया गया है। मूर्तिशिल्प में हिरण्यकश्यप् की बाहर निकली हुई अंतड़ियाँ भी देखी जा सकती हैं। मन्दिर में ही प्रवेश द्वार की भीतरी दीवार पर महिषासुर के साथ युद्धरत सिंहवादिनी महिषमर्दिनी की मूर्ति दर्शनीय है। इसके अतिरिक्त भी अन्य कई मूर्तियों में महिषमर्दिनी का सामान्य प्रचलित स्वरूप देखा जा सकता है। एक अन्य मूर्ति में चतुर्भुजा देवी दाहिने हाथ में खड्ग लिए महिष देहधारी असुर पर प्रचण्ड वेग से आक्रमण करते हुए दिखाई गई है। उनका वाहन सिंह भी पूर्ण रूप से आक्रामक और सक्रिय है। मूर्ति में युद्ध की भयानकता व गतिशीलता पूर्ण रूप से व्यक्त की गई है। असुर के मुख पर पराजय के लक्षण स्पष्ट देखे जा सकते हैं।

रामायण, महाभारत और कृष्ण लीला से सम्बन्धित कथा दृश्यों में कथाओं का विस्तृत, जीवन्त व अत्यन्त नाटकीय रूप में अंकन भी कैलाश मंदिर में देखने को मिलता है। सभी दृश्यों का अंकन कथात्मक रूप से हुआ है, जिसमें कथा के मूल भाव को पकड़ने में कलाकार पूर्ण रूप से सफल रहा है।

कैलाश मन्दिर के अतिरिक्त एलोरा के अन्य मन्दिरों में भी नृसिंह अवतार का दृश्य, भैरव की ओजपूर्ण प्रतिमा, शिव–पार्वती का विवाह, इन्द्र–इन्द्राणी आदि प्रतिमायें उल्लेखनीय हैं। यहाँ की "रामेश्वर गुफा" में केवल मात्र शिव और शक्ति के ही विभिन्न स्वरूपों की मूर्तियाँ हैं, जिनमें से रावणानुग्रह, नटराज, कल्याण–सुन्दर, मातृकाएँ, महिषमर्दिनी, दुर्गा, गंगा और यमुना की मूर्तियाँ उल्लेखनीय हैं। धूमरलेण या सीता की नहानी नामक गुफा में शैव, वैष्णव एवं शाक्त सम्प्रदायों के देवों की मूर्तियाँ बनाई गई हैं जिनमें भी रावणानुग्रह, नटेश, शिव–पार्वती परिणय, दुर्गा, सरस्वती, विष्णु और यमुना की मूर्तियाँ दर्शनीय हैं।

बौद्ध धर्म से सम्बन्धित एलोरा में करीब 12 गुफाएँ हैं जिनमें बुद्ध तथा बोधिसत्वों की प्रतिमाएँ उत्कीर्ण की गई हैं। गुफा नं. 4 पद्मपाणि की एक विशालकाय प्रतिमा है। वे आसन पर बैठे हैं। उनके मस्तक पर जटाओं का मुकुट है। उनके एक हाथ में माला व दूसरे में कमल का पुष्प है। यहीं 'मेहरवाड़ा' दो थल, तीन थल व विश्वकर्मा आदि गुफाओं में भगवान बुद्ध व पद्मपाणि तथा वज्रपाणि की प्रतिमाएँ हैं।

एलोरा गुफाओं के आखिर में स्थित गुफा संख्या 30 से 34 तक की गुफाएँ जैन धर्म से सम्बन्धित हैं। इन सभी गुफाओं के अन्तर्गत अंकित शिल्प जैन धर्म के दिगम्बर सम्प्रदाय से सम्बन्धित हैं। इनका निर्माण 9वीं व 10वीं शती ई. का माना है। इनका निर्माण 'अमोघवर्ष प्रथम' (819–81 ई.) के समय में आरम्भ हुआ। इन गुफाओं में गुफा संख्या 32 'इन्द्रसभा', गुफा संख्या 33 'जगन्नाथ सभा' और गुफा संख्या 30 'छोटा कैलाश' के नाम से जानी जाती हैं। इनकी दीवारों पर तीर्थंकर पार्श्वनाथ (31 मूर्तियाँ) और महावीर स्वामी की मूर्तियाँ ही अधिकांश रूप से प्राप्त हुई हैं। साथ ही बाहुबली (गोमटेश्वर) की 17 मूर्तियाँ भी यहाँ प्राप्त हुई हैं। यक्षिणियों में 'अम्बिका' तथा 'सर्वानुभूति यक्ष' की भी सर्वाधिक मूर्तियाँ यहाँ उपलब्ध होती हैं। साथ ही चक्रेश्वरी, पद्मावती और सिद्धायिका यक्षिणियों की भी कतिपय मूर्तियाँ यहाँ प्राप्त हुई

हैं। जैन गुफाओं में पार्श्वनाथ व बाहुबली को आमने–सामने कायोत्सर्ग मुद्रा में, निर्वस्त्र और शान्त भाव से तपस्या में रत दिखलाया गया है। एक ओर पार्श्वनाथ को पूर्वजन्म के बैरी शम्बर के द्वारा भाँति–भाँति की यातनाएँ दी जा रही हैं तो दूसरी ओर बाहुबली इतनी अधिक चरम तपस्या में लीन दिखाये गये हैं कि उन्हें अपने शरीर से लिपटी हुई लता–वल्लरियों, बेलों, रेंगते हुए सर्प व बिच्छू आदि जन्तुओं का भी भान नहीं था।

तीर्थंकरों की मूर्तियाँ शान्त, निश्चल व योगी की भाँति ध्यान व तपस्या में लीन दिखाई गई हैं। पार्श्वनाथ के साथ छत्र धारिणी पद्मावती के छत्र को भाँति–भाँति से बनाकर कलाकार ने अपनी कला क्षमता का परिचय दिया है। इसी प्रकार इन जैन गुफाओं में गुफा नं 32 'इन्द्रसभा' की मूर्तिकला सबसे अधिक महत्वपूर्ण है जिनमें जीवन्तता और सजीवता दिखाई देती है। इन्द्रसभा में ऐरावत हाथी पर बैठे हुए देवराज इन्द्र की एक प्रतिमा अत्यन्त सजीव बन पड़ी है। एक मण्डप में इन्द्राणी को भी अपने वाहन सिंह पर आसीन दिखाया गया है।

❖❖❖

# एलिफेंटा गुफाएँ

आश्चर्यचकित कर देने वाली भव्य और विशाल मूर्तिशिल्प के दर्शन गुफाओं में करने हों तो एलिफेंटा की गुफाओं को देखने जरूर आइयेगा। मुंबई के गेट वे ऑफ इंडिया से बोट द्वारा यहाँ पहुँचने में करीब 40 मिनट का समय लगता है। गुफाओं तक एक छोटा सा रास्ता पार कर करीब 120 सीढ़ियाँ चढ़नी होती हैं। सीढ़ियों तक आने के लिए एक छोटी ट्रेन भी चलती है। सीढ़ियों के दोनों ओर खाने, पीने, सजावटी समान, फोटो एलबम, खिलौनों आदि की दुकानें सजी रहती हैं। प्रकृति के बीच पूरा माहौल पर्यटकों की गहमागहमी और चहल–पहल से आबाद रहता है। गुफाओं से पूर्व भारतीय पुरात्त्व विभाग के सूचनापट्ट से ज्ञात होता है कि यह ऐतिहासिक स्थल इस विभाग के अधीन संरक्षित स्मारक है। चट्टानों को काट कर बनाई गुफाएं, हिदू देवी–देवताओं खास कर भगवान शिव के विविध स्वरूपों वाली विशालकाय मूर्तियों की अतुल्य कारीगरी और प्राकृतिक

सौंदर्य का संगम लिये हुये हैं। इस ऐतिहासिक स्थल को वर्ष 1987 ई. में यूनेस्को की विश्व धरोहर में शामिल किया गया।

भारतीय मूर्ति एवं स्थापत्य कला की महान धरोहर भगवान शिव को समर्पित गुफाओं और मूर्तियों की विशालता एवं भव्यता देखते ही बनती है। अद्‌भुत, आश्चर्यजनक, कलात्मक जटिलताएँ, मूर्तियों की भाव–भंगिमाएँ सभी कुछ किसी कल्पना लोक से कम नहीं है। शिल्प और कारीगरी के कमाल का अनूठा संयोजन ऐसा कि अपलक देखते रह जायें।

पहली गुफा के एक बड़े मुख्य हाल में शिव की विभिन्न मुद्राओं में 9 मूर्तियाँ अलग–अलग कक्षों में चट्टानों को काटकर ही बनाई गई हैं। इस हाल के 26 स्तम्भों पर भगवान शिव के विविध स्वरूपों का शिल्पांकन देखते ही बनता है। यहीं पर भगवान शिव के विविध रूपों में महायोगी, नटेश्वर, भैरव, पार्वती–परिणय, अर्धनारीश्वर, पार्वतीमान, कैलाशधारी रावण, महेशमूर्ति शिव तथा त्रिमूर्ति यहाँ की प्रमुख मूर्तियाँ हैं। गुफा के केंद्र में बनी करीब 18 फीट ऊँची त्रिमूर्ति तो वास्तव में भगवान शिव के ही त्रिविध रूपों का प्रतीक है जिसे सदाशिव भी कहा जाता है। विशालता की वजह से यह मूर्ति भारतीय कला की श्रेष्ठतम मूर्तियों में एक मानी जाती है। एक मूर्ति में शिव को धरती पर गंगा लाते हुए दर्शाया गया है। भैरव अवतार में शिव को चंद्र एवं नागदेवता शीश पर, गले में एक हार पहने हुए आक्रामक मुद्रा में कूंच करते हुए दिखाया गया है। दांये हाथ में तलवार एवं बाँये हाथ में अन्धक राक्षस की देह दिखाई देती है। एक प्रतिमा में शिव एवं पार्वती को कैलाश पर्वत पर बैठे चौपड़ खेलते दिखाया गया है। एक अन्य मूर्ति में कैलाश पर्वत पर विराजित शिव पार्वती अन्य देवताओं से घिरे हैं। उनके चरणों के पास में संत भृंगी का अस्थि कंकाल है एवं दांये कोने में गणेश जी हैं। लहास नृत्य करते नटराज की मनोरम प्रतिमा देखते ही बनती है। इस प्रकार यहाँ भगवान शंकर के कई लीला–रूपों की मूर्तियाँ एलौरा और अजंता की मूर्तिकला के समान ही हैं। गुफाओं में अनेक हिन्दू देवी–देवताओं के मंदिर भी दर्शनीय हैं। कभी यहाँ हिंदुओं का पूजा स्थल था, अब यह विश्व पर्यटक स्थल बन गया है। केवल महाशिवरात्रि पर सरकार ने पूजा–अर्चना की अनुमति प्रदान की है।

यहाँ कुल सात गुफाएँ हैं जिनमें पाँच बड़ी हिन्दू गुफाएँ एक हिस्से में हैं और दो छोटी बुद्ध गुफाएँ दूसरे हिस्से में बनी हैं। पहली गुफा को ग्रेट गुफा के नाम से, गुफा 2 से 5 को कैनन हिल के नाम से, गुफा 6 एवं 7 को स्तूप हिल के नाम से जाना जाता है। गुफा 6 को सीताबाई गुफा भी

कहा जाता है। गुफा सात के आगे बने सूखे तालाब को बौद्ध तालाब कहा जाता है। ये गुफाएँ करीब 60 हजार वर्ग फीट क्षेत्रफल में बनाई गई हैं जिनका निर्माण काल 5वीं से 11वीं शदी का माना जाता है। इन गुफाओं के महत्व का अंदाजा इसी से आंका जा सकता है कि इन्हें 1987 ई.में यूनेस्को की विश्व विरासत धरोहर में शामिल किया गया था।

प्राप्त जानकारी के मुताबिक इस स्थान का प्राचीन नाम धारपुरी था। पुर्तगालियों ने गुफाओं पर बने हाथियों की आकृतियों की वजह से इसका नामकरण एलिफेंटा कर दिया। उन्होंने इनका महत्व नहीं समझा एवं इनका उपयोग पशुओं के बाँधने में किया। कुछ मूर्तियाँ उनके समय टूट गईं। जो भी बची हैं दर्शनीय हैं। भारत सरकार ने त्रिमूर्ति पर एक डाक टिकिट भी जारी किया है। इन्हें देखने के लिए अपोलो बन्दरगाह से सुबह 9 बजे से दोपहर तक ही बोट में जा सकते हैं। इसके बाद लौटने के लिए ही बोट उपलब्ध रहती है। मुम्बई वालों के लिए वीक एन्ड पर समय व्यतीत करने का अच्छा पिकनिक स्पॉट है। आप अगर मुंबई पर्यटन का प्लान बना रहे हैं तो एलिफेंटा को अवश्य ही अपने प्लान में शामिल करें। एलिफेंटा गुफाएँ जाने के लिए मुम्बई के गेट वे ऑफ इंडिया से थोड़ी–थोड़ी देर में बोट उपलब्ध हैं। मुम्बई देश–विदेश से हवाई मार्ग से तथा भारत के समस्त बड़े शहरों एवं प्रमुख पर्यटक स्थलों से रेल एवं बस सेवाओं से जुड़ा है।

# छत्रपति शिवाजी टर्मिनस

छत्रपति शिवाजी टर्मिनस रेलवे स्टेशन विश्व की धरोहरों में शामिल विलक्षण धरोहर है। यह भारतीय रेलवे के इतिहास के साथ–साथ देश की विरासत को पहचान देने वाला मध्य रेलवे का मुख्यालय एवं एक महत्वपूर्ण स्थल भी है जो चहुँओर रेलवे के तीव्र विकास के लहराते परचम का केंद्रीय स्टेशन है। भारतीय हिन्दू–मुगल कला, ब्रिटेन की ब्रितानी कला और इटली की इतालवी कला से निमित एवं सुसज्जित भवन अपने निर्माण से 141 वर्ष बीतने पर भी बेजोड़ तकनीकी विशेषताओं के साथ आज भी शान से खड़ा है। भारतीय रेलवे ने न केवल इसकी कला और खूबसूरती को सहेज कर रखा हुआ है वरन साफ–सफाई, यात्री सुविधाओं, अत्यधिक आधुनिक सुविधाओं के साथ ग्रीन एनर्जी से भी लेस कर दिया है। भारतीय रेलवे की नींव रखने वाला छत्रपति शिवाजी टर्मिनस आज भारतीय रेलवे की शक्ति और प्रतिष्ठा का प्रतीक बन गया है। मुम्बई घूमने आने वालों का इसे देखना पहली वरीयता

होती है। खूबसूरती में यह ताजमहल के बाद दूसरे नम्बर पर आता है। तत्कालीन समय में यह एशिया की सबसे बड़ी इमारत थी। इसकी बहुविध विशेषताओं की वजह से यूनेस्को की विश्व धरोहर समिति ने 2 जुलाई, 2004 को इस अद्भुत स्टेशन को विश्व धरोहर में शामिल कर इसका महत्व प्रतिपादित किया।

इस टर्मिनस का निर्माण 20 जून, 1878 को आरंभ किया गया, जिसका निर्माण कार्य 10 वर्षों में पूर्ण किया गया। ब्रिटिश वास्तुकार एफ. डब्ल्यू. स्टीवेंस ने इसका डिजाइन किया था। इससे पूर्व वह यूरोप गया और 10 माह तक उसने कई स्टेशनों का अध्ययन किया। इसमें लंदन के सेंट पेंक्रास स्टेशन की झलक दिखाई देती है। इसकी रचना मध्यकालीन इटालियन मॉडल पर आधारित विक्टोरियन गोथिक डिजाइन के अनुसार है। इसके उल्लेखनीय पत्थर के अष्टकोणीय गुम्बद, कंगूरे, नोकदार आर्च और संकेन्द्रित भूमि योजना पारम्परिक भारतीय महलों की वास्तुकला के समरूप हैं। यह पूर्व से पश्चिम की ओर अंग्रेजी के अक्षर सी के आकार में संतुलित एवं योजनाबद्ध रूप से बनाया गया है। इमारत का मुख्य आकर्षण इसका केंद्रीय गुंबद है, जिसके ऊपर एक हाथ ऊपर किये प्रगति को दर्शाने वाली 16 फीट 6 इंच ऊँची मूर्ति लगी है। यहाँ बने बंदर, मोर, सिंह की मूर्तियाँ, विविध आकार के गुम्बद, मीनारें, रंगीन शीशे वाली खिड़कियाँ इमारत की भव्यता और सुंदरता में चार चाँद लगाते हैं। इमारत का निर्माण पत्थरों से किया गया है। दरवाजे और खिड़कियाँ बर्मी सागौन लकड़ी से बनाई हैं। कुछ खिड़कियाँ लोहे से भी बनाई गई है। अंदरूनी भागों में नक्काशीदार टाइलें, लोहे एवं पीतल की आकृतियाँ मुँडेर–जालियाँ, टिकट कार्यालय की ग्रिल व जाली एवं वृहत सीड़ीदार जाली लगाई हैं। इसमें मुम्बई कला विद्यालय के स्टूडेंट्स द्वारा किये गये कलात्मक कार्य भी इसका आकर्षण बढ़ाते हैं।

इटेलियन मार्बल तथा पॉलिश भारतीय ब्लू स्टोन से बनाये गये यहाँ के हर गेट पर एक शेर (ब्रिटेन का प्रतीक) तथा चीता (भारत का प्रतीक) दिखाई देते हैं। साथ ही यहाँ रानी विक्टोरिया की प्रतिमा भी स्थापित की गई थी जिसे आजादी के बाद हटा दिया गया। इस टर्मिनस की खासियत यहाँ का खास लुक तथा यहाँ का भारी–भरकम इन्फ्रास्ट्रक्चर है।

इस भव्य इमारत को बनाने पर उस समय 16.30 लाख रुपया व्यय किया गया। यह टर्मिनस पारम्परिक पश्चिमी और भारतीय वास्तुकला का

एक उत्कृष्ट समन्वय दर्शाने वाला एक अद्भुत नमूना और भारतीय विरासत की समृद्धि में एक अनोखी विशेषता जोड़ने वाला भवन है। वर्तमान में यहाँ पर 18 रेल्वे प्लेटफॉर्म हैं जिनमें 11 लंबी दूरियों की ट्रेनों के लिए तथा 7 लोकल ट्रेनों के लिए काम में लिए जाते हैं। उप नगरीय समस्त रेलें यही से शुरू होती हैं और यहीं समाप्त होती हैं।

यह कलात्मक इमारत मुम्बई के लोगों के जीवन का एक अविभाज्य अंग है, क्योंकि यह स्टेशन उप शहरी और लंबी दूरी रेलों का स्टेशन है। यह भव्य टर्मिनस भारत  के व्यस्ततम स्टेशनों में से एक है। इस स्टेशन से ग्रेट इंडियन पेनिनस्यूला रेलवे द्वारा मई 1878 में शुरू किया गया। बोरीबंदर इलाके में बना होने के कारण इसे पहले बोरीबंदर रेलवे स्टेशन भी कहा जाता था। बोरीबंदर कभी व्यापार का बड़ा केंद्र था और सुविधा उपलब्ध कराने के लिए इसका निर्माण यहाँ कराया गया।

महारानी विक्टोरिया के 1887 में गोल्डन जुबली वर्ष के अवसर पर इस स्टेशन का नामकरण उनके सम्मान में उनके नाम पर विक्टोरिया टर्मिनस किया गया। आगे चल कर क्षेत्रीय माँग के मध्ये नजर 1996 में इसका नाम बदल कर छत्रपति शिवाजी टर्मिनस कर दिया गया परन्तु आज भी वी. टी. यानी विक्टोरिया टर्मिनस नाम ही लोगों की जुबान पर है।

❖❖❖

# विक्टोरिया गोथिक और आर्ट डेको एसेम्बल

महाराष्ट्र राज्य में मायानगरी, सपनों का शहर, बड़ा व्यापारिक केंद्र, अनेक अन्य विशेषताओं के साथ–साथ सैलानियों का आकर्षक केंद्र मुम्बई, आश्चर्यजनक गोथिक अर्थात् इतालवी वास्तुकला के भव्य इमारतों के लिए भी पहचान बनाता हैं। मुम्बई में अनेक प्राचीन भवन इतालवी शैली में बने अपने अद्‌भुत शिल्प का गौरव हैं। यह तथ्य इसी से स्पष्ट है कि विशेष रूप से दक्षिण मुम्बई में बनी 'विक्टोरियन गोथिक' और 'आर्ट डेको' वास्तुशिल्प से बनी इमारतों को वर्ष 2018 ई. में यूनेस्को की विश्व धरोहर स्थलों की सूची में शामिल किया गया है। ये इमारतें सिर्फ प्राचीन स्मारक नहीं हैं, बल्कि सिनेमा हॉल, अदालत, पुस्तकालय जैसे सार्वजनिक इस्तेमाल के कारण जीवंत धरोहर हैं।

दक्षिण मुंबई में स्थित विक्टोरियन गोथिक आर्ट डेको के भवनों को मियामी के बाद दुनिया की सबसे बड़ी भवन श्रृंखला में शामिल किया जाता है। मुम्बई हाईकोर्ट का भवन विक्टोरियन गोथिक शैली का बेहतरीन उदाहरण है। यह भवन विशाल मैदान के आसपास स्थित हैं। इसका निर्माण 19वीं सदी में किया गया था। बाँबे हाईकोर्ट के भवन का निर्माण 1871 में आरंभ हुआ और 1878 में पूर्ण हुआ। इसका निर्माण वास्तुकार जे.ऐ. फूलेरे ने अपनी देखरेख में करवाया था और उस समय इसके निर्माण पर 106.40 लाख रुपये व्यय किये गए थे।

इसी मैदान के पश्चिमी इलाके में स्थित आर्ट डेको भवनों का निर्माण 1930 ई. से 1950 ई. के बीच किया गया था। मुंबई की आर्ट डेको बिल्डिंग में आवासीय भवन, व्यवसायिक कार्यालय, अस्पताल, मूवी थियेटर आदि आते हैं। इसी क्षेत्र में रीगल और इरोस सिनेमाघर हैं। इरोज सिनेमा का भवन आर्ट डेको शैली का बेहतरीन उदाहरण है। इस सिनेमाघर में 1,204 लोगों की बैठने की क्षमता है। वर्ष 1938 ई. में बने इस भवन का निर्माण वास्तुविद शोरबाजी भेदवार ने करवाया था।

मुंबई के प्रसिद्ध मरीन ड्राइव पर तीन किलोमीटर के दायरे में बने ज्यादातर भवन जिनमें अधिकतम पाँच मंजिल के हैं, बैंगनी और नीले रंगों में रंगे हैं, वे आर्ट डेको बिल्डिंग के सुंदर नमूने हैं। इन भवनों में घुमावदार सीढ़ियाँ, खूबसूरत बरामदे और संगमरमर की फर्श प्रमुख विशेषताएँ हैं।

विश्व धरोहर में बाँबे हाई कोर्ट, मुंबई विश्वविद्यालय, पुराना सचिवालय, एजीएमए, एल्फिंस्टन कॉलेज, डेविड सासून लाइब्रेरी, छत्रपति शिवाजी महाराज वास्तु संग्रहालय, महाराष्ट्र पुलिस मुख्यालय, क्रिकेट क्लब ऑफ इंडिया, राम महल, चर्चगेट का ईरोज सिनेमा हॉल, रीगल सिनेमा हॉल और मरीन ड्राइव के नजदीक पहली इमारत को शामिल किया गया है।

जब वर्ष 1860 से 70 के दौरान भवनों का निर्माण तेजी से किया जा रहा था, उस समय, विशेषकर ओवल मैदान के किनारे, अधिकांश विक्टोरियन भवनों का निर्माण हुआ। उन दिनों मैदान समुद्र के नजदीक हुआ करता था और मुंबई विश्वविद्यालय, पश्चिम रेलवे मुख्यालय का भवन तथा उच्च न्यायालय सीधे अरब सागर के सामने थे। इनमें मुंबई विश्वविद्यालय भवन सबसे शानदार है। वास्तुकार गिलबर्ट स्कॉट ने इसका डिजाइन तैयार किया था, यह 15वीं शताब्दी का इटेलियन भवन जैसा दिखता है। इसका भवन, इसका विशाल पुस्तकालय, कन्वोकेशन हॉल 80 मी. ऊँचा  हैं और राजाबाई टावर बहुत सुंदर है।

बारहवीं शताब्दी के पूर्वार्द्ध में इल–दा–फ्रांस के क्षेत्र में इस निर्माण शैली का जन्म हुआ। ऊँचे स्तम्भ, पंजर–गुम्बद, लम्बे–चौड़े कक्ष,  कक्षों को रोशन करने के लिये खिड़कियाँ, बड़े द्वार, तोरण, मेहराबी टेक, अतिरिक्त तोरण और सहायक तोरणपथ, रंगीन काँच, खिड़कियों पर तोरण की सजावट, पत्थर के शिखर और  मूर्तिकला इस शैली की प्रमुख विशेषताएँ हैं।

❖❖❖

# खजुराहो के स्मारक समूह

खजुराहों के मंदिर समूह भारतीय कला के उच्चतम प्रतिमान हैं। इन्हें यूनेस्को ने अपनी विश्व विरासत सूची में शामिल किया है। मंदिर कई समूह में बने हैं। पश्चिम मंदिर समूह परिसर के एक विशाल उद्यान में ऊँचे शिखर वाले अनेक मंदिर जो ऊँचे चबूतरों पर बने हैं। यहाँ मतंगेश्वर सबसे प्राचीन मंदिर है। पिरामिड शैली में बने मंदिर के गर्भगृह में करीब एक मीटर व्यास का ढाई मीटर ऊँचा शिवलिंग देखते ही बनता है। इसे 920 ई. में राजा हर्षवर्मन ने बनवाया था।

इसके समीप ही स्थित विशाल लक्ष्मण मंदिर पंचायतन शैली में बना है जिसके चारो कोनों पर एक–एक उप मंदिर बना है। मंदिर के मुख्य द्वार पर रथ पर सवार सूर्यदेव नजर आते हैं। मंदिर की बाह्य दीवारों पर असंख्य मूर्तियाँ उत्कीर्ण हैं। मूर्तियों की भाव–भंगिमाएँ एवं सुंदरता देखते ही बनती हैं। तीन कतारों में प्रमुख मूर्तियों की श्रृंखला है। कुछ कतारें छोटी मूर्तियों की है। मध्य ताखों में देव प्रतिमाएँ हैं। नृत्य, संगीत, युद्ध, शिकार आदि प्रतिमाओं में तत्कालीन जीवन के दर्शन होते हैं। अन्य मूर्तियों में विष्णु, शिव, अग्निदेव, गंधर्व, सुर–सुंदरी, देवदासी, तांत्रिक, पुरोहित और काम कला की प्रतिमाएँ हैं। एक मूर्ति में नायक–नायिका द्वारा एक–दूसरे को उत्तेजित करने के लिये नख–दंत का प्रयोग कर रहे हैं। मंदिर के गर्भगृह में भगवान विष्णु की त्रिमूर्ति प्रतिमा विराजित है। अंदर की दीवारों पर भी मूर्तियों का खजाना है। मंदिर के चबूतरे पर भी विविध विषयों के साथ सामूहिक मैथुन की मूर्तियाँ अद्‌भुत शिल्प लिये हुए हैं। मंदिर के सामने लक्ष्मी मंदिर एवं वराह मंदिर बने हैं।

पास में ही कंदारिया महादेव का मंदिर सभी मंदिरों से अलग है जो काम शिक्षा के लिए मशहूर है। मंदिर की बनावट और अलंकरण भी अत्यंत वैभवशाली है और मंदिर भगवान शिव को समर्पित है। मंदिर का प्रवेश द्वार 9 शाखाओं से युक्त है, जिन पर कमल, पुष्प, नृत्यमग्न अप्सराएँ तथा व्याल आदि बने हैं। सरदल पर शिव की चारमुंखी प्रतिमा बनी है। इसके पास ही ब्रह्मा एवं विष्णु भी विराजमान हैं। गर्भगृह में संगमरमर का विशाल शिवलिंग स्थापित है। मंडप की छतों पर पाषाण कला के सुंदर चित्र बने हुए हैं। बाह्य दीवारों पर सुर–सुंदरी नर–किन्नर, देवी–देवता व प्रेमी–युगल आदि सुंदर रूपों में अंकित हैं। मध्य की दीवारों पर कुछ अनोखे मैथुन दृश्य चित्रित हैं। एक स्थान पर ऊपर से नीचे की ओर एक क्रम में बनी तीन मूर्तियाँ कामसूत्र की अनुकृति कही जाती हैं। इसमें मैथुन क्रिया के आरंभ में आलिंगन व चुंबन के जरिए पूर्ण उत्तेजना प्राप्त करने का महत्व दर्शाया गया है। एक अन्य दृश्य में एक पुरुष शीर्षासन की मुद्रा में 3 स्त्रियों के साथ रतिरत नजर आता है। विशालतम मंदिर की बाह्य दीवारों पर कुल 646 मूर्तियाँ हैं तो अंदर भी 226 मूर्तियाँ जड़ी हैं। इतनी मूर्तियाँ शायद अन्य किसी मंदिर में नहीं हैं। सप्तरथ शैली में बना यह मंदिर सबसे विशाल करीब 117 फीट लंबा, 66 फीट चौड़ा एवं 117 फीट ऊँचा है। इस मंदिर का निर्माण राजा विद्याधर ने मोहम्मद गजनवी को दूसरी बार परास्त करने के बाद 1065 ई. के आसपास करवाया था।

परिसर में ही स्थित है विश्वनाथ मंदिर। इससे पहले पार्वती का एक नवनिर्मित मंदिर है। यहाँ स्थित प्राचीन मंदिर खंडित हो चुका था। छतरपुर के महाराजा ने 1880 ई. के आसपास वर्तमान मंदिर बनवाकर उसमें पार्वती की प्रतिमा की स्थापना की। यह मंदिर अन्य मंदिरों से भिन्न है। विश्वनाथ मंदिर शिव को समर्पित है। मंदिर की सीढ़ियों के आगे दो शेर और हाथी बने हैं। मंदिरों में देव प्रतिमाएँ अष्टदिक्पाल, नाग कन्याएँ, अप्सराएँ, राजसभा, रासलीला, विवाह, उत्सव, वीणा बजाते नायिका एवं पैर से काँटा निकालती अप्सरा आदि मूर्तियाँ उत्कीर्ण हैं। आलों में चामुंडा, कौमारी, वैष्णवी, वराही महेश्वरी, नटराज आदि मूर्तियाँ हैं। यह मंदिर 90 फीट ऊँचा और 45 फीट चौडा है। इस मंदिर का निर्माण 1002 ई. में राजा धंगदेव द्वारा करवाया गया था। प्रमुख मंदिर के सामने चौकोर मंडप में शिव के वाहन नंदी की 6 फीट ऊँची प्रतिमा दर्शनीय है।

विश्वनाथ मंदिर के आगे चलने पर चित्रगुप्त मंदिर सूर्यनारायण को समर्पित है। मंदिर की दीवारों पर अन्य मूर्तियों के मध्य उमा–महेश्वर, लक्ष्मी नारायण और विष्णु के विराट रूप में मूर्तियाँ भी हैं। जनजीवन की मूर्तियों में पाषाण ले जाते श्रमिकों की मूर्तियाँ मंदिर निर्माण के दौर को दर्शाती हैं। मुख्य प्रतिमाओं के मध्य व्याल व शार्दूल नामक पशुओं की प्रतिमाएँ हैं जो हर मंदिर पर बनी हैं। चित्रगुप्त मंदिर की दीवारों पर नायक–नायिका को आलिंगन के विभिन्न रूपों में उत्कीर्ण किया गया है। गर्भगृह में 7 घोड़ों के

रथ पर सवार भगवान सूर्य की प्रतिमा विराजमान है। निकट ही हाथ पर लेखनी लिए चित्रगुप्त बैठे हैं।

चित्रगुप्त मंदिर से कुछ आगे जगदंबी मंदिर है। मूलतः यह मंदिर विष्णु को समर्पित था, लेकिन मंदिर में कोई प्रतिमा नहीं है। छतरपुर के महाराजा ने जब इन मंदिरों का जीर्णोद्धार कराया तब यहाँ जगदंबा की प्रतिमा स्थापित की गई। इस मंदिर में अन्य देव प्रतिमाओं के साथ यम की प्रतिमा भी विद्यमान है। यहाँ भी दीवारों पर कुछ अच्छे मैथुन दृश्य देखने को मिलते हैं। प्रवेश द्वार पर चतुर्भुजी विष्णु गरूड़ पर आसीन नजर आते हैं। मंदिर के आलियों में सरस्वती एवं लक्ष्मी की प्रतिमाएँ विशेष रूप से उल्लेखनीय हैं। जगदंबी मंदिर के निकट ही महादेव मंदिर है। इस छोटे मंदिर का मूल भाग खंडित अवस्था में है तथा वेदी भी नष्ट हो चुकी है। प्रवेश द्वार पर एक मूर्ति में राजा चंद्रवर्मन को सिंह से लड़ते दर्शाया गया है। यह दृश्य चंदेलों का राजकीय चिह्न बन गया था। इसका निर्माण राजा घँगदेव ने 1025 ई. में करवाया था।

खजुराहो के प्राचीन गाँव के निकट थोड़ी दूरी पर स्थित है पूर्वी मंदिर समूह। पूर्वी मंदिरों में 4 जैन तथा 3 हिन्दू मंदिर हैं। पहला पिरामिड शैली में बना छोटा सा ब्रह्मा मंदिर है। ब्रह्मा की प्रतिमा के साथ यहाँ भगवान विष्णु और शिव भी उपस्थित हैं। मंदिर में एक शिवलिंग भी है। ब्रह्मा मंदिर से करीब 300 मीटर की दूरी पर वामन मंदिर है। यह मंदिर 11वीं सदी के उत्तरार्द्ध में बना माना जाता है। इस मंदिर की दीवारों पर प्रेमी युगलों के कुछ आलिंगन दृश्यों को छोड़ ज्यादातर एकल प्रतिमाएँ हैं। शिव–विवाह का खूबसूरत उत्कीर्ण भी यहाँ देखने को मिलता है। वामन मंदिर से थोड़ा–सा आगे चलने पर आता है जवारी मंदिर है। भगवान विष्णु को समर्पित इस मंदिर में उनके बैकुंठ रूप में दर्शन होते हैं। मंदिर की बाहरी दीवारों की मूर्तियों में अनेक मैथुन दृश्य भी हैं।

यहीं पर 4 जैन मंदिर स्थित हैं। इनमें से घंटाई मंदिर भग्न स्थिति में है। एक मंडप के रूप में दिखने वाले इस मंदिर के स्तंभों पर घंटियों का सुंदर अलंकरण है। प्रवेश द्वार पर देवी–देवताओं की प्रतिमाएँ हैं, जबकि गर्भगृह के द्वार पर देवी चक्रेश्वरी की गरुड़ पर आरूढ़ प्रतिमा है। शेष तीनों जैन मंदिर कुछ दूर एक अलग परिसर में स्थित हैं। इनमें सबसे महत्त्वपूर्ण पार्श्वनाथ मंदिर है जिसकी बाहरी दीवारों पर तीर्थंकर प्रतिमाएँ बनी हैं। इनके साथ कुबेर, द्वारपाल, गजारूढ़ या अखारूढ़ जैन शासन देवताओं का सुंदर अंकन भी है। यहाँ मूर्तियों

की पंक्तियों में गंधर्व, किन्नर, विद्याधर, देवी–देवताएँ, यक्ष, मिथुन व अप्सराएँ शामिल हैं। इनमें काजल लगाती नायिका तथा शिशु पर वात्सल्य छलकाती माता की मूर्तियाँ मोहक हैं। मंदिर के तोरण में तीर्थंकर माता के 16 स्वप्नों का सुंदर चित्रण है और गर्भगृह में आदिनाथजी की प्रतिमाएँ हैं। मंदिर का निर्माण राजा घंगदेव के समय एक नगर सेठ ने करवाया था।

पूर्वी मंदिर के बाद दक्षिणी मंदिरों में दूल्हादेव मंदिर शिव को समर्पित है। मंदिर के अंदर एक विशाल शिवलिंग पर सहस्त्रमुखी छोटे–छोटे शिवलिंग बने हैं। यह 12वीं शताब्दी में निर्मित चंदेल राजाओं की अंतिम धरोहर है। इसके बाद दूल्हादेव मंदिर से कुछ दूर चतुर्भुज मंदिर एक साधारण चबूतरे पर बना है। इस मंदिर की दीवारों पर बनी मूर्तियों में दिग्पाल, अष्टवसु, अप्सराएँ और व्याल प्रमुख हैं। मंदिर के गर्भगृह में शिव की सौम्य प्रतिमा है।

लगभग सभी मंदिरों की दीवारों पर कहीं–कहीं एकल तो कहीं–कहीं सामूहिक मैथुनरत मूर्तियाँ वात्स्यायन के कामसूत्र में वर्णित और चित्रित अनेक आसनों का बोध कराती हैं। सामूहिक मैथुन के दृश्य तो दर्शकों के मन में एक अलग तरह का कौतूहल पैदा करते हैं। मूर्ति शिल्प की उत्कृष्टता यह भी दर्शाती है कि ये मैथुन मूर्तियाँ किसी तरह के पूर्वाग्रह या कुंठा से उपजी हुई नहीं हैं, न ही अश्लीलता झलकती है वरन सरल सुबोध भाव से जीवन के सच की पराकाष्ठा है। भारतीय मंदिर कला के उच्चतम प्रतिमानों को देखकर लगता है कि कैसे होंगे वो अनाम शिल्पी जिन्होंने इन मूर्तियों और स्थापत्य के इस अकल्पनीय संसार की रचना की, जिसे देखने के लिए आज पूरे विश्व के सैलानी यहाँ आना अपना सौभाग्य मानते हैं और कैमरे में संजोकर ले जाते हैं अपनी यात्रा की मधुर यादें।

पश्चिमी मंदिर समूह के विपरीत स्थित भारतीय पुरातत्व विभाग के संग्रहालय को चार विशाल गृहों में विभाजित किया गया है। जिनमें शैव, वैष्णव, जैन और अन्य प्रतिमाओं का विशाल संग्रह देखा जा सकता है। इसमें विष्णु की प्रतिमा को मुँह पर अंगुली रखे चुप रहने के भाव के साथ दिखाया गया है। संग्रहालय में चार पैरों वाले शिव की भी एक सुन्दर मूर्ति है। जैन संग्रहालय में लगभग 100 जैन मूर्तियाँ हैं। ट्राईबल और फॉक के राज्य संग्रहालय में जनजाति समूहों द्वारा निर्मित पक्की मिट्टी की कलाकृतियाँ, धातु शिल्प, लकड़ी शिल्प, पेंटिंग, आभूषण, मुखौटों और टेटुओं को दर्शाया गया है। शाम को पश्चिम मंदिर समूह परिसर में प्रकाश एवं ध्वनि कार्यक्रम प्रदर्शित

किया जाता है जो यहाँ के इतिहास को जीवंत कर देता है। खजुराहो के कार्यक्रम में इन्हें भी जरूर देखें। ऊँचे मंदिरों को शिखर तक आनन्द लेने के लिए बाइस्कोप जरूर ले जायें। खजुराहो गाँव के अनेक घरों में मूर्तियाँ बनाते कारीगर देखे जा सकते हैं। पूरा गावँ ही शिल्प बाजार का दृश्य उपस्थित करता है।

खजुराहो निः सन्देह चन्देल कलाकेन्द्रों में सर्वाधिक महत्वपूर्ण केन्द्र था। ये मन्दिर नागर शैली के उत्कृष्टतम उदाहरण हैं। इनकी स्थापत्यगत योजना एवं शिल्प संयोजन तथा वैभव समकालीन स्मारकों में अद्वितीय है। मध्यकालीन अन्य केन्द्रों की ही भाँति खजुराहो में भी मूर्तियाँ मुख्यतः मन्दिरों के विभिन्न भागों पर (बाह्य एवं भीतरी भित्तियों, गर्भगृह, शिखर, जगती, प्रदक्षिणापथ) उत्कीर्ण की गई हैं। कामक्रीड़ायुक्त मूर्तियाँ यहाँ का बड़ा आकर्षण हैं। मूर्तियों की 'चित्ताकर्षक भव्यता' मन्दिरों के सौन्दर्य में वृद्धि करती है। मूर्तियाँ सामान्यतः खड़ी मुद्रा में हैं एवं उनकी मुखाकृतियों और शरीर रचना में वक्रता और ऐन्द्रिकता दर्शनीय है, विशेषकर अप्सराओं एवं कामकला से सम्बन्धित मूर्तियों में।

नृत्य में तल्लीन नर–नारियाँ, मिथुन–युगल, स्त्री–पुरुष दम्पति और मिथुन समूह प्रतिमाओं के माध्यम से खजुराहो के इन मन्दिरों में 'रति–क्रीड़ा' सम्बन्धी सैकड़ों दृश्य उंकेरे गये हैं। जिनमें प्रेमी–युगलों को सामान्य व असामान्य रूप में क्रीड़ारत दर्शाया गया है। स्त्री–पुरुष दम्पति मूर्तियों को एक–दूसरे के समीप और आलिंगन करते हुए दिखाया गया है। इसी प्रकार स्त्री–पुरुष तीव्र चुम्बनों और प्रगाढ़ आलिंगन की मुद्राओं में दिखाये गये हैं। इस वर्ग की मूर्तियाँ सर्वाधिक संख्या में बनी हैं। अलंकरणों के वैविध्य के साथ ही केश–सज्जा और वस्त्र–विन्यास में भी विविधता दिखाई पड़ती है। अप्सराओं, देव–कन्याओं व अलस–कन्याओं की 'शृंगार–प्रधान' मूर्तियाँ खजुराहो को विश्व–प्रसिद्धि दिलाती हैं। मन्दिरों के विभिन्न स्थानों पर कोरकर अथवा अंशतः कोरकर बनाई इन मूर्तियों को वस्त्राभूषणों से अलंकृत, अलौकिक मुद्राओं व विभिन्न नृत्य मुद्राओं में दर्शाया गया है। देवताओं की व आराध्य देवों की पूजा–अर्चना हेतु हाथ में दर्पण, घट, वस्त्रालंकार उठाये हुए अथवा अनेक प्रकार के क्रियाकलापों को व्यक्त करती हुई नायिकाएँ दर्शायी गई हैं। यहाँ नायिका अपने को विवस्त्र करती, अंगड़ाई लेते हुए, पैर से काँटा निकालती, शिशु को दुलारती, शुक अथवा वानर आदि के साथ क्रीड़ा करती, पत्र लिखती, वीणा अथवा वंशी बजाती, दीवारों पर चित्रांकन करती, बालों से पानी निचोड़ती,

महावर रचाती, नेत्रों में सुरमा, दर्पण में मुख देखती, प्रसाधन करती हुई आदि विभिन्न कार्यकलापों और मुद्राओं में दर्शायी गई हैं। चिर–परिचित क्रिया–कलापों को अभिव्यक्त करती इन नारी मूर्तियों के माध्यम से 'अलौकिक सौन्दर्य' की अभिव्यक्ति हुई है। मूर्तियों की कलात्मकता चरमोत्कर्ष को छूती है। इन मन्दिरों का निर्माण लगभग 900 ई. से 1150 ई. के मध्य माना जाता हैं।

वैसे तो वर्ष भर कभी भी यहाँ आया जा सकता है पर अक्टूबर से मार्च का समय अधिक अनुकूल है। मध्य प्रदेश के छतरपुर जिले का खजुराहो, दिल्ली, वाराणसी, आगरा एवं काठमांडू से हवाई सेवा से जुड़ा है और खजुराहो रेलवे स्टेशन से दिल्ली, आगरा, जयपुर, वारणसी, उदयपुर, भोपाल, इंदौर, उज्जैन के लिये रेल सेवा उपलब्ध है। देश के कई प्रमुख शहरों से बस सेवा उपलब्ध है। ठहरने व भोजन के लिये हर बजट के होटल हैं।

❖❖❖

# साँची के बौद्ध स्मारक

बुद्ध पूजा, इंद्र का बुद्ध के पास आगमन,मायादेवी का स्वप्न, बुद्ध का कपिलवस्तु गमन, राजाओं द्वारा बुद्ध की अस्थियों के लिए युद्ध, महाकपि जातक बुद्ध का संदेश ग्रहण करते हुए, मालाओं का सुन्दर संयोजन, बीच में–सात बुद्ध, अन्तिम–स्वर्ग में इन्द्र, मन्दाकिनी नदी, जंगल, नाग राज, दाँयें हाथ को कमर पर टिकाए और बाँये हाथ में कमल का फूल लिए यौवना, कमल के तालाब में हाथी, प्रेमी युगल, युद्ध के दृश्य, नृत्य, गज–लक्ष्मी, संन्यासी, पशु–पक्षी, कमल, कलश एवं पारिवारिक दृश्यों के शिल्पांकन के विविध अलंकरणों से सजे साँची के स्तूप विशेष कर तोरण द्वार हर किसी के लिए आकर्षण का केंद्र हैं। स्तूप शिल्प–कला की पराकाष्ठा कही जा सकती है। तत्कालीन समाज–संस्कृति का दर्पण एवं शिल्प के इस महान कला संसार को देखने दुनिया भर के सैलानी और बौद्ध मतावलम्बी हर साल बड़ी संख्या में साँची आते हैं। इसके ऐतिहासिक एवं कलात्मक महत्व के आधार पर इन स्तूपों को यूनेस्को ने वर्ष 1989 ई. में विश्व विरासत का

दर्जा देकर अपनी विरासत सूची में शामिल कर संसार को इनका महत्व बताया।

साँची के आशोक युगीन विशाल स्तूप के चारों ओर की प्रदक्षिणा की दोहरी वेदिका और चारों दिशाओं के अलंकृत तोरणद्वार शुंगकालीन मूर्तिकला के प्रमुख उदाहरण हैं। तीन स्तूप लगभग ढाई सौ फीट ऊँची पहाड़ी पर स्थित हैं जिनमें से बीच वाले सबसे बड़े अंडाकार स्तूप और उसके तोरणद्वारों की कला ही संसार प्रसिद्ध है। भारत की यह धरोहर साँची के स्तूप मध्य प्रदेश राज्य में स्थित हैं।

प्रारम्भ में मुख्य बड़ा स्तूप केवल ईंटों का बना हुआ था और उसके पश्चात् लगभग उपेक्षित हालत में ही पड़ा रहा, परन्तु शुंग राजाओं (188 ई.पू.–30 ई.) ने इसके चारों ओर पत्थर की दोहरी वेदिका बनवाई और सातवाहन शासकों ने इसके चारों दिशाओं में तोरणद्वार बनवाऐ। ये चारों तोरणद्वार बनावट में एक समान दिखाई देते हैं परन्तु उन पर उंकेरी गई शिल्पकृतियाँ भिन्न–भिन्न प्रकार की हैं। इस स्तूप की परिधि 36 मीटर है और ऊँचाई लगभग 16 मीटर है। चारों दिशाओं में स्थित तोरणद्वार 34 फीट ऊँचे हैं। खम्भों के ऊपर तिहरी बड़ेरियाँ हैं जो बीच में से तनिक कमानीदार हैं तथा इनका थोड़ा हिस्सा बाहर की ओर मुड़ा हुआ है। इन बड़ेरियों को सिंह, हाथी, बौने आदि अपने ऊपर लादे हुए दिखाये गये हैं।

## साँची की शिल्प शैली

स्तूप के तोरणों पर भगवान बुद्ध के जीवन सम्बन्धी दृश्यों तथा उनके पूर्व जन्मों के दृश्यों का शिल्पांकन किया गया है, जो अर्धचित्रों अथवा उभरी हुई प्रतिमाओं के रूप में हैं। अर्धचित्रों में अत्यन्त बारीकी व सफाई है। शिल्पकारों ने एक ही अर्धचित्र में सभी घटनाओं का समावेश का प्रयास किया है। लेख मिलता है कि कारीगरी विदिशा नगरी के हाथीदाँत पर नक्काशी करने वाले कारीगरों के द्वारा बनाई गई है।

साँची के तोरणों की विशेषता है कि भगवान बुद्ध के जन्म–जन्मान्तरों की घटनाओं को तो दर्शाया गया है, परन्तु बुद्ध की मूर्ति का अंकन कहीं भी नहीं किया गया है। चरण–चिह्न, कमलपुष्प, छत्र व बोधिवृक्ष आदि प्रतीक चिह्नों के माध्यम से बुद्ध को दर्शाने का प्रयास किया गया है। साँची की मूर्तिकला में आकृतियों की अधिकता है तथा स्थान की कमी झलकती है।

साँची में अधिकांशतः जातक कथाओं का अंकन मिलता है। इसके अतिरिक्त पारिवारिक दृश्य, युद्ध के दृश्य, प्रेमी युगल, संन्यासी, पशु–पक्षी, पूजा के दृश्य व अलंकरण आदि भी बहुतायत से बनाये गये हैं। साथ ही वानर, किन्नर, यक्ष–यक्षिणी, वृक्षिका, सिंह, हाथी, नृत्य के दृश्य, जलपान के दृश्य भी बनाये गये हैं। दोहरी वेष्टिनी पर जो बड़ी भारी व ऊँची है, स्थान–स्थान पर अलंकरण, गज–लक्ष्मी, कमल कलश व खिले व अधखिले कमल आदि बने हुए हैं। जगह–जगह पर बेलें बनाई गई हैं। तोरणों पर भी अनेक उभरी हुई प्रतिमाएँ हैं।

पूर्व दिशा वाले तोरण की ऊपर वाली बड़ेरी में 'सात बुद्धों की तपश्चर्या' का अंकन है जिसमें स्तूपों को प्रतीक के रूप में दिखाया गया है व सबसे नीचे वाली बड़ेरी में सम्राट अशोक व उसकी सम्राज्ञी और पुत्र भगवान बुद्ध की पूजा करने आये हैं। उनके साथ वादक लोगों का एक दल भी है। दृश्य के बीच में एक विशाल बोधिवृक्ष का अंकन किया गया है। इस अर्धचित्र की गणना भी साँची के सर्वोत्कृष्ट चित्रों में की जाती है।

पूर्व दिशा के तोरण के अन्दर की ओर की ऊपरी वाली दो बड़ेरियों में से ऊपर वाली बड़ेरी में सात बुद्धों की तपश्चर्या का दृश्य अंकित किया गया है। इसके नीचे वाली बड़ेरी में बुद्ध द्वारा बुद्धत्व प्राप्ति का दृश्य है, जिसमें सम्पूर्ण पशु जगत् भी वहाँ उपस्थित दिखाया गया है। पूर्व दिशा के तोरण के बाहरी की बीच वाली बड़ेरी में भगवान बुद्ध के "महाभिनिष्क्रमण" का

दृश्य अंकित है, जिसमें साँची की कला अपनी पूर्णता तक पहुँच गई है। इसमें कपिलवस्तु नगर के मकान दुमंजिलें व तिमंजिलें दिखाये गये हैं। उनके झरोखों में से स्त्री–पुरुष बाहर झाँक रहे हैं।

पश्चिमी तोरण द्वार पर हाथियों द्वारा वृक्ष–पूजा के दृश्य "अस्थियों के लिए युद्ध" व "महाकपि जातक" आदि हैं। भगवान बुद्ध की अस्थियों के लिए युद्ध के दृश्य में राजा लोग अपने हाथी और घोड़े सजाकर युद्ध करने जा रहे हैं। एक और नगर का दृश्य का अंकन है।

दक्षिण दिशा की ओर के तोरण पर शत्रु राजा की चतुरंगिणी सेना के युद्धों का दृश्य है। नगर के मकान दुमंजिले और तिमंजिले हैं। उनके बाहर खाई खुदी हुई है जिसमें कमल खिले हैं। दक्षिण दिशा की ओर वाले तोरण के अन्य अर्धचित्र में सरोवर में कमल खिले हुए अंकित किये गये हैं। कमलों के सरोवर में प्रसन्न मुद्रा में हाथी अंकित किये गये हैं। हाथी के अतिरिक्त अश्व और बारहसिंघे भी अंकित किये गये हैं। उन पर राजा लोगों को सवार दिखाया गया है। फूलों से लदे हुए सुन्दर वृक्ष व उनके पास मयूर के जोड़ों को अंकित किया है। एक दृश्य में "श्री देवी" का अंकन किया गया है। इसमें बीच में खिले हुए कमल के फूल पर भी श्री देवी खड़ी हैं। उनके पैरों में कड़े हैं। कमर में मेखला है। शरीर का ऊपरी भाग निर्वस्त्र है। उनके गले में माला है और सिर पर पगड़ी है। उनके दोनों ओर दो कमलों पर हाथी खड़े हैं।

उत्तरी तोरण पर उनका रूप "गज लक्ष्मी" के रूप में दिखाई देता है। इसे बुद्ध की जननी माया देवी भी माना जाता है। साँची के शिल्प में 'यक्षों' को पुरुषों जैसा ही स्वरूप दिया गया है। ये राजाओं के समान ही वस्त्र व आभूषण पहने हुए हैं। 'यक्षणियों' को भी अत्यन्त सुन्दरता के साथ उंकेरा गया है और उन्हें आम की डालों को पकड़े इस प्रकार से खड़ा किया गया है जिस प्रकार से माया देवी बुद्ध जन्म के समय शाल वृक्ष की डाल पकड़ कर खड़ी हुई थी। इन्हें 'वृक्षिका' कहा जाता है। साँची के इस शिल्प में यद्यपि बुद्ध की जन्म–जन्मान्तरों की जातक कथाओं का अंकन किया गया है, परन्तु उसमें धार्मिकता की कहीं भी झलक दिखाई नहीं देती। सर्वत्र लोक–कला की छाप ही दृष्टिगोचर होती है। सम्भवतः साँची के शिल्प में अंकित स्त्री पुरुषों के मुख पर चिंतन और आध्यात्मिकता की छाया नहीं दिखाई देती है वरन् एक सीधा–सादापन झलकता है। इस प्रकार साँची की कला अधिक स्पष्ट है जो उस समय के समाज का दर्पण कही जा सकती है। इस प्राचीन शिल्प के झरोखे से हम तत्कालीन समाज की झाँकी देख सकते हैं। इससे लोगों के रहन–सहन, पहनावा आदि के ज्ञान के साथ–साथ राजाओं की शोभा–यात्रा, युद्ध, राज–प्रासाद, किसानों की झोपड़ियाँ आदि सभी के दृश्य हमें साँची के इन चित्रों में दिखाई दे जाते हैं। यहाँ बनाये गये "पंखदार पशु–पक्षी" आदि विदेशी प्रभाव लिए हुए हैं। आकृतियों में बालों की बनावट व सलवटें विदेशी ढंग से बनाई गई हैं।

❖❖❖

# भीमबेटका के चट्टानी निवास

भीमबेटका एक ऐसा पुरातात्विक स्थल है जहाँ हजारों साल पुरानी सभ्यता के अवशेष आज भी साँस लेते हैं। पाषाण गुफाओं, उनकी दीवारों पर चित्रित विविध विषयों के चित्र, पाषाण उपकरण, मृद्भाण्ड, किले की दीवार, लधु स्तूप, भवन, शुंग–गुप्त कालीन अवशेष, अभिलेख एवं परमारकालीन मंदिरों के अवशेष आदि एक प्राचीन काल–खंड की कहानी सुनाते हैं। भीमबेटका का अनछुआ परिवेश जल, जंगल एवं जीव–जंतु सभी मिलकर इस क्षेत्र के महत्व और सौंदर्य में वृद्धि करते हैं। इस पुरापाषाणिक स्थल की खोज वर्ष 1958 ई. में डॉ. विष्णु श्रीधर वाकणकर द्वारा की गई थी। भीमबेटका के शैलाश्रयों के महत्व को देखते हुए भारतीय पुरातत्व सर्वेक्षण विभाग ने वर्ष 1990 ई. में राष्ट्रीय महत्व के स्मारक धोषित किया तथा यूनेस्को की समिति द्वारा वर्ष 2003 ई. में इन्हें विश्व धरोहर में शामिल किया गया।

बता दें कि भारतीय उपमहाद्वीप में मानव जीवन प्रमाण के ये प्राचीनतम चिह्न हैं। इस स्थल का महाभारत में वर्णित चरित्र भीम से सम्बंध जोड़ा जाता है। माना जाता है कि वनवास के दौरान पाँडव यहाँ आये थे और जिस जगह भीम बैठे थे, उसी वजह से इसका नाम भीमबैठका पड़ा था, जो कालांतर में भीमबेटका हो गया। यह स्थल मध्य भारत के पठार के दक्षिणी किनारे पर स्थित विन्ध्याचल की पहाड़ियों के निचले छोर पर है। इसके दक्षिण में सतपुड़ा की पहाड़ियाँ शुरू हो जाती हैं। भीमबेटका आदिकाल से मानव की निवास स्थली रही है। यहाँ हुए पुरातात्विक उत्खननों से प्राप्त प्रमाणों से ज्ञात होता है कि मानव ने पूर्व पाषाण काल (1,00,000–40,000 वर्ष पूर्व) से लेकर मध्य पाषाण काल (आज से 10,000 वर्ष पूर्व) तक यहाँ के शैलाश्रयों में अनवरत निवास किया। इस लम्बे काल खण्ड के मध्य मानव के सामाजिक तथा सांस्कृतिक जीवन में अनेक परिवर्तन हुए। भीमबेटका शैलाश्रयों के समूह का बहुत बड़ा स्थल है, मुख्य–मुख्य स्थलों के साथ–साथ चारों ओर छोटे–बड़े अनेक शैलाश्रय समूह फैले हुए हैं। अभयारण्य में कुछ पशु–पक्षी भी देखने को मिलते हैं। भीमबेटका से पाँच किमी. पर पेंगावन में 35 शैलाश्रयों में भी दुर्लभ चित्रण देखने को मिलता हैं।

शैलाश्रयों में ज्यादातर चित्रांकन प्राकृतिक खनिज रंग गेरू तथा सफेद रंग से किया गया है। कहीं–कहीं पीला और हरा रंग भी चित्रण में देखने को मिलता हैं। गेरुआ लाल रंग एक प्रकार के लाल पत्थर से एवं सफेद रंग चुने से बनाया जाता था। चित्र बनाने के किये लकड़ी, तिनके और उंगलियों का उपयोग किया जाता था। यहाँ बने शैलचित्रों का विषय हाथी, बाघ, जंगली सूअर, सिंह, कुत्ते, घडियाल जैसी पशु आकृतियाँ समूह चित्र जैसे शिकार युद्ध तथा सांस्कृतिक चित्रणों में नृत्य एवं वाद्य, धार्मिक संकेत तथा दैनिक जीवन के क्रियाकलाप चित्रित हैं। चित्र छोटे तथा कुछ बड़े हैं। कुछ चित्र स्पष्ट, चमकदार एवं साफ दिखाई देते हैं जबकि कुछ चित्र अस्पष्ट और धूमिल होने से कठिनाई से पहचाने जाते हैं। इन्हें देखने की व्यवस्था इस प्रकार की गई है कि दर्शक आसानी से देख सकें परन्तु चित्रों को किसी भी प्रकार की क्षति नहीं हो सके। वहाँ तैनात गार्ड निगरानी करता है कि नियमों की पालना हो। जगह–जगह लगाए गये गाइड मेप इन्हें देखने में सहायक होते हैं। प्रमुख भागों को देखने के लिए करीब डेढ़ से दो किलोमीटर पैदल चलना होता हैं।

भारतीय पुरातत्व सर्वेक्षण द्वारा लगाये गये सूचना पट्ट एवं शिलालेखों से काफी जानकारियाँ मिलती हैं। इन सूचना पट्टों में इस स्थान को भीमबेटका लिखा गया है। भीमबेटका के ये शैलाश्रय विन्ध्य पर्वत की बालू पत्थर की पहाड़ियों में– मध्य प्रदेश के रायसेन जिले में समुद्र सतह से 600 मीटर की ऊँचाई पर स्थित हैं। चित्रित शैलाश्रयों से युक्त ये पहाड़ियाँ आठ किलोमीटर की लम्बाई में पूरब से पश्चिम की ओर फैली हैं। इनकी पूर्वी तथा दक्षिणी ढलान अत्यन्त दुर्गम है, जबकि पश्चिमी तथा उत्तरी ढलान सुगम। इस सम्पूर्ण क्षेत्र, जो कि रातापानी वन्यजीव अभयारण्य के मध्य स्थित है, में करीब 700 शैलाश्रय स्थित हैं। जिनमें से लगभग 400 शैलाश्रय संरक्षित क्षेत्र के अन्तर्भाग में निहित मुख्यतः पाँच पहाड़ियाँ बिनेकों– भोनरावती, भीमबेटका, लाखाज्वार पूर्व तथा लाखाज्वार पश्चिम हैं। इसके अतिरिक्त अन्य शैलाश्रय समूह एवं मुनि बाबा की पहाड़ी बाह्य परिक्षेत्र में स्थित हैं। भीमबेटका तृतीय समूह में आता है, जिसमें 243 शैलाश्रयों में करीब 133 शैल चित्र बनाये गए हैं। दर्शकों के देखने के लिए 12 गुफाएँ ही खोली गई हैं।

भोपाल–होशंगाबाद मार्ग पर भीमबेटका मध्य प्रदेश के रायसेन जिले में भोपाल से 46 किलोमीटर दूर स्थित है। भोपाल–होशंगाबाद मुख्य मार्ग को छोड़कर एक पतली सड़क रातापानी अभयारण्य में स्थित भीमबेटका के शैलाश्रयों तक जाती है। इस मोड़ से कुछ किलोमीटर पहले से ही ऊँचाई पर स्थित अजीबोगरीब आकृतियों वाले भीमबेटका के शैलाश्रय दिखने शुरू हो जाते हैं। मुख्य मार्ग को छोड़ने के बाद लगभग साढ़े तीन किलोमीटर की दूरी तय करनी होती है। करीब आधा किलोमीटर चलने के बाद वन विभाग का एक बैरियर आता है, जहाँ से प्रवेश के लिए टिकट लेना होता है जबकि भीमबेटका की गुफाएँ भारतीय पुरातत्व सर्वेक्षण की ओर से निःशुल्क देखी जा सकती हैं। भीमबेटका का निकटतम राजा भोज एयरपोर्ट एवं रेलवे स्टेशन भोपाल में है। भोपाल से यहाँ सड़क मार्ग से पहुँचा जा सकता है।

❖❖❖

# कोणार्क का सूर्य मंदिर

सूर्य देव के रथ के रूप में बनाया गया ओडिसा का कोणार्क का सूर्य मंदिर भारतीय स्थापत्य कला एवं नागर शैली के मंदिरों में अपने कला बोध की वजह से विशिष्ट महत्व का है। यह ऐसे समय में निर्मित किया गया जब ओडिशा में स्थापत्य कला सर्वोच्च ऊँचाई पर और पूर्ण रूप से विकसित अवस्था में थी। मंदिर निर्माण संरचना के सम्पूर्ण घटक यहाँ देखने को मिलते हैं। मंदिरों में सबसे ऊपर शीर्ष में 'मेरू' बनाया गया है तथा मन्दिर चार भागों– देवल, जगमोहन, नाट्य–मन्दिर और भोग मण्डप में बनाये गए हैं, जिनमें कला के दर्शन होते हैं। मंदिर समूह की स्थापत्य, शिल्प एवं मूर्ति कला में बेमिसाल ओडिशा कला की इस धरोहर के महत्व को समझ कर

1984 ई. में इसे यूनेस्को की विश्व धरोहर में शामिल कर दुनिया के सामने प्रकाशमान किया गया। यह मंदिर पुरी जिले में पुरी से 26 किलोमीटर दूर चंद्रभागा समुद्र के किनारे स्थित है। हालांकि समुद्र अब इससे दूर चला गया है। भुवनेश्वर से भी यह मंदिर करीब–करीब इतनी ही दूरी पर स्थित है।

बताया जाता है कि मंदिर का निर्माण गंग नरेश नरसिंह देव ने करवाया था। उसने मंदिर निर्माण के लिए 1200 कारीगर लगाए और निर्माण कार्य पूरा करने के लिए 12 वर्ष का समय दिया गया, साथ ही यह आज्ञा भी दी गई कि यदि निर्धारित समय में मंदिर नहीं बन पाएगा तो सभी कारीगरों को मृत्यु दंड दिया जाएगा। मंदिर का निर्माण लगभग पूर्ण हो चुका था परंतु जब दो दिन शेष रह गए तो मुख्य शिला बावजूद प्रयासों के नहीं लग पा रही थी। कारीगरों में अपनी मृत्यु का भय व्याप्त हो गया। दैवीय घटना कहें या चमत्कार, उसी समय जिसकी निगरानी में मंदिर बन रहा था, का 12 वर्षीय पुत्र वहाँ आ पहुँचा और उसने मुख्य शिला को स्थापित कर दिया। बच्चे ने सोचा कि जब राजा को यह पता चलेगा तो वह सब को मरवा देगा तो उसने मंदिर के ऊपर से समुद्र में कूद कर जीवन लीला समाप्त करली। मंदिर निर्माण पूर्ण होने पर इसे अपशगुन माना गया और तब से लेकर आज तक इस मंदिर में कभी भी पूजा नहीं हुई है। कलिंग शैली के सर्वाधिक विकसित रूप कोणार्क के सूर्य मन्दिर का निर्माण कार्य प्रसिद्ध शिल्पाचार्य 'सदाशिव सामन्तराय महापात्र' की देखरेख में कराया गया था।

कोणार्क मंदिर की विशालता का अनुमान इसी से लगाया जा सकता है कि मंदिर का मुख्य गर्भगृह 229 फीट ऊँचा है एवं साथ में 128 फीट ऊँची नाट्यशाला बनाई गई है। नाट्यशाला आज भी पूर्ण सुरक्षित अवस्था में है। नट मंदिर एवं भोग मंडप के कुछ भाग ध्वस्त हो गए हैं। मंदिर का मुख्य प्रांगण 857 फीट लंबा एवं 540 फीट चौड़ा है। यहाँ की प्राकृतिक हरितिमा मंदिर के सौंदर्य में अभिवृद्धि करती है। शिल्प–शास्त्र' के नियमों पर आधारित शिल्पकला का यह अद्भुत नमूना है जो उड़ीसा के अन्य मन्दिरों की ही भाँति 'नागर' शैली में निर्मित किया गया है। भगवान सूर्य देव के महल को पृथ्वी पर बनाने की कल्पना को कोणार्क के रूप में साकार किया गया है, अतः उसे अत्यधिक रूप से कलात्मक बनाने की चेष्टा की गई है। नाट्य मन्दिर की दीवारों पर संगीतकारों एवं नर्तक–नर्तकियों को उत्कीर्ण किया गया है। इसके प्रवेश द्वार पर दोनों ओर शेरों द्वारा हाथियों को दबोचने का विचित्र शिल्प दिखाई देता है। जगमोहन का मंडप गिर गया है एवं

तीन ओर से खुला हुआ है। सीढ़ियाँ चढ़ कर इसके ऊपर पहुँचा जा सकता है। जगमोहन एवं गर्भगृह को भी बंद कर दिया गया है।

जगमोहन की दीवारों पर अप्सराओं और नायिकाओं को उत्कीर्ण किया गया है। भोग–मण्डप में मिथुन आकृतियों को उत्कीर्ण किया गया है। संसार की सत्ता के लिए ये मिथुन–आकृतियाँ जीवन की एक महत्वपूर्ण सच्चाई से अवगत कराती हैं और इसीलिए वे यहाँ पर उत्कीर्ण की गई हैं। मंदिर का निर्माण स्थानीय स्लेटी रंग के पत्थर से किया गया है, शायद इसी लिए यूरोपीय इतिहासकारों ने कोणार्क के खूबसूरत मंदिर को 'ब्लैक पैगोडा' कहा है।

भारत के अनेक स्थानों पर बने सूर्य मंदिरों में यह मंदिर अपनी अनुपम वास्तु और शिल्प कला में सर्वश्रेष्ठ होने से दुनिया में अपनी खास पहचान बनाता है। मंदिर की इंच–इंच दीवार पर कारीगरीपूर्ण छोटी–बड़ी मूर्तियाँ एवं अलंकरण सजाए गए हैं। कोणार्क के इस मन्दिर की सबसे बड़ी विशेषता, जो उसे अन्य सभी मंदिरों से कहीं अधिक श्रेष्ठ सिद्ध करती है, वह है कि उसे सूर्य देवता के रथ के रूप में बनाया गया है ना कि सिर्फ देवता की मूर्ति स्थापित करने वाले अन्य सामान्य मन्दिरों की भाँति बनाया गया है। इसके रथ के 24 पहियों में से प्रत्येक एक पक्ष 'कृष्ण पक्ष' व 'शुक्ल पक्ष' तथा सात अश्वों में से प्रत्येक अश्व सप्ताह के एक दिन का प्रतीक है। कोणार्क के ये पहिये समय के सूचक होने से घड़ी का काम भी करते हैं, इनकी छाया से समय भी मालूम किया जा सकता है। पहिये शिल्पकला की अद्भुत कारीगरी के नमूने हैं, जिनकी प्रत्येक बारीकी को बेहद सुन्दरता

के साथ तराशा गया है। अश्वों की कारीगरी सम्पूर्ण विश्व में अपनी सानी नहीं रखती। यह वह समय था जब मन्दिर और उस पर की मूर्तियाँ पृथक्–पृथक् न होकर मन्दिर के स्थापत्य के साथ एकाकार हो गईं और यह कहना मुश्किल था कि कहाँ से स्थापत्य कला समाप्त हो गई और कहाँ से मूर्तिकला का प्रारम्भ हो गया। कोणार्क का यह मन्दिर इस तथ्य का जीता–जागता प्रमाण है।

## शिल्प सौंदर्य

कोणार्क मन्दिर के गर्भगृह की विशाल सूर्य–प्रतिमा का निर्माण स्वयं 'सदाशिव' ने ही किया था, इसके प्रमाण मिलते हैं। यह सूर्य प्रतिमा अपने सम्पूर्ण लक्षणों के विकास की पराकाष्ठा प्रदर्शित करती है, जिनमें स्प्ताश्व–रथ, ऊषा–प्रत्यूषा, दण्ड, पिंगल, गन्धर्व तथा अन्य आकृतियाँ बनाई गई हैं। मुखाकृति एवं अलंकरण आकर्षक हैं, परन्तु शरीर रचना में कठोरता दिखाई देती है। सूर्य मुख पर हास्य का भाव विशेष रूप से दर्शनीय है। समस्त अलंकरण सूक्ष्मता के साथ उकेरे गये हैं। सूर्य के साथी अरूण, ज्योतिष की राशियों और नवग्रहों की प्रतिमाओं के साथ–साथ यहाँ पर युद्ध के दृश्य, राजाओं के दरबार के दृश्य, दैनिक जीवन से सम्बन्धित मनुष्यों के विविध कार्य–कलापों व हजारों हाथियों की आकृतियाँ आदि विशेष रूप से सुन्दर बन पड़ी हैं। विशेषता यह है कि प्रत्येक हाथी की आकृति अलग–अलग शिल्प में बनाई गई है और एक दूसरे से भिन्न है।

मंदिर की दीवारों पर खजुराहो मंदिरों के समान काम–क्रीड़ा सम्बन्धी शिल्प बहुतायत से उकेरा गया है। शिल्प में देव–प्रतिमाओं, गन्धर्व, कन्याओं, अलस कन्याओं एवं युगल आकृतियों के काम–क्रीड़ा सम्बन्धी अंकन व समूह में मानव और पशु आकृतियों के काम–क्रीड़ा सम्बन्धी अंकन उकेरे गए हैं। काम और रति क्रिया में लीन छोटी–बड़ी प्रतिमाएँ दर्शकों के मन में आकर्षण एवं कौतूहल उत्पन्न करती हैं। यहाँ तराशी गई मूर्ति कला में विविध वाद्य–यंत्रों जैसे–मृदंग, झांझ, वेणु आदि का वाद्य–वादन करती नारी मूर्तियाँ, श्रृंगार–रत नायिकाएँ, दैनिक जीवन से सम्बन्धित अनेक कार्यकलापों को प्रगट करती ये नारी आकृतियाँ जीवन के 'उल्लास' और 'संगीत' को प्रस्तुत करती प्रतीत होती हैं। चारों ओर से कोर कर बनाये गये कोणार्क के ये मूर्तिशिल्प गतिशील व भव्य दिखाई देते हैं। साथ ही सहज भाव–भंगिमा प्रदर्शित करते हैं। मन्दिर के विभिन्न शिल्प–फलकों पर राजा नरसिंह वर्मन से सम्बन्धित 24 दृश्य भी उत्कीर्ण मिलते हैं। जिनमें राजसभा में आसीन राजा, राजा द्वारा विभिन्न देवताओं की पूजा, रनिवास में झूले पर राजा के विहार तथा राज–काज में रत राजा आदि दृश्य उल्लेखनीय हैं। कोणार्क मंदिर की विशेषताओं और उत्कृष्ट शिल्प को निहारने के लिए विश्व के कोने–कोने से लाखों सैलानी प्रतिवर्ष यहाँ आते हैं। वे गर्वित होते हैं इस कारीगरी पूर्ण स्थापत्य के विलक्षण मंदिर को देख कर, जिसे भारत के सात आश्चर्यो में एक माना जाता है। कोणार्क जाने के लिए भुवनेश्वर एवं पुरी से पर्यटक बसें एवं टैक्सी उपलब्ध हैं। भुवनेश्वर एवं पुरी देश के प्रमुख स्थानों से रेल सेवा से जुड़े है। निकटतम हवाई अड्डा भुवनेश्वर में है।

❖❖❖

# पश्चिमी बंगाल

## सुंदर वन राष्ट्रीय उद्यान

बेमिसाल – खूबसूरत अनूठे प्राकृतिक सौन्दर्य से भरपूर, वन्यजीवों की विविधता, रॉयल टाइगर का दुनिया का सबसे बड़ा संरक्षित क्षेत्र है। सबसे चौड़ा,गहरा एवं सक्रिय गंगा के डेल्टा क्षेत्र में राष्ट्रीय उद्यान, बाघ संरक्षित क्षेत्र, बायोस्फियर रिजर्व, मैन्ग्रोव के पेड़ों से घिरा जंगल, सदाबहार वनों का सबसे बड़ा भण्डार है। विभिन्न प्रजाति के पशु–पक्षी, सरीसर्प एवं अकशेरुकीय प्रजातियों का घर, खारे पानी के मगरमच्छ की विशेषताओं से लगदक सुंदरवन राष्ट्रीय उद्यान विश्व भर के सैलानियों के आकर्षण का केंद्र है। दुनिया के सबसे बड़े 10,500 वर्ग किलोमीटर जंगल क्षेत्र को अपने में समाए सुंदरवन राष्ट्रीय उद्यान भारत के पश्चिम बंगाल राज्य के दक्षिण भाग में गंगा एवं ब्रह्मपुत्र नदियों से बने गंगा डेल्टा क्षेत्र में प्रकृति एवं वन्यजीव प्रेमियों के लिए किसी स्वर्ग से कम नहीं हैं।

सुंदरवन 4 मई 1984 को राष्ट्रीय उद्यान घोषित किया गया। इससे पूर्व 1973 ई. में मूल सुंदरवन बाघ रिजर्व का कोर क्षेत्र एवं 1977 ई. में

वन्यजीव अभयारण्य बनाया गया था। इस उद्यान की प्राकृतिक, पर्यावरणीय एवं पारिस्थितिकीय तंत्र की विशेषताओं को देखते हुए वर्ष 1987 ई. में यूनेस्को की विश्व विरासत समिति ने इसे प्राकृतिक श्रेणी में विश्व धरोहर घोषित कर दुनिया का ध्यान इस ओर आकर्षित किया। वर्ष 1987 ई. में सुंदरवन क्षेत्र को बायोस्फियर घोषित किया गया।

दुनिया का सबसे बड़ा डेल्टा सुंदरवन भारत और बाँग्लादेश के मध्य में फैला है। इसका अधिक भाग बाँग्लादेश में पड़ता है। भारत की सीमा में पड़ने वाला वन क्षेत्र सुंदरवन राष्ट्रीय उद्यान कहलाता है। सुंदरवन 38,500 वर्ग किमी. इलाके में फैला है जिसका करीब एक–तिहाई हिस्सा पानी तथा दलदल से भरा है। वन में सुंदरी नामक पेड़ों की संख्या बहुत अधिक है इसीलिए इस वन का नाम इन्हीं पेड़ों के नाम पर सुंदरवन रखा गया है। यह उद्यान समुद्र तल से औसत 7.5 मीटर ऊँचा है तथा 54 छोटे–छोटे द्वीपों से मिल कर बना है और गंगा नदी से घिरा है। डेल्टा के मुहाने पर 7 नदियाँ एवं अनेक जलकुण्डों का चैनल नेटवर्क जुड़ा हुआ हैं।

जैसा कि बताया गया है यह डेल्टा बंगाल टाइगर के लिए सबसे बड़े रिजर्व में से एक है। सुंदरवन 400 से अधिक बाघों का घर है। वर्ष 2015 की गणना में यहाँ 175 रॉयल टाइगर पाये गए थे जिनमें से 100 बंगाल में एवं 75 रॉयल टाइगर भारत में थे। यहाँ 15 फीट तक लम्बाई के खारे पानी के मगरमच्छ पाये जाते हैं। मादा भी 12 फीट तक लम्बाई की होती है। ये 8 से 12 मील प्रति घंटा की रफ्तार से तैर सकते हैं और अपने इलाके में किसी भी दूसरे जानवर को बर्दाश्त नहीं करते हैं। यदा–कदा बड़े मगरमच्छ के जबड़ों में फंसकर रॉयल बंगाल टाइगर के मारे जाने की खबरें भी आती हैं। बहुतायत में पाए जाने वाले जलीय जंतु, मछलियों की उपलब्धता और हिरण जैसे बड़े जानवरों की मौजूदगी इनकी आहार व्यवस्था सुनिश्चित कर देते हैं। यह उद्यान जंगली मुर्गी, तेंदुए की बिल्लियाँ, मकाक, भारतीय ग्रे मोनगोज, विशाल छिपकली, चित्तीदार हिरण, जंगली सूअर, उड़ने वाली लोमड़ी, रीसस बंदर, मगरमच्छ आदि जैसे कई अन्य वन्य पशुओं का भी प्राकृतिक निवास स्थान है। उद्यान में पाये जाने वाले पक्षियों में सामान्यतः सारस, शॉर्ट टॉड, ईगल, सैंडपाइपर, व्हिम्ब्रेल्स, स्पूनबिल्स, ओरिएंटल हनी बजर्ड, हेरोन्स, स्टिल्ट्स, थिक केन, ऑस्प्रे और क्रेस्टेड सर्पेंट ईगल, ग्रीन शैंक्स, करलेव, ऑस्प्रे, शिकारा, ब्राह्मणी पतंग आदि प्रमुख हैं। साइबेरियन प्रवासी पक्षी मौसम के दौरान यहाँ आते हैं।

सुंदरबन विलुप्तप्राय प्रजातियों जैसे बटागुर बसका, किंग क्रैब और ऑलिव रिडल कछुए का भी निवास स्थान है। उद्यान में करीब 50 किस्म के पशु, 60 किस्म के रेंगनेवाले जीव एवं 300 किस्म के पक्षी पाये जाते हैं। यहाँ करीब 350 किस्म की वनस्पतियाँ भी पाई जाती हैं। यहाँ दुर्लभ समुद्र के एनीमोन, घोड़े की नाल केकड़ा और छोटे ऑक्टोपस भी पाये जाते हैं, पर नजर मुश्किल से ही आते हैं। नदी के पानी में कई प्रकार की डॉल्फिन पाई जाती हैं जिनमें गंगेटिक डॉल्फिन और इरावाडी डॉल्फिन प्रमुख हैं। तारा मछली, मक्खन मछली, सिल्वर कॉर्प आदि विभिन्न किस्म के जलीय जीव भी पाए जाते हैं।

पर्यटन के लिहाज से सुंदरवन राष्ट्रीय उद्यान में सरकार की ओर से संचालित नाव सफारी का अपना अलग ही आनन्द है। बोट सफारी को एक दिन या इससे भी लम्बी अवधि के लिए बुक किया जा सकता है। पश्चिम बंगाल सरकार द्वारा संचालित की जाने वाली दो रात्रि क्रूज सैलानियों को सजनेखाली वाच टावर, सुधन्याखाली वाच टावर, झिंगाखाली वाच टावर,और डोबंकी प्रहरीदुर्ग तक की यात्रा पर ले जाते हैं। निजी क्रूज भी यहाँ उपलब्ध

हैं। सुंदरवन देखने वालों को अपनी यात्रा को दो हिस्सों में करना उचित रहेगा। एक भाग में सुंदरवन का बायोस्फियर रिजर्व का भगवतपुर लोथियान द्वीप, बोनी कैम्प, कलश कैम्प तथा दूसरे भाग में सुंदरवन टाइगर रिजर्व का सजनेखाली,सुधन्याखाली, दोबांकी से लेकर बुडिरडाबर तक। सुंदरवन राष्ट्रीय उद्यान को देखने का अपना निराला ही अनुभव होता है।

उद्यान की एक ओर विशेषता है कि द्वीपों पर करीब 50 लाख की आबादी निवास करती हैं, जो खूंखार टाइगर एवं मगरमच्छों की वजह से चुनौतीपूर्ण जीवन जीने को मजबूर हैं। इनके प्रकोप व खतरे से रक्षा के लिए ये बोनबीबी देवी की पूजा करते हैं। कई जगह देवी के स्थान बनाये हुए हैं, जहाँ पूजा की जाती है। बाघ इनके बच्चों को उठा ले जाता है जबकि मछली पकड़ते समय मगरमच्छ का शिकार हो जाते हैं। हर समय इस खतरे के साये में गुजरती है यहाँ जिंदगी। फिर भी इस जगह की खूबसूरती को देखने लाखों पर्यटक हर साल यहाँ आते हैं। यहाँ घूमने के लिए नवम्बर–दिसम्बर के महीने अच्छे माने जाते हैं। यहाँ पहुँचने के लिये निकटतम नेता जी सुभाषचन्द्र बोस अंतरराष्ट्रीय हवाईअड्डा 140 किलोमीटर दूर है। निकटतम रेलवे स्टेशन 29 किमी. दूर कैनिंग रेलवे स्टेशन है। कोलकाता से राज्य मार्ग 3 से सड़क मार्ग से यहाँ पहुँचा जा सकता है।

# भारत के पर्वतीय रेलवे

भारत के पर्बतीय स्थलों को देखना हर किसी का सपना होता है। जब भी इनकी यात्राओं का कार्यक्रम बनता है मन में रोमांच की हिलोरें उठने लगती हैं। ऊँचे–ऊँचे हरे–भरे पर्वत, पेड़–पौधे, झील, झरने, वन्यजीव से सराबोर वादियाँ–घाटियाँ, हॉर्स राइडिंग, माउंटेन बाइकिंग, ट्रेकिंग, बोटिंग, चाय एवं कॉफी के बागान, सूर्योदय एवं सूर्यास्त के दृश्य न जाने कैसी–कैसी कल्पनाएँ कर रोमांच अनुभव करने लगते हैं। ऐसी कल्पनाओं के बीच पता चले कि वहाँ पर्वतीय टॉय ट्रेन की सवारी भी करेंगे तो कहना ही क्या!

भारतीय पर्वतीय रेलवे की बात आती है तो बता दें कि देश के पश्चिम बंगाल में दार्जिलिंग हिमालयी रेलवे को 1881 ई. में, तमिलनाडु में नीलगिरी पर्वतीय रेलवे को 1908 ई. में एवं हिमाचल प्रदेश में कालका शिमला रेलवे को 1903 ई. को यातायात के लिए शुरू किया गया था। इनका महत्त्व इसी से लगाया जा सकता है कि यूनेस्को की विश्व विरासत समिति ने

पर्वतीय रेलवे के अंतर्गत दार्जिलिंग हिमालयी रेलवे को 1999 ई. में, नीलगिरी पर्वतीय रेलवे को 2005 ई. में और कालका–शिमला रेलवे को 2008 ई. में विश्व विरासत धरोहर का दर्जा प्रदान किया था।

## दार्जिलिंग हिमालयी रेलवे

पश्चिम बंगाल की दार्जिलिंग हिमालयी रेलवे को 'टाय ट्रैन' के नाम से पुकारा जाता है, जो भारत में पहाड़ी यात्री रेल सेवा का पहला अद्‌भुत उदाहरण है। इसका निर्माण कार्य सर एशले ईडन (तब पश्चिम बंगाल सरकार के लेफ्टिनेंट गवर्नर) के अनुरोध पर नियुक्त एक समिति और फ्रेंकलिन प्रेस्टेज (पूर्वी बंगाल रेलवे कंपनी के एजेंट) की सिफारिशों द्वारा शुरू किया गया था। इसका निर्माण 1879 से 1881 ई. के मध्य किया गया। इसकी शुरुआत 1881 ई. में दार्जिलिंग स्टीम ट्रामवे कंपनी द्वारा की गई जिसका नाम 15 सितंबर, 1881 को बदलकर दार्जिलिंग हिमालयी रेलवे कंपनी रख दिया गया। दार्जिलिंग हिमालयी रेलवे कंपनी को 20 अक्टूबर, 1948 को भारत सरकार द्वारा अधिग्रहित कर लिया गया। रेलवे मार्ग का घूम स्टेशन सबसे ऊँचा स्टेशन है जिसकी ऊँचाई 7,407 फीट है, जो भारत का सबसे ऊँचा रेलवे स्टेशन है। भारत की यह पहली पर्वतीय रेलवे है, जिसे सबसे पहले 1999 ई. में यूनेस्को द्वारा विश्व विरासत स्थल का दर्जा प्रदान किया गया था।

दार्जिलिंग रेल लाइन की कुल लंबाई 88 किलोमीटर है। इसमें कुल 13 स्टेशन न्यू जलपाईगुड़ी, सिलीगुड़ी टाउन, सिलीगुड़ी जंक्शन, सुकना, रंगटंग, तिनधरिया, गयाबाड़ी, महानदी, कुर्सियाँग, टुंग, सोनादा, घुम और दार्जिलिंग पड़ते हैं। इसकी रफ्तार अधिकतम 20 किमी प्रति घंटा है। न्यू जलपाईगुड़ी प्रथम स्टेशन एवं आखिरी स्टेशन दार्जिलिंग है। इनके मध्य स्थित यह एक छोटी रेलवे लाइन है। इसकी ऊँचाई स्तर न्यू जलपाईगुड़ी में लगभग 100 मीटर से लेकर दार्जिलिंग में 2,200 मीटर तक है। यह जानकर विचित्र सा लगता है कि इस रेल लाइन का निर्माण अंग्रेजों ने मजदूरों को पहाड़ों तक पहुँचाने के लिए किया था। उस समय आज जैसा दार्जिलिंग नहीं था वरन् एक सौ लोगों की आबादी, 20 झोंपड़ियाँ, मोनेस्ट्री एवं ऑब्जर्वेटरी हिल ही सब कुछ था। आज का नजारा पूरी तरह बदल चुका है। इस रेलवे को यूनेस्को द्वारा नीलगिरी पर्वतीय रेल और कालका शिमला रेलवे के साथ भारत की पर्वतीय रेल के रूप में विश्व धरोहर स्थल के रूप में सूचीबद्ध किया गया है। इस रेलवे का मुख्यालय कुर्सियाँग शहर में है।

19वीं सदी के प्रारंभ में दार्जिलिंग हिमालयी रेलवे, हिल स्टेशनों की रानी के रूप में दार्जिलिंग के विकास और भारत के मुख्य चाय उगाने वाले क्षेत्रों के साथ घनिष्ठता के साथ जुड़ा हुआ है। दार्जिलिंग, जो अब घना वृक्ष युक्त पर्वतीय क्षेत्र है, पहले सिक्किम साम्राज्य का भाग था। इसको 1835 ई. में ब्रिटिश ईस्ट इंडिया कंपनी द्वारा अपने सैनिकों के लिए विश्राम स्थल और स्वास्थ्य लाभ केन्द्र के रूप में अपनाया गया था। जब इस क्षेत्र को सिक्किम से पट्टे पर लिया और हिल स्टेशन का निर्माण कार्य शुरू हुआ, तब सड़क मार्ग से मैदानी इलाकों को जोड़ा गया था। सन् 1878 में पूर्वी बंगाल रेलवे ने सिलीगुड़ी से स्टीम रेलवे के लिए एक विस्तृत प्रस्ताव प्रस्तुत किया, जो पहले से ही कलकत्ता से दार्जिलिंग तक जुड़ा हुआ था। इसे सरकारी अनुमोदन प्राप्त हुआ और तुरंत निर्माण कार्य शुरू हुआ और वर्ष 1881 तक यह पूरा हो गया था। वर्ष 1958 के बाद से इसका प्रबंधन सरकार के अधीन पूर्वोत्तर सीमांत रेलवे द्वारा किया जा रहा है।

## नीलगिरी पर्वतीय रेलवे

तमिलनाडु में नीलगिरी माउन्टेन रेलवे जिसे टॉय ट्रेन भी कहा जाता है, कन्नूर से ऊटी तक 46 कि.मी. का सफर तय करती है। इस टॉय ट्रेन से यात्रा करना अपने आपमें सुखद अनुभव होता है। मीलों–मील फैली हरियाली और खूबसूरत पहाड़ी के दृश्य मन मोह लेते हैं। इस रेल की बोगी नीले रंग की एवं बड़ी–बड़ी खिड़कियाँ होने के कारण इसे नीलगिरी माउन्टेन रेल कहा जाता है। यह बीच के छः स्टेशनों का सफर तय करती है। स्टेशन भी अपने आप में दर्शनीय हैं। छोटी–सी रेलवे लाइन को जुलाई 2005 में यूनेस्को की विश्व विरासत सूची में शामिल किया गया है, जिससे इसका महत्व और भी बढ़ गया है।

नीलगिरी पर्वतीय रेल, भारत के राज्य तमिलनाडु में स्थित एक रेल प्रणाली है, जिसे 1908 ई. में ब्रिटिश राज के दौरान बनाया गया था। शुरुआत में इसका संचालन मद्रास रेलवे द्वारा किया जाता था। इस रेलवे का परिचालन आज भी भाप इंजन द्वारा किया जाता है। नीलगिरी पर्वतीय रेल, नवगठित सलेम मंडल के अधिकार क्षेत्र में आता है। जुलाई 2005 में यूनेस्को ने नीलगिरी पर्वतीय रेल को दार्जिलिंग हिमालयी रेल के विश्व धरोहर स्थल के एक विस्तार के रूप में मान्यता दी थी और तब से इन्हें संयुक्त रूप से 'भारत की पर्वतीय रेल' के नाम से जाना जाता है। पिछले कई वर्षों से कुन्नूर और उदम

मंडलम के बीच के खंड पर भाप के इंजनों के स्थान पर डीजल इंजनों का प्रयोग किया जा रहा है।

नीलगिरी माउंटेन रेलवे 46 किलोमीटर लंबा एक सिंगल ट्रैक है जोकि मेट्टुपालयम शहर को उदगमंडलम (ओटाकामुंड) शहर से जोड़ता है। रेल को इस 46 किलोमीटर के सफर में 208 मोड़, 16 टनल और 250 ब्रिज पार करने होते हैं। इस मार्ग पर चढ़ाई की यात्रा करीब 290 मिनट (4.8 घंटे) में पूरी होती है, जबकि डाउनहिल यात्रा में समय अवधि कम हो कर 215 मिनट (3.6 घंटे) लगते हैं। इसकी यात्रा मेट्टुपालयम (कोयंबटूर) से प्रारम्भ होती है एवं 8 किमी पर कालर, 13 किमी पर एडर्ली, 18 किमी पर हिलग्रोव, 21 किमी पर रनीमीड, 25 किमी पर कटेरी रोड, 28 किमी पर कुन्नूर, 29 किमी पर वेलिंग्टन, 32 किमी पर अरुवंकाडु, 38 किमी पर केत्ति, 42 किमी पर पट लवडेल एवं 46 किमी पर अंतिम स्टेशन उदगमंडलम आता है। शाहरुख खान द्वारा अभिनीत हिंदी फिल्म 'दिल से' के प्रसिद्ध हिंदी गीत छैंया छैंया का फिल्मांकन इसी रेलवे की रेलगाड़ी की छत पर किया गया है।

## कालका-शिमला पर्वतीय रेलवे

हिमाचल प्रदेश में कालका –शिमला पर्वतीय रेल की यात्रा के दौरान पर्वतीय एवं प्राकृतिक सौन्दर्य को देखने का अपना ही आनन्द है। समुद्रतल से 656 मीटर ऊँचाई पर जब रेल कालका को छोड़ती है तो शिवालिक की

घुमावदार पहाड़ी रास्ते से गुजरकर 2076 मीटर ऊँचाई पर स्थित शिमला तक जाती है। इस रेल मार्ग में 20 रेलवे स्टेशन, 103 सुरंगें, 869 पुल एवं 919 घुमाव आते हैं। दो फीट एवं छह इंच नैरोगेज पर 9 नवम्बर, 1903 से यह रेलवे लाइन आज तक निरन्तर चल रही है। यूनेस्को के दल ने जब इसे और आस–पास के प्राकृतिक दृश्य को देखा तो उन्होंने 24 जुलाई, 2008 को सांस्कृतिक श्रेणी में इसे विश्व विरासत घोषित किया।

इस रेलवे लाइन पर शिमला की ओर से जाने पर 7 कि.मी. दूरी पर समर हिल एक खूबसूरत स्थान है। पेड़ों से घिरे इस स्थान का वातावरण अत्यन्त शांत एवं स्वच्छ है। समीप ही चौडविक जल प्रपात में 67 फीट ऊँचाई से गिरता हुआ झरना मनमोहक लगता है। यहीं पर भगवान हनुमान जी का मंदिर भी बना है। शिमला से 11 कि.मी. दूरी पर तारा देवी मंदिर दर्शनीय स्थल है।

अंग्रेजों ने हिमाचल के किन्नौर जिले के कल्पा में इस रेल ट्रैक को बनाने का प्लान बनाया था। पहले यह रेल ट्रैक कालका से किन्नौर तक पहुँचाया जाना था, लेकिन बाद में इसे शिमला लाकर पूरा किया गया। भले ही इस ट्रैक को वर्ल्ड हैरिटेज का दर्जा मिल गया है, लेकिन 105 वर्ष पुराने इस ट्रैक पर कई खामियाँ भी हैं। इस ट्रैक पर बने कई पुल कई जगह इतने जर्जर हो चुके हैं कि स्वयं रेलवे को खतरा लिखकर चेतावनी देनी पड़ रही है। ऐसे असुरक्षित पुलों पर ट्रेन निर्धारित गति 25 किलोमीटर प्रतिघंटा की जगह 20 किलोमीटर प्रतिघंटा की गति से चलती है।

इस रेलमार्ग को 9 नवंबर, 1903 को यातायात के लिए खोल दिया गया था। भारतीय युद्ध विभाग द्वारा निर्धारित मानंदड़ों का पालन करते हुए सन् 1905 में इस लाइन को 2 फीट 6 इंच (762 मिमी) का कर दिया गया। इस रेलवे को 1 जनवरी, 1906 को सरकार द्वारा इसके निर्माता कंपनी से 1.71 करोड़ रुपये में खरीद लिया। कालका–शिमला रेलमार्ग पर सामान्य सीजन में लगभग डेढ़ हजार यात्री यात्रा करते हैं, जबकि पीक सीजन में यह आंकड़ा दुगुना हो जाता है।

❖❖❖

# पश्चिमी घाट

## (कर्नाटक, केरल, तमिलनाडु, महाराष्ट्र)

जैव विविधता का हॉट स्पॉट, प्रकृति के अद्‌भुत खूसूरत नजारे, ऊँचे–ऊँचे पर्वतों के शिखर और अनूठे दर्रों के रोमानी दृश्य, कई प्रकार की चट्टानें, सौन्दर्य से भरपूर हिल स्टेशन, ऐतिहासिक किले और इमारतें, अनेक राष्ट्रीय पार्क, संरक्षित क्षेत्र और पहाड़ी जन–जीवन को नजदीक से देखने का इरादा हो तो आपको ले चलते हैं देश के पश्चिमी घाट की सैर पर। भारत में उत्तर से दक्षिण तक हिमालय से भी अति प्राचीन 16 हजार वर्ग किलोमीटर क्षेत्र में फैले एवं 1600 किलोमीटर लंबी पश्चिमी घाट की पर्वत श्रृंखला और इसकी समृद्ध जैव विविधता जो दुनिया में 8वाँ स्थान रखती है। इसे यूनेस्को की विश्व धरोहर समिति ने 1 जुलाई, 2012 को विश्व धरोहर में शामिल करने की घोषणा कर इसके महत्व से संसार को परिचित कराया।

पश्चिमी घाट की पर्वतीय श्रृंखला गुजरात और महाराष्ट्र राज्यों की सीमा पर ताप्ती नदी से प्रारम्भ होकर महाराष्ट्र, गोवा, कर्नाटक, तमिलनाडु और केरल से गुजर कर कन्याकुमारी तक जाती है एवं नीलगिरी के पठार के रूप में मिल जाती है। इस पठार पर अंतिम पर्यटक स्थल ओतत्कमन्दू स्थित है जो समुद्र तल से 7 हजार फीट की ऊँचाई पर है। पश्चिमी घाट की सबसे ऊँची चोटी अनाइमुड़ी है एवं पश्चिम घाट की औसत ऊँचाई करीब 1200 मीटर है। पश्चिमी घाट को दो सीमाओं उत्तरी सह्यादी एवं दक्षिणी सह्यादी में विभक्त किया जाता है। केरल में इसे सहय पर्वतम कहा जाता है।

इस पर्वतीय श्रृंखला के वन, भारत की मानसून की स्थिति को प्रभावित करते हैं। जैव विविधता का महत्व इसी से आंका जा सकता है कि यहाँ जीवविज्ञान जगत् में ज्ञात करीब 16 लाख प्रजातियों के वन्यजीव पाये जाते हैं और घाटी के समुद्र तट पर लगभग 4 लाख प्रजातियाँ पाई जाती हैं। घाटी क्षेत्र में 2 जैविक संरक्षित क्षेत्र एवं 13 राष्ट्रीय उद्यान शामिल हैं। नीलगिरी बायोस्फियर रिजर्व का 5500 वर्ग किमी. क्षेत्र इसी का हिस्सा है। सम्पूर्ण क्षेत्र में 5 हजार से ज्यादा फूलों की प्रजातियाँ, 139 स्तनपायी, 508 चिड़ियों एवं 179 उभयचर जीवों की प्रजातियाँ पाई जाती हैं। इनमें से पश्चिमी घाट में 1600 फूलों की प्रजातियाँ, 84 उभयचर,16 चिड़ियों, 7 स्तनपायी प्रजातियाँ पाई जाती हैं। कर्नाटक पर्वत श्रृंखला क्षेत्र में दुनिया का सब से अच्छे चंदन एवं शीशम के पेड़ पाये जाते हैं। यहाँ हाथियों की 25 प्रतिशत एवं टाइगर की 10 प्रतिशत आबादी भी पाई जाती है। कर्नाटक का 60 प्रतिशत इलाका पश्चिम घाट क्षेत्र में आता है।

विश्व धरोहरों में पश्चिमी घाट के 39 स्थानों को शामिल किया गया है। जिनमें सर्वाधिक 20 केरल के, 10 कर्नाटक के, 5 तमिलनाडु के और 4 महाराष्ट्र के हैं। पश्चिमी घाट में महाबलेश्वर, पंचगनी, माथेरान, अंबेली घाट, कुद्रेमुख, कोडाक तथा लोनावाला–खंडाला जैसे पर्वतीय स्थल पर्यटन केंद्र स्थित हैं। शरावती नदी पर जोग जलप्रपात, तमिलनाडु की पालनी पहाड़ियों पर स्थित मशहूर हिल स्टेशन कोडाइकनाल, नीलगिरी की पहाड़ियों पर स्थित ऊटी और केरल का साइलेंट वैली पार्क पश्चिमी घाट की शोभा है। साथ ही थालघाट, भोर घाट, पालघाट एवं सेनकोट्टा प्रमुख दर्रे हैं जिनके खूबसूरत दृश्य अत्यंत लुभावने प्रतीत होते हैं।

पश्चिमी घाट जहाँ पर्यटन का नगीना है वहीं यह इलाके की अर्थव्यवस्था का भी महत्वपूर्ण आधार है। यहाँ बागानों की बहुतायत है एवं सुपारी, कालीमिर्च, इलायची की खेती के साथ–साथ चाय, कॉफी, रबड़ एवं काजू की खेती से महकता है पश्चिमी घाट। तटीय–क्षेत्र में नारियल के साथ कटहल की पैदावार अन्य विशेषता है। बेसाल्ट, ढोलराइट्स, लोह अयस्क, एनथ्रोसाइट्स, खोंडाराइट्स, क्रिस्टलीय चूना पत्थर एवं बॉक्साइट आदि चट्टानें भी यहाँ पाई जाती हैं। प्राय द्वीपीय भारत की अधिकांश नदियाँ प्रमुखतः गोदावरी, कृष्णा, कावेरी, पेरियार एवं काल नदियों का उद्‌गम यहीं से होता है। जिन पर सिंचाई एवं विद्युत परियोजनाएँ बनी हैं।

❖❖❖

# केवलादेव राष्ट्रीय उद्यान

राजस्थान के पूर्वी सिंहद्वार भरतपुर के दक्षिण–पूर्व में विश्वविख्यात केवला देव राष्ट्रीय उद्यान स्थित है। यह विश्व के सबसे अधिक आकर्षित करने वाले जलपक्षियों की शरण स्थलियों में से एक है। यह उद्यान भरतपुर जिले में गम्भीरी एवं बाणगंगा नदियों के संगम पर स्थित है। इसका नाम उद्यान के बीच में बने केवलादेव (शिव) मंदिर पर रखा गया है। पूर्व में इसे 'घाना बर्ड सेन्चुरी' के नाम से जाना जाता था। इसे विदेशी प्रवासी पक्षियों का स्वर्ग कहा जाता है।

यह राष्ट्रीय उद्यान एक प्राकृतिक छिछली तश्तरी के रूप में है। सन् 1899 में गुजरात के मोरवी रियासत (स्टेट) के राजकुमार हरभानजी को भरतपुर रियासत का प्रशासक नियुक्त किया गया था। उन्होंने इस क्षेत्र में बीच–बीच में मिट्टी के छोटे–छोटे बंधे बनावाकर इसकी जल भराव क्षमता को बढ़ाया और इसे डक शूटिंग रिजर्व की तरह विकसित किया। सन् 1901 ई. में प्रथम बार इसे पानी से

भरा गया और पानी वितरण की एक प्रणाली बनाई गई। उस वर्ष अधिक पानी आने के कारण यहाँ काफी संख्या में जलीय एवं प्रवासी पक्षी आए। आजादी के बाद सन् 1956 में इसे घाना अभयारण्य घोषित किया गया। वर्ष 1977 से 81 के बीच में पार्क के चारों ओर चारदीवारी का निर्माण कराया गया। तत्पश्चात् राज्य सरकार ने 27 अगस्त 1981 को इसे राष्ट्रीय उद्यान घोषित किया। उसी वर्ष केवलादेव राष्ट्रीय उद्यान को रामसर साइट की सूची में शामिल किया गया एवं इसके जैविक एवं पारिस्थितिकीय महत्व को देखते हुए इसे वर्ष 1985 में 'विश्व प्राकृ तिक धरोहर' की सूची में सम्मिलित किया गया। पक्षी विहार का क्षेत्रफल 28.73 वर्ग किलोमीटर है। यहाँ औसतन 662 मिलीमीटर वर्षा प्रतिवर्ष होती है। यहाँ का तापमान 2–30 सेंटीग्रेड (सर्दियों में) एवं 21–46 सेन्टीग्रेड (गर्मियों में) के बीच रहता है। इस उद्यान के एक–तिहाई हिस्से में (करीब 11 वर्ग किलोमीटर क्षेत्र में) पानी भरा रहता है। राष्ट्रीय उद्यान में पानी अजाना बाँध से आता है जिसे गंभीरी नदी से भरा जाता है। यहाँ के जलीय क्षेत्र में करीब 100 जलीय वनस्पति की प्रजातियाँ पाई जाती हैं। यहाँ वृक्ष प्रजातियों में मुख्य रूप से देशी बबूल, बेर, कदम्ब, रोज, पीलू–जाल आदि पाए जाते हैं।

भारत में केवलादेव राष्ट्रीय उद्यान ही एक मात्र ऐसा स्थान है, जहाँ साइबेरियन क्रेन सर्दियाँ बिताने आते हैं। ये करीब अक्टूबर के अंत या नवम्बर के प्रारम्भ में आते हैं और फरवरी के अंत या मार्च के प्रारंभ में साइबेरिया के लिए वापस प्रस्थान कर जाते हैं। ये उन क्षेत्रों में रहना पसंद करते हैं जहाँ पानी की गहराई 40 सेन्टीमीटर या उससे कम होती है। यह निम्फिया स्पेसी, इलियोकेरिस डल्सिस, साइप्रस रोटेन्स आदि पौधों के ट्यूबर और राइजोम को खाती हैं। यहाँ कुट्टू की घास इनका मुख्य भोजन होता है, जो यहाँ प्रचुर मात्रा में मिलती है।

केवलादेव राष्ट्रीय उद्यान पक्षी प्रेमियों के लिए किसी स्वर्ग से कम नहीं है। यहाँ 390 से अधिक प्रजाति के पक्षियों को सूचीबद्ध किया गया है। इनमें से करीब 120 प्रजाति के प्रवासी (माईग्रेटरी) पक्षी तथा शेष आवासी (रेजीडेन्ट) पक्षी हैं। प्रत्येक वर्ष की शुरुआत होते ही देश के विभिन्न हिस्सों से हजारों आवासी (रेजीडेन्ट) पक्षी यहाँ आकर अपने नीड़ का निर्माण करते हैं। प्रतिवर्ष ओपेन बिल्ड स्टार्क, पेन्टेड स्टार्क, इग्रेट, स्पूनबिल, कार्मोरेन्ट, स्नेक बर्ड, व्हाईट आईबिस, ग्रेहीरान आदि प्रजाति के हजारों पक्षी यहाँ आकर अपने जोड़े बनाकर प्रजनन करते हैं। इन विभिन्न पक्षियों द्वारा बनाए गए घोंसले कुशल कारीगरी का परिचय देते हैं।

कुछ पक्षी जैसे ब्रोंच, बिंग्ड, जकाना एवं फेजेन्ट टेल्ड जकाना पानी में तैरते हुए पत्तों पर घोंसले बनाकर अंडे देती हैं। स्थलीय पक्षियों, जैसे तीतर, बटेर, जंगली मुर्गी आदि भूमि पर ही घास, सूखी पत्तियों, छीलन, कतरन, टहनियों आदि से अपने घोंसले बनाते हैं। टिटहरी जमीन पर कंकड़ पत्थर एवं मिट्टी के टुकड़ों को एकत्रित कर घोंसले बनाती हैं। यह कहा जाता है कि जिस वर्ष टिटहरी किसी ऊँचे स्थान पर अपना घोंसला बनाए, तो उस साल बाढ़ आने के संकेत होते हैं। मादा हॉर्नबिल जोड़ा बनाने के बाद किसी पेड़ के खोखले तने के अंदर बैठ जाती है एवं अपनी विष्टा से प्रवेश द्वार को बंद कर देती है, केवल एक छोटा सा सुराख ही छोड़ती है जिसमें से नर अपनी चोंच अंदर डालकर उसे खाना दे सके। मादा हॉर्नबिल इस बंद घोंसले में तब तक बंद रहती है जब तक अंडे से बच्चे बाहर न निकल आएँ।

बाहर से आने वाले प्रवासी पक्षियों को देखना हो तो केवला देव राष्ट्रीय उद्यान से अच्छा शायद ही कोई स्थान हो। सर्दियों में करीब 120 प्रजाति के प्रवासी पक्षी हजारों की संख्या में हर वर्ष यहाँ आते हैं। सर्दियों में केवलादेव उद्यान की झील की सतह पर प्रवासी जल मुर्गियों के बहुत बड़े झुण्ड आसानी से देखे जा सकते हैं। ये प्रवासी जल मुर्गियाँ अधिकतर पेलिआर्कटिक क्षेत्र (उत्तरी यूरोप और पूर्वी साइबेरिया) से प्रवास करती हैं। कॉमन टील और ग्रेलैग गीज साइबेरिया में प्रजनन करती हैं। पार्क में आसानी से हजारों

की संख्या में दिखाई दी जाने वाली जल मुर्गियों में –पिटेल, शॉवलर, कॉमन टील, गैंडवल, विजन, कॉमन पोचर्ड, कूट, ग्रेलैग गीजु और बार हेडेड गीजु प्रमुख हैं। ब्राह्मनी डक (सुर्खाब) और मलार्ड दहाई की संख्या में दिखाई देती हैं। मार्बल्ड टील, बैकल टील, फैलकेटेड टील, बेयर्स पोचर्ड, कॉमन शेलडक, व्हाइट फ्रंटेड गूज आदि कभी–कभी ही दिखाई देती हैं। कूट और टील तथा प्रिडेटर मार्श हैरियर सबसे पहले आती हैं। इसके बाद आने वालों में हैं–पिनटेल, शॉवलर, गैडवल, विजन, पोचर्ड (कामन टफ्टेड, व्हाइट आई और रेड क्रेस्टेड) और ग्रेलैग गीज। बारहेडेड गीज उद्यान में काफी बाद में आते हैं। जब कि ब्राह्मनी डक (सुर्खाब) भी करीब–करीब उसी समय आती हैं। ये दोनों प्रजातियाँ मार्च के मध्य या अन्त तक वापस लौट जाती हैं।

पोचड्र्स, पेलिकन पानी की सतह पसन्द करता है और पानी के नीचे के जलीय पौधों को डुबकी लगाकर खाता है। कूट खुली पानी की सतह और जहाँ घनी जलीय वनस्पति बहुत हो दोनों पसन्द करती है। इंडियन मूरहेन खुली पानी की सतह और छितराई हुई जलीय वनस्पति को महत्व देती है, जबकि परपल मूरहेन, मुख्यतः जल सतह के ऊपर निकली हुई वनस्पतियाँ जैसे टाइफा घास, ईलिओकेरीस और पेसपालम ग्रास आदि का भोजन करती हैं। भरतपुर–दिल्ली–मुंबई रेलवे लाइन पर प्रमुख रेलवे स्टेशन है।

❖❖❖

# जयपुर का जंतरमंतर

गुलाबी नगर जयपुर के जंतरमंतर जिसे वेधशाला भी कहा जाता है, को जब देखने जाते हैं और अगर हमारी घड़ी में सही समय है तो गाइड पत्थरों से बनी सूर्य घड़ी से समझाते हुए गणना कर उसमें स्थानीय समय जोड़ कर वही समय निकाल देता है जो हमारी धड़ी में है तो हम आश्चर्य में पड़ जाते हैं। करीब तीन सौ वर्ष पूर्व बनी जयपुर की इस वेधशाला–– जंतर–मंतर का महत्व और प्रमाणिकता इस बात से भी सिद्ध होती है कि अंतरिक्ष में स्थापित दूर संवेदी उपग्रहों से प्राप्त मौसम सम्बन्धी सूचनाओं के बावजूद आज भी जयपुर के ज्योतिष विद्वान वर्षा ऋतु से पूर्व आषाढ़ी पूर्णिमा को सूर्यास्तकाल में यहाँ एकत्र होते हैं और पताका पहरा कर चातुर्मास में वर्षा का पूर्वानुमान लगाते हैं।

यह है ज्योतिषयंत्रों की गणना का कमाल और हमारी ज्योतिष विद्या की थाती। इन यंत्रों से मिलने वाली ज्योतिष गणना की प्रामाणिक जानकारी मिलने पर न केवल हम इस उपलब्धि से चमत्कृत होते हैं बल्कि खगोल विद्या की तत्कालीन उन्नत स्थितियों और विधियों से भी गौरवान्वित महसूस

करते हैं। आधुनिक सूक्ष्म यंत्रों और टेलिस्कोपिक युग में चूने–पत्थर से बनी वेधशालाएँ भले ही आज अनुपयोगी लगती हों किन्तु सदियाँ बीत जाने पर भी काल को अंगूठा दिखाये समय के सीने पर गर्व से सीना ताने खड़ी हैं। यही कारण है कि राजस्थान के इन खगोल यंत्रों के इस समूह जंतरमंतर को यूनेस्को की विश्व धरोहर समिति ने 2010 ई. में विश्व धरोहर का दर्जा प्रदान किया। इस उपलब्धि से ज्योतिष के इस महान स्थापत्य एवं शिल्प को न केवल अन्तर्राष्ट्रीय पहचान मिली बल्कि देश–विदेश के सैलानियों के आकर्षण का महत्वपूर्ण केंद्र बन गया है।

भारतीय इतिहास के मध्यकाल में जब ज्योतिषयंत्र विद्या लुप्त प्रायः हो रही थी तथा यूरोपीय देश ज्योतिष विज्ञान के सिद्धातो को मूर्तरूप देने में जुटे हुए थे तब ज्योतिष, गणित तथा खगोल विद्या में रुचि रखने वाले जयपुर के संस्थापक महाराजा सवाई जयसिंह द्वितीय ने अपने अथक प्रयासों से न केवल ज्योतिष शास्त्र के अध्ययन को संजीवनी प्रदान की, पंचांगों को परिष्कृत किया, नक्षत्रों की संशोधित सूची बनवाई, सूर्य–चन्द्रमा तथा ग्रहों की एक नवीन तालिका प्रस्तुत की। यही नहीं जयपुर समेत भारत में पाँच वेधशालाएँ बनवा कर खगोल विद्या को एक नई संजीवनी भी प्रदान की। ये वेधशालाएँ सोवियत संघ के उज्बेकिस्तान के समरकंद में उलुकबेग द्वारा सन् 1420 में निर्मित वेधशाला का परिवर्द्धित एवं परिष्कृत रूप होने के साथ–साथ खगोल विद्या के पाषाण युग के अंतिम स्मारक भी हैं।

आमेर की जगह वास्तु सम्मत जयपुर नगर बसा कर उसे रियासत की राजधानी बनाने वाले महाराजा सवाई जयसिंह ने यूनानी ज्योतिषी टोलेमी की तालिकाओं को अपने अनुसंधान का आधार बनाया तथा पंडित जगन्नाथ सम्राट एवं पंडित केवलराम के सहयोग से उलूकबेग की तालिकाओं का संस्कृत में अनुवाद करवाया। उन्होंने उलूकबेग तथा पूर्ववर्ती अरब एवं मुस्लिम ज्योतिषियों को प्रिय 'एस्ट्रोलेब' जैसे यंत्रों का उपयोग तो किया किन्तु शीघ्र ही यह भी समझ गये कि यांत्रिक अपूर्णता और अशुद्धता के कारण इनसे सही परिणाम नहीं निकल सकते हैं। अतः उन्होंने पक्के वृहदाकार पाषाण यंत्र बनवा कर देश के प्रमुख नगरों में वेधशालाएँ स्थापित करने का निर्णय लिया।

अपने सपने को साकार करने की दिशा में उन्होंने 1724 ई. में दिल्ली में पहली वेधशाला बनवाई तथा 1728 ई. में जयपुर वेधशाला का निर्माण प्रारंभ किया। इसका निर्माण 1734 ई. में पूर्ण हुआ और यह दूसरी वेधशाला जंतर–मंतर

के नाम से विश्वभर में विख्यात है। जंतर अर्थात् यंत्र और मंतर अर्थात् मंत्र या सूत्र, दूसरे शब्दों में वह स्थान जहाँ यंत्रों और निर्धारित सूत्रों के माध्यम से ज्योतिषीय गणना की जाती है। आगे चलकर उन्होंने उज्जैन, बनारस तथा मथुरा में भी वेधशालाओं का निर्माण करवाया परन्तु इन सब में जयपुर की वेधशाला आज तक सबसे विशाल, सम्पूर्ण और सुरक्षित अवस्था में है।

इन प्राचीन पद्धतियों से अधिक शुद्ध निष्कर्ष निकालने वाले तीन यंत्र–सम्राट, जयप्रकाश तथा रामयंत्र बने हैं जो स्वयं महाराजा जयसिंह द्वारा आविष्कृत हैं। इनकी गणना शुद्धता आधुनिक वैज्ञानिकों को भी चमत्कृत कर देती है। इनके अलावा भी इस वेधशाला में नाड़ी वलय यंत्र, क्रांति वृत यंत्र, यंत्रराज, उन्नतांश यंत्र, दक्षिणोदक भित्ति यंत्र, षष्ठांश यंत्र, राशिवलय यंत्र, कपाली यंत्र, चक्र यंत्र तथा दिगंश आदि कुल 16 यंत्र हैं जो सभी चूने–पत्थर से बने हुए हैं।

महाराजा सवाई जयसिंह द्वारा आविष्कृत तीन यंत्रों में पहला 'सम्राट यंत्र' है जो इस वेधशाला का सबसे बृहद और सबसे ऊँचा यंत्र है और विश्व की सबसे बड़ी धूप घड़ी मानी जाती है। करीब नब्बे फीट ऊँचे इस यंत्र की चोटी आकाशीय ध्रुव को सूचित करती है। ऊपर चढ़ने की सीढ़ियों के दोनों ओर की दीवारों के बाहरी किनारे पृथ्वी की धुरी के समान्तर हैं। इसके समय सूचक चाप पर अंकित चिह्नों से दो सेकण्ड तक का सूक्ष्मतम स्थानीय समय देखा जा सकता है।

महाराजा सवाई जयसिंह द्वारा आविष्कृत दूसरा यंत्र 'प्रकाश यंत्र' है जिसे सर्व यंत्र शिरोमणि भी कहा जाता है, जो दो भागों में विभक्त है। एक भाग दूसरे भाग का पूरक है। इस यंत्र से स्थानीय समय, नवांश, उन्नतांश आदि के अतिरिक्त मेष राशि से मीन राशि तक बारह मासों की सूर्य स्थिति का ज्ञान होता है। शृंखला का तीसरा यंत्र 'रामयंत्र' भी दो भागों में विभक्त है और दोनों यंत्र एक–एक घंटे के अन्तर से कार्य करते हैं। लगभग 23 फीट व्यास वाले इस यंत्र से उन्नतांश और दिगंश पढ़े जाते हैं तथा नक्षत्रों की जानकारी प्राप्त की जाती है। जयसिंह ने इसी यंत्र से अपनी प्रसिद्ध तालिका 'मुहम्मदशाही' बनाई थी जो उलूकबेग की तालिका का परिष्कृत रूप थी।

जंतर–मंतर का छोटा सम्राट यंत्र बड़े सम्राट यंत्र का लघुरूप है तथा इसके समय सूचक चाप पर अंकित चिह्नों से बीस सेकण्ड तक का स्थानीय समय देखा जा सकता है। लगभग दस फीट व्यास का नाड़ी वलय यंत्र भी दो भागों में विभक्त है। इससे स्थानीय समय, राशियों में समस्त ग्रह एवं

खगोलीय पिण्डों की स्थिति का ज्ञान प्राप्त होता है। इसी प्रकार क्रांति वृत्त यंत्र से राशियों में सूर्य की राशि एवं अंश तथा अन्य आकाशीय गृह–नक्षत्रों की स्थिति, 'यंत्र राज' से जयपुर की आकाशीय स्थिति, सप्तऋषि मंडल तथा ध्रुवतारे और 27 नक्षत्रों की स्थिति का वेध किया जाता है वहीं उन्नतांश यंत्र से ग्रहादि के नतांश और उन्नतांशों का पता चलता है। दक्षिणोदक भित्ति यंत्र से ग्रह–नक्षत्रों की तथा षष्ठांश यंत्र से सूर्य–चन्द्रमा की क्रांति का बोध होता है। राशि वयल यंत्र से बारह राशियों की स्थिति और कपाली यंत्र से उदय क्षितिज गत राशि (लग्न) जानी जाती है। चक्र यंत्र से सूर्यादि ग्रहों की क्रांति आदि का ज्ञान प्राप्त होता है। दिगंश यंत्र से ग्रहों के दिगंश तथा ध्रुववेध पट्टिका से रात के समय ध्रुव तारे का बोध होता है। इसके अलावा पलभा यंत्र, भित्तीय यंत्र आदि अन्य यंत्र भी हैं जो ज्योतिष गणना के महत्वपूर्ण उपकरण हैं तथा आज भी पूर्णतया कार्य करने की स्थिति में हैं।

इन्हीं प्राचीन यंत्रों से ज्योतिष विषय के छात्रों की प्रायोगिक परीक्षाएँ कराई जाती हैं। जयपुर की यह वेधशाला तो उस समय ज्योतिष विज्ञान का अन्तरराष्ट्रीय मंच बन गया था। कभी पुर्तगाली गणितज्ञ तो कभी कोई जर्मन विद्वान अथवा पाश्चात्य खगोल शास्त्री महाराज सवाई जयसिंह तथा उनकी विद्वान मण्डली से ज्योतिषीय गणना पर विचार–विमर्श के लिए यहाँ आते रहते थे।

❖❖❖

# जयपुर की चारदिवारी

यह है विश्व प्रसिद्ध गुलाबी नगर जयपुर और इसका कलात्मक परकोटा जो राजस्थान के नियोजित शहर की वजह से भारत की 38वीं ऐसी विरासत हो गई है जिसे वर्ष 2020 ई. में विश्व धरोहर में शामिल किया गया है। गुजरात के अहमदाबाद के बाद विश्व विरासत में शामिल जयपुर राजस्थान का पहला और देश का दूसरा शहर है। नगर निर्माण शैली के विचार से यह भारत और यूरोप में अपने ढंग का अनूठा नगर है, जिसकी समकालीन और वर्तमान विदेशी यात्रियों ने मुक्तकण्ठ से प्रशंसा की है। इस नगर का गुलाबी रंग सदियों से आज भी जयपुर को गुलाबी नगर के नाम से ख्याति दिला रहा है।

देश के उत्तर–पश्चिमी राज्य राजस्थान के परकोटे वाले जयपुर नगर की स्थापना वर्ष 1727 ई. में सवाई जयसिंह द्वितीय द्वारा की गई थी और इसको मैदानी भाग में बसाया गया था। एक स्वप्निल योजना को मूर्त रूप

देते हुए नवग्रहों का प्रतिनिधित्व करने वाले वास्तु पुरुष मंडल के प्रतीक को धरातल पर आकार दिया गया। नव स्थापित राजधानी जयपुर के शिल्प और विज्ञान का महत्वपूर्ण केन्द्र बनने के कारण से पुरानी राजधानी आमेर का गौरव कम हो गया। जयपुर के बसने से पूर्व आमेर कछवाहा राजाओं की राजधानी था। राजा मानसिंह ने आमेर महल का निर्माण कराया था। लेकिन सवाई जयसिंह ने इसको अंतिम रूप दिया। परकोटे वाले जयपुर नगर की सुरक्षा प्राचीरें आमेर से जा मिलती हैं। यद्यपि दोनों राजधानियों के मध्य करीब 13 किमी. की दूरी है, परन्तु प्राचीरों के कारण दोनों एक ही इकाई प्रतीत होती है।

भारत में जयपुर ही एकमात्र ऐसा नगर है जो योजनानुसार वैज्ञानिक पद्धति के आधार पर बसाया गया है। सभी सड़कें और गलियाँ सीधी रेखा में समकोण बनाती हुई एक–दूसरे को काटती हुई आगे बढ़ती हैं। यहाँ नगर निर्माण कला और वास्तुशिल्प परम्परागत ढंग से विकसित होती रही। राजस्थान के नगरों के प्रति रक्षामूलक स्वरूप के दृष्टिगत उन्हें दुर्ग–नगर की संज्ञा देना उचित होगा। किला, तालाब और बाजार, चौक, ये तीन जगहें राजस्थानी नगर के सरंचनात्मक प्रमुख अंग थे। उनकी अवस्थिति के अनुसार ही सड़कों का जाल विकसित किया जाता था।

शिल्पशास्त्र के मर्मज्ञ बंगाली विद्याधर चक्रवर्ती की जयपुर नगर के नियोजित निर्माण और वैज्ञानिक संकल्पना में मुख्य भूमिका रही। सवाई जयसिंह की ज्योतिष तथा इतिहास सम्बन्धी अभिरुचियों में दीवान विद्याधर प्रधान सहयोगी थे। विद्याधर की देखरेख में वास्तुविदों ने नक्शे के आधार पर शहर निर्माण की समस्त कल्पना को मूर्त रूप प्रदान किया। उसकी सहायता से ही उसने चौरस आकार की सीधी सड़कें और गलियों वाली बस्ती बसाना आरम्भ किया जो जयपुर के नाम से विख्यात है।

सवाई जयसिंह के घासीराम मुरलीधर नामक व्यापारी को लिखे पत्र से उजागर होता है कि ऐसा नगर योजना में राज्य के नियंत्रण को कायम रखने और भवनों की ऊँचाई और निर्माण के प्रकार की एकरूपता को सुनिश्चित करने के लिए किया गया था। जयसिंह ने व्यापारी को पत्र में विद्याधर के निर्देशों के अनुसार कार्य करने की बात कही है। विद्याधर के जिम्मे जयपुर में ठाकुरों के घरों के रखरखाव के लिए आने वाले व्यय के लिए उनकी आय से 10 प्रतिशत की वसूली का भी काम था। जयपुर में आज भी विद्याधर

का रास्ता, विद्याधर कॉलोनी और आगरा रोड पर विद्याधर जी का बाग है, जिसे महाराजा सवाई जयसिंह द्वितीय ने जयपुर के वास्तुविद की स्मृति में बनाया, दिखाई देता है।

निर्विवाद रूप से जयपुर एक अभिजात्य नगरीय जीवन वाला शहर है। नगर योजना और समृद्ध वास्तुकला जयपुर की महत्वपूर्ण विशेषताएँ हैं। जयपुर की शहरी आयोजना में प्राचीन हिंदू, प्रारंभिक आधुनिक मुगलकाल और पश्चिमी संस्कृतियों के विचारों का प्रभाव दिखाई देता है। इसे वैदिक वास्तुकला में वर्णित व्याख्या के आधार पर ग्रिड योजना के अनुरूप बनाया गया था। ग्रिड योजना के मॉडल की पश्चिम में अधिक स्वीकार्य उपस्थिति है जबकि शहर के विभिन्न क्षेत्रों (चौकड़ियों) की व्यवस्था से पारंपरिक हिंदू अवधारणाओं के संदर्भ का आभास होता है। अपना पुराना रूप नगर–प्राचीर से घिरे मध्यभाग ने ही सुरक्षित रखा है। यहाँ इमारतें सुंदर और शानदार हैं और सड़कें भी आधुनिक जीवन की जरूरतों के दबाव को झेलती हुई खुली–खुली और चौड़ी लगती हैं।

नगर के परकोटे वाला भाग जीवंत विरासत वाले शहर जयपुर का एक महत्वपूर्ण हिस्सा है। परकोटे की दीवार का, नगर की सीमाओं को परिभाषित करने और एक प्रकार की व्यवस्था की भावना को स्थापित करने के उद्देश्य से निर्माण किया गया था। सड़कों में कार्यात्मक और बहुआयामी विविधताएँ परिलक्षित होती हैं। भारत के अन्य नगरों की भाँति जयपुर में भी मुख्य सड़कें सार्वजनिक संपर्क साधन की भूमिका निभाती हैं। जयपुर की चौड़ी और सीधी सड़कें आधुनिक परिवहन की अपेक्षाओं के भी पूर्णतः अनुरूप हैं। जब हम जयपुर की सड़कों और लंबे–चौड़े चौकों से गुजरते हैं, बाहर की सीढ़ियों के जरिए घरों की चौरस खुली छतों से उतरते हैं और अलंकृत ड्योढ़ियों से भीतरी अहातों को झाँकते हैं तो विस्तार का आभास होता है। बरामदों की स्तंभ–पंक्तियाँ और अन्य वास्तु–रचनाओं तथा अंगों की एकरूपता सड़क को व्यवस्थित स्वरूप प्रदान करती हैं। जयपुर के निर्माताओं की भव्य कल्पना तथा कला–कौशल की शानदार मिसाल है। छतरी (गुंबदयुक्त मंडप) और बंगलादार (नुकीले किनारों वाली ढलवाँ छत के आकार का सजावटी शिखर, जिसका अनुकरण बंगाली लोक वास्तुशिल्प से किया गया था) शिल्प विभिन्न संयोजनों में हर कहीं दोहराये गये हैं। उनका लयात्मक विन्यास सड़क की आकाशरेखा को अत्यंत नयनाभिराम बना देता है। जयपुर में भवनों के सड़क की ओर अग्र भाग अपने कलात्मक अलंकरणों की बाहुल्यता से

आश्चर्यचकित करने वाली हैं। जयपुर में सड़क आखिर में जाकर किसी महल अथवा बड़ी इमारत से अवरुद्व नहीं होती है, यहाँ बुर्जनुमा दरवाजे बताते हैं कि भीतर कोई महत्वपूर्ण इमारत है। यह नगर सुरक्षा की दृष्टि की अपेक्षा विभिन्न प्रकार के व्यापार, कला और शिल्प में लगे विभिन्न समुदायों के लिए एक बसावट के रूप में बनाया गया था।

जयपुर की मूल योजना के अनुसार केवल चार आयताकार खंड थे, जिसमें आज महल, पुरानी बस्ती, तोपखाना देश और पोतीखाना और विश्वेश्वरजी को मिलाकर खंड हैं। इन दो अंतिम खंडों को बाँटने के लिए किसी भी सड़क की योजना नहीं बनाई गई थी। यह साफ नहीं है कि जब वर्तमान चौड़ा रास्ता और त्रिपोलिया गेट की योजना बनाकर उन्हें बनाया गया था, तब क्या स्थिति थी। पर यह स्पष्ट है कि चौड़ा रास्ता का बाजार, जैसा कि आज का जौहरी बाजार है, की तरह नहीं बनाया गया था। चौड़ा रास्ता के सामने कई महत्वपूर्ण मंदिर स्थित हैं। शहर के लिए चार बाजारों की योजना बनाई गई, जिन्हें आज जौहरी बाजार, सिरह ड्योढ़ी बाजार, किशनपोल बाजार और गणगौरी बाजार के नाम से जाना जाता है। नगर की अधिकांश इमारतें गुलाबी बलुए पत्थर से बनी हैं। पत्थरों की खूब टिकाऊ गारे के साथ चिनाई की हुई होने की वजह से बाहर पलस्तर की जरूरत नहीं है। बाद में जो इमारतें ईंटों से बनायी गयी, उनके पलस्तर पर भी गुलाबी रंग का ही लेप है।

जयपुर में प्रवेश–द्वार के प्रति परंपरागत रवैया अपने चरम रूप में सामने आता है। प्रक्षेपों तथा देवलियों से युक्त शानदार नगर–द्वार बारिक नक्काशियों, मूर्ति–अलंकरणों तथा चित्रकारी से सजे हुए हैं। द्वार के मध्य भाग में ऊपर दंतीली, नोकदार तथा अन्य किसी आकृति की मेहराब और शिखर पर गुंबदाकार छतरी बनी होती है, जो उसकी रचना को बहुत ही अभिव्यक्तिपूर्ण बना देती है। जयपुर में छह नगर–द्वार हैं और हर द्वार आकृति और सज्जा में दूसरे द्वारों से भिन्न है। यहाँ कोई भी प्रवेश द्वार अलक्षित नहीं रहता, चाहे उससे किसी इमारत में प्रविष्ट हुआ जाता हो अथवा किसी गली में। गली, मौहल्ला, इमारत, भीतरी अहाता, सबके प्रवेश–स्थल पर अलंकृत सिंह–द्वार बने हुए हैं और वे सारी सड़क की शोभा में चार चाँद लगा देते हैं।

जलेबी चौक जयपुर का सबसे बड़ा और सबसे महत्वपूर्ण चौक है जो चारों ओर से इमारतों से घिरा हुआ है और उसके दो प्रकार्य थे। विशेष

दिनों पर महाराजा की सवारी निकलती थी, सैनिक परेडें होती थीं और तमाशे, नाटक आदि आयोजित होते थे। जब महाराजा की सवारी निकलती थी, चौक में संगीत गूँजता था। जलेबी चौक से प्रासाद की मुख्य इमारतों तक चार दरवाजे हैं। एक मुख्य इमारत दीवाने आम है, जो चारों ओर से खुले बहुस्तंभी मंडप जैसी है। उनके मध्य में स्थित सिंहासन पर बैठकर महाराजा जनता को दर्शन देता था। राजप्रासाद का वास्तु–स्वरूप और अभिन्यास स्वाभाविकतः उसके निर्माता की रुचियों और रुझानों को प्रतिबिंबित करते हैं।

देश के पहले प्रधानमंत्री जवाहरलाल नेहरू ने जयपुर को ऐसा सुनियोजित और सुअभिन्यस्त नगर कहा था कि जो नगर–आयोजना का प्रतिमान बन सकता है। ज्ञात है कि सुप्रसिद्ध फ्रांसिसी वास्तु–विशेषज्ञ ला कार्बूजिये ने भी, जिसने पंजाब की राजधानी चंडीगढ़ की योजना बनायी थी (1952–1955), जयपुर से ही प्रेरणा ग्रहण की थी। जयपुर भारत का एक ऐसा शहर है, जिसने भविष्य की आवश्यकताओं का प्रावधान रखते हुए परंपरा के सकारात्मक मूल्यों को कायम रखा है। परकोटे वाला जयपुर नगर अपनी भौतिक विशेषता को कायम रखते हुए अभी भी एक संपन्न आर्थिक केंद्र है। परकोटे में स्थित जंतर मंतर पहले से ही विश्व विरासत निधियों में शामिल है। हवामहल, सिटी पैलेस, सरगासूली, गोविन्ददेव मंदिर, गेटोर की कारीगरी पूर्ण छतरियाँ परकोटे के भीतर महत्वपूर्ण स्मारक एवं धार्मिक स्थल हैं।

❖❖❖

# राजस्थान के पहाड़ी दुर्ग

## आमेर दुर्ग

खूबसूरत शीश महल का दरवाजा बंद कर जब गाइड माचिस की तिल्ली जलाता है तो दीवारों पर जड़े रंग बिरंगे काँचों से झिलमिलाते असंख्य अक्षों की आभा महल को रोशन कर सैलानियों को जादुई सम्मोहन की दुनिया में ले लेता है। सैलानियों के मुँह से बरबस निकल पड़ता है वन्डरफुल, अवेसम, अद्‌भुत ! नजारा इतना जादुई कि अपलक देखते रहें। आपको ऐसे ही महल के बारे में बताने जा रहे हैं जो आमेर किले की शान है। ताजमहल के बाद पर्यटकों की खास पसंद बन रहा यह महल भारत का आइकॉनिक टूरिज्म केंद्र है जिसे हर वर्ष करीब 65 लाख देश–विदेश के पर्यटक देखने आते हैं। इस ऐतिहासिक एवं प्राकृतिक साइट को यूनेस्को ने 2013 ई. में विश्व विरासत सूची में शामिल किया था।

आइये ! आप भी कीजिये इन महलों की सैर। सूरजपोल अथवा चाँदपोल से प्रवेश कर आमेर महल के जलेब चौक के अन्दर आते हैं जहाँ सिंहपोल

के निकट मानसिंह प्रथम द्वारा जेसोर अब बंग्लादेश से लाई गयी श्री शिलादेवी की प्रतिमा मंदिर में स्थापित है। यह मंदिर दर्शनार्थियों के लिये प्रातः 6 से 12 तथा सायं 4 से 8 बजे तक खुला रहता है। मंदिर के चाँदी के आकर्षक दरवाजों पर दुर्गा के नौ रूपों एवं महाविद्या के दस स्वरूपों का अंकन कराया गया है। शिलादेवी के मंदिर के बाँयी ओर दोहरी सुरक्षा प्रणाली युक्त विशाल सिंहपोल है। सिंहपोल के दाहिने भाग में बने हुए भित्ति चित्रों में 19वीं शताब्दी के मुगल प्रभाव को देखा जा सकता है। यहीं पर टिकिट देने की व्यवस्था की गई हैं।

सिंह पोल के अन्दर से प्रवेश कर दीवाने आम परिसर में पहुँचते हैं। यहाँ राजा का आम दरबार होता था। यह इस्लामी व हिन्दू स्थापत्य कला के सम्मिश्रण का बेहतरीन नमूना है। ऊपर से समतल लेकिन अन्दर से अर्द्ध–गुम्बदाकर छत वाले 48 स्तम्भों पर टिका है। इसके बाहर की ओर दो स्तम्भों की कतारें एवं अंदर की ओर एक स्तम्भ की कतार है। कुछ स्तम्भ संगमरमर के हैं जिन पर आकर्षक नक्काशी की गई है एवं इन पर हाथियों युक्त खूबसूरत घुडियों का अलंकरण एवं सूंड में कमल का फूल के अलंकरण देखते ही बनते हैं। इसका निर्माण मिर्जा राजा जयसिंह प्रथम द्वारा (1621–1667) कराया गया था। दीवाने आम के पीछे भारतीय –ब्रिटिश स्थापत्य शैली का बना 'मजलिस विलास' है। इसका निर्माण सवाई रामसिंह (1835–1880) द्वारा किया गया था, जहाँ विभिन्न प्रकार के मनोरंजन के कार्यक्रम आयोजित किये जाते थे। दिवान–ए–आम के पूर्व की ओर खुले बरामदों को 27 कचहरी के नाम से जाना जाता है।

दीवाने आम की दक्षिंणी दिशा में भव्य भित्ति चित्रों से सजा हुआ बड़ा दरवाजा गणेशपोल कहलाता है। गणेशपोल राजमहल के आवासीय भाग का मुख्य प्रवेश द्वार है। द्वार के बाहरी भाग में ललाट बिन्दु में अंकित गणेश और फारसी–मुगल शैली के कलात्मक चित्रों से द्वार की भित्तियाँ अलंकृत हैं। स्थापत्य एवं चित्रकला की दृष्टि से आमेर का गणेशपोल आज विश्व प्रसिद्ध प्रवेश द्वार है तथा राजस्थान की कलात्मक धरोहर भी। यह लगभग 50 फीट ऊँचा व 50 फीट चौड़ा है। इसका निर्माण मिर्जा राजा जयसिंह (1700–1743) द्वारा किया गया था। संगमरमर की सीढ़ियों पर चढ़कर ही इस द्वार तक पहुँचा जा सकता है। इस द्वार पर पाँच मेहराबें बनी हुई हैं। इन पाँचों मेहराबों के खण्डों में चारों ओर फूल–पत्तियों का चित्रण है। हरे

रंग के आराईश पद्धति के इजारे बने हैं तथा इन पर चारों ओर पीली पट्टियाँ बनी हुई हैं। इस पोल का सम्पूर्ण बाहरी हिस्सा भित्ति चित्रों से सुसज्जित है। यह चित्र आलागिला (फ्रेस्को) पद्धति से बने हैं। द्वार के ऊपर चतुर्भुज गणेश चौकी पर पद्मासन मुद्रा में विराजमान हैं। गणेशपोल के बाँयी ओर एक अन्य दीवार पर गणेश के साथ रिद्धि–सिद्धि का अंकन है। आज यह पोल अपने उत्कृष्ट स्थापत्य, चित्रों के भव्य संयोजन, मेहराबों के उचित अनुपात के कारण पर्यटकों के विशेष आकर्षण का केन्द्र बिन्दु बना हुआ है।

गणेशपोल से प्रवेश कर अन्दर परिसर के मध्य में फव्वारों से युक्त मुगल शैली का परिचायक उद्यान नजर आता है। चारबाग शैली के उद्यान का सौंदर्यबोध इसकी विशेषता है। फूलों की क्यारियों से युक्त उद्यान में फव्वारें बनाये गए हैं। उद्यान के पूर्व में आमेर महल का सबसे सुन्दर और महत्वपूर्ण खण्ड जय मंदिर है, जिसे दीवाने खास व शीशमहल भी कहा जाता है। चूने और गज मिट्टी से बनी दीवारों और छतों पर जामिया काँच या शीशे के उत्तल (कॉन्वेक्स) टुकड़ों से की गयी सजावट के कारण इसे शीशमहल कहा जाता है। सफेद पत्थर से बने इसके स्तम्भों और दीवारों पर भैसलाना के काले पत्थर की पट्टिकाओं तथा फूल पौधों, तितलियों की बारीक विशिष्ट कलाकारी और एक ही आकृति में दो या दो से अधिक आकृतियों का समावेश शिल्पकला का अनूठा नमूना है। शीशमहल के दोनों ओर बरामदों के रोशनदानों में धातु की जालियाँ काटकर बनाये हुए राधा–कृष्ण, कृष्ण–गोपिकाएँ और पुष्प सज्जा में भी रंगीन काँच के छोटे टुकड़े लगाकर कलात्मक सज्जा की गयी है। शीशमहल के बरामदे के उत्तरी कोने से जा रही सीढ़ियों और खुर्रा मार्ग से गणेशपोल के ऊपर बने सुहाग मंदिर में पहुँचते हैं। इसमें दिवान–ए–आम के चौक में होने वाले मनोरंजक कार्यक्रमों को रानियों द्वारा देखने के लिए सघन एवं बारीक जालियों की बनी पारदर्शी दीवार अति लुभावनी है। सुहाग मंदिर से पूर्व में उतर कर छतरी के नीचे बाँये हाथ की ओर गलियारे के अन्त में खुली छत को चाँदनी कहा जाता है। इस चाँदनी पर राजाओं के समय में नृत्य एवं संगीत के आयोजन किये जाते थे। चाँदनी से वापस लौटकर सीढ़ियों से ऊपर चढ़कर शीशमहल की छत पर बना सुन्दर जस मंदिर है। शीश महल की तरह जस मंदिर की सजावट भी मुगल–फारसी शैली के प्रतीकों तथा काँच के टुकड़ों से की गयी है। इसमें ग्रीष्मकाल में शीतल वायु की व्यवस्था की है।

जस मंदिर से आगे छोटे दरवाजे से एक कक्ष में होते हुए लम्बे गलियारे में पहुँच जाते हैं। इस गलियारे की ऊँची दीवार महल को दो भागों में विभाजित करती है। गलियारे से होते हुए मानसिंह महल में प्रवेश करते हैं जो पत्थरों के सुन्दर झरोंखों से सुसज्जित है। इसमें महाराजा मानसिंह प्रथम का निजी आवासीय कक्ष व पूजा गृह है। इसके दरवाजों व दीवारों पर धार्मिक चित्र बने हुए हैं। इसका निर्माण मानसिंह प्रथम द्वारा 16वीं सदी में कराया गया था। मानसिंह महल के नीचे उतरने वाले किसी भी सीढ़ी या खुर्रा मार्ग से मानसिंह महल के चौक में पहुँचते हैं। महल के भूतल पर रानियों के 12 आवासीय कमरे बने हैं। मानसिंह महल के बीच में सवाई रामसिंह के समय की बनी खुली बारादरी है। चौक के उत्तरी–पूर्वी भाग में जो वृत्ताकार दिखाई देते हैं, इसके नीचे एक बड़ा जल भण्डार (भूमिगत टांका) बना है।

मानसिंह महल के नीचे के हिस्से से पश्चिम–उत्तर की ओर बाँयी तरफ खुर्रा मार्ग से लौटने पर शीशमहल के सामने उद्यान के पश्चिमी दिशा में बने रानियों के आवासीय खण्ड को सुख निवास कहा जाता है। यहाँ भी ग्रीष्म ऋतु में शीतल वायु के लिए खुली जल निकासी की व्यवस्था की गई है जो उस समय की उन्नत तकनीक विधा का परिचायक है।

सुख निवास से वापस गणेशपोल और दीवाने आम होते हुए सिंहपोल की सीढ़ियाँ उतर कर पुनः बाहर जलैब चौक में आ जाते हैं। जहाँ से आमेर के पूर्ण वैभव के प्रतीक स्मारकों आदि का आनन्द ले सकते हैं। यहाँ हाथी की सवारी का आनन्द भी उठा सकते हैं। किले के पार्श्व में एक रास्ता दर्शकों को महलों की तलहटी में स्थित जगत् शिरोमणि के प्रसिद्ध मंदिर तक ले जाता है।

आमेर के महलों के आगे की और बनाया गया जलाशय जिसे मावठा सरोवर कहा जाता है और इससे सट कर बना दल–ए–आराम उद्यान महलों की सुंदरता में चार चाँद लगता है। भू–तल पर यहाँ से प्राप्त प्राचीन मूर्तियों का संग्रहालय भी दर्शनीय है। यहाँ की केसर क्यारी में सैलानियों के लिए प्रतिदिन आमेर के इतिहास पर आधारित साउंड एंड लाइट कार्यक्रम हिंदी एवं अंग्रेजी भाषा में दिखाया जाता है। महलों तक जाने के लिए निजी वाहन जलेब चौंक तक लेजा सकते हैं एवं हाथी सवारी का आनन्द भी लिया जा सकता है। अपनी उत्कृष्ट वास्तु कला एवं विविधताओं से परिपूर्ण आमेर का

किला और महल विश्व सैलानियों के आकर्षण का प्रबल केंद्र बन गया है। अधिकांश सैलानी सूरजपोल से प्रवेश कर स्थापत्य एवं प्रकृति का आनन्द लेते हुए पैदल जाना पसंद करते हैं।

## इतिहास

जयपुर राज्य के कछवाहा राजवंश की प्राचीन राजधानी जयपुर में थी। कछवाहा राजपूतों के आगमन से पहले आमेर पर सूसावत मीणों का अधिकार था। 11वीं शताब्दी में सोढ़देव कछवाहा के पुत्र दूलाराम लोकभाषा में दोला ने ढूंढाड़ प्रदेश में कछवाह राजवंश की नींव रखी। उसके पुत्र काकील ने सूसावत मीणों से आमेर को अपने अधिकार में लिया। महत्वाकांक्षी मानसिंह प्रथम ने आमेर में पुराने महलों के स्थान पर अरावली पर्वत श्रृंखला की पहाड़ियों के बीच 16वीं शताब्दी के अन्तिम चरण में वर्तमान राजमहलों का निर्माण प्रारम्भ किया। मानसिंह प्रथम के बाद के शासकों मिर्जा राजा जयसिंह प्रथम तथा सवाई जयसिंह द्वितीय ने अपने स्थापत्य प्रेम और अपनी कल्पना के अनुरूप समय–समय पर आवश्यकतानुसार मानसिंह द्वारा बनवाये गये भवनों में संशोधन, संवर्धन, आन्तरिक सज्जा तथा अलंकरण के कारीगरीपूर्ण कार्य करवाये।

जयपुर से 12 किलोमीटर उत्तर में स्थित आमेर दुर्ग जाने के लिये जयपुर से किराये की टैक्सी, ऑटोरिक्शा, नगर बस सेवा या निजी कार अच्छे विकल्प हैं। यदि मौसम अच्छा हो तो दुर्ग के नीचे से पैदल मार्ग सबसे सस्ता व

सरल विकल्प है व अधिकांश पर्यटक इसी का प्रयोग करते हैं व सूरज पोल द्वार से प्रवेश करते हैं। जयपुर देश के सभी प्रमुख पर्यटन स्थलों से हवाई, रेल एवं बस सेवा से जुड़ा है। अंतरराष्ट्रीय हवाई अड्डा जयपुर के साँगानेर में स्थित है।

## चित्तौड़गढ़ दुर्ग

शूरवीरता की गाथाएँ, त्याग और बलिदान की कथाएँ और कालजयी वीरांगनाओं की कहानियाँ सुनाता और भक्ति की अलख जगाता चित्तौड़गढ़ का किला अपनी स्थापत्य कला और सुदृढ़ सुरक्षा व्यवस्था के लिए दुनिया के गिरी दुर्गों में अपना सानी नहीं रखता है। राजस्थान के चित्तौड़ में स्थित विराट दुर्ग के कंगूरे, छालदार दीवार, बुर्जों से युक्त विशाल प्राचीर से घिरा चित्तौड़गढ़ दुर्ग, महल, स्मारक, मंदिर, गौरवपूर्ण इतिहास, कला–संस्कृति को अपने आँचल में समेटे है। इसकी अद्भुत विषेताओं की वजह से यूनेस्को ने राजस्थान के इस महान दुर्ग धरोहर को 2013 ई. में विश्व धरोहर का सम्मान प्रदान किया।

यह दुर्ग चारों ओर सुदृढ़ दीवारों से घिरा हुआ है और सुरक्षा के लिए सर्पीले मुख्य मार्ग पर सात दरवाजों से गुजरना पड़ता है। प्रथम द्वार को पाडलपोल (पटवनपोल) कहते हैं। इस द्वार के बाहर एक चबूतरा है जिस पर प्रतापगढ़ के रावत बाघसिंह का स्मारक बना हुआ है। जब गुजरात के सुल्तान बहादुरशाह ने 1434 ई. में चित्तौड़ पर आक्रमण किया तब बाघसिंह ने दुर्ग की रक्षा में अपने प्राण यहाँ गँवाये थे। थोड़ी दूर चलने पर उतार में भैरवपोल आता है जहाँ जयमल के

कुटुम्बी कल्ला और राठौड़ वीर जयमल की छत्रियाँ हैं। ये दोनों वीर 1567 ई. के मुगल आक्रमण के समय वीरगति को प्राप्त हुए थे। इन छत्रियों से आगे बढ़ने पर गणेशपोल, लक्ष्मणपोल और जोडनपोल आते हैं। इन सभी पोलों को सुदृढ़ दीवारों से इस प्रकार जोड़ दिया है कि बिना फाटकों को तोड़े शत्रु किले पर अधिकार नहीं कर सकता था। जोडनपोल के संकरे मोर्चे पर शत्रु सेना आसानी से रोकी जा सकती थी।

यहाँ से कुछ दूर चलने पर एक विशाल द्वार रामपोल आता है। यह पश्चिमाभिमुख प्रवेश द्वार है जहाँ से दुर्ग की समतल भूमि शुरू होती है। रामपोल के भीतर घुसते ही एक तरफ सीसोदिया पत्ता का स्मारक आता है जहाँ अकबर की सेना से लड़ता हुआ पत्ता मारा गया था। जयमल की मृत्यु के बाद राजपूतों ने इस वीर को अपना नेता चुना था। इस स्मारक के दांहिनी ओर जाने वाली सड़क पर तुलजा माता का मंदिर आता है। आगे चलकर वनवीर द्वारा बनवायी गयी ऊँची दीवार आती है जिसके पास एक सुरक्षित स्थान को नवलखा भण्डार कहते हैं। वनवीर ने शत्रु से बचने के लिए दुर्ग के अन्दर दूसरे दुर्ग की व्यवस्था की थी। इसी अहाते के आसपास तोपखाने का दालान, महारानी और पुरोहितों की हवेलियाँ, भामाशाह की हवेली तथा अन्य महल हैं। नवलखा भण्डार के निकट शृंगार चंवरी का मंदिर आता है जिसका जीर्णोद्धार महारणा कुम्भा के भण्डारी वेलाक ने 1448 ई. में कराया था। इस मंदिर के बाहरी भाग में उत्कीर्ण कला देखने योग्य है। वास्तव में यह शान्तिनाथ का जैन मंदिर है जिसकी प्रतिष्ठा खरतरगच्छ के आचार्य जिनसेन सूरि ने की थी।

यहाँ से आगे बढ़ते है तो त्रिपोलियाँ नामक द्वार दिखाई देता है जहाँ पुराने राजमहल का चौक, निजीसेवा का बाण माता का मंदिर, कुम्भा का जनाना और मर्दाना महल, राजकुमारों के प्रासाद, कोठार, सिलेखाना आदि दर्शनीय हैं। इस सम्पूर्ण परिसर को कुम्भा के महल कहते हैं। वास्तव में नीचे के महलों का भाग कुम्भा के समय से भी पहले बना था जिसके कई कमरे और बरामदे अब खुदाई व सफाई से निकल आये हैं। सम्भव है महाराणा कुम्भा ने इन्हीं पुराने महलों पर नये महल बना दिये हों। महारानी पद्मिनी द्वारा जोहर करने का स्थान समिद्धिश्वर के आसपास की खुली भूमि है। राजभवन के आगे कुम्भश्याम मंदिर आता है जिसका जीर्णोद्धार महाराणा कुम्भा ने करवाया और जहाँ मीरां हरिकीर्तन के लिए आया करती थी।

मंदिर के आगे नजर आता है जैन धर्म के 27 मंदिरों का समूह जिसे सतबीस देवरियों का मंदिर कहा जाता है, जिस पर गुजराती शिल्प कला

की छाप भी दिखाई देती है। मंदिर के अन्दर की गुम्बजनुमा छत व खम्भों पर की गई खुदाई देलवाड़ा जैन मंदिर माउण्ट आबू से मिलती–जुलती है। यहाँ से आगे की ओर चलने पर गो–मुख कुण्ड आता है और उसी के समीप त्रिभुवननारायण का मंदिर है जिसे भोज ने बनाया था और जिसका जीर्णोद्धार मोकल ने 1428 ई. में करवाया था। मूर्तिकला और जनजीवन की 13वीं सदी की झाँकी के लिए अपने ढंग का यह मंदिर अद्वितीय है। आगे चल कर आती है जयमल की हवेली जो सामन्तों के आवास तथा रहने की सुविधा प्रदान करती थी। इसके आगे पद्मिनी के महल आते हैं, जिसने अपनी सूझबूझ से 700 डोलों में सैनिकों को भेजकर अपने पति रत्नसिंह को अलाउद्दीन से छुड़वाया था और फिर हजारों क्षत्राणियों के साथ जौहर कर लिया। महल अब नये बना दिये गये हैं परन्तु कहीं–कहीं खण्डहरों के अवशेष उस समय के स्थापत्य के साक्षी हैं।

यहाँ से आगे बढ़ने पर कालिका माता का मंदिर है जो पहले सूर्य मंदिर था। इस मंदिर की तक्षण–कला 8वीं शताब्दी की है। यहाँ से चित्रंगमोरी ताल को पार कर पर्यटक किले के एक छोर पर पहुँचते हैं जहाँ से नीचे मोरमगरी दिखायी देती है। बहादुरशाह के आक्रमण के समय इसी ऊँची पहाड़ी पर तोपखाना रखा गया था। आगे चलकर एक जैन विजय स्तम्भ बना है जिसे 11वीं सदी में जीजा ने बनवाया था। इसी भाग में अद्भुतजी, लक्ष्मीजी, नीलकण्ठ और अन्नपूर्णा के मंदिर, रत्नसिंह के महल तथा कुकड़ेश्वर का कुण्ड दर्शनीय हैं।

कुम्भा महल के प्रमुख प्रवेश द्वार 'बड़ी पोल' से बाहर निकलते ही फतह प्रकाश महल स्थित है। इस भवन में राज्य सरकार द्वारा एक संग्रहालय की स्थापना की गई है, जिसमें इस क्षेत्र से प्राप्त पाषाण कालीन सामग्री, अस्त्र–शस्त्र एवं वस्त्र, मूर्तिकला के नमूने, प्राचीन चित्रों का संग्रह तथा विभिन्न ऐतिहसिक एवं लोक संस्कृति की सामग्री का प्रदर्शन किया गया है।

## विजय स्तम्भ

विश्व में भारत का प्रतिनिधि स्मारक मेवाड़ राज्य की कीर्ति का साक्षी विजय स्तम्भ पौराणिक देवी–देवताओं, अवतारों एवं विविध शिल्प कृतियों से कला का खजाना कहा जाता है। कला मर्मज्ञ फर्ग्यूसन ने विजय स्तम्भ को रोम के ट्रांजन स्तम्भ से भी अधिक सुंदर और कलात्मक बताया है। अपने आराध्य देव विष्णु के स्तवन को उद्घाटित करने के लिए महाराणा कुम्भा ने वर्ष 1439–48 में इसका निर्माण कराया था। ऐसा भी माना जाता है कि

मालवा के महमूद खिलजी पर आक्रमण में विजय को स्थायी बनाये रखने के लिये इसका निर्माण कराया गया था।

विजय स्तम्भ की नौ मंजिली इमारत में ऊपरी मंजिल तक जाने के लिए धुमावदार 157 छोटी–छोटी सीढ़ियाँ बनाई गई हैं। कई बार सीढ़ियाँ चढ़ते–उतरते समय झुक कर आना–जाना पड़ता है। झरोखों से दिन का उजाला भीतर आता है। प्रत्येक मंजिल पर विभिन्न रूपों में विभिन्न देवताओं का अंकन किया गया है। यह समकालीन समाज, धर्म एवं दर्शन की अभिव्यक्ति का सुंदर नमूना है। स्तम्भ पर ब्रह्मा, अर्धनारीश्वर, गंगा, यमुना, रुद्र, जनार्दन, अनन्त, अग्नि, वरुण, पार्वती, सरस्वती, उमा, हरिसिद्धि, क्षेमकरी आदि मूर्तियों के साथ–साथ नृत्य–संगीत में लीन नारी प्रतिमाएँ अंकित की गई हैं। इतिहासकार गौरी शंकर ओझा ने विजय स्तम्भ को 'पौराणिक देवताओं का अमूल्य कोष' कहा है।

## कीर्ति स्तम्भ

किले में रामपोल से प्रवेश करने पर उत्तर की ओर जाने पर 'कीर्ति स्तम्भ' दूर से ही दिखाई देता है। करीब 24.50 मीटर ऊँचा यह स्तम्भ छह मंजिल है। इसका निर्माण बघेरवाल जैन व्यपारी जीजाजी कथोड़ ने 12वीं शताब्दी में करवाया था। एक उठे हुए चबूतरे पर बनाया गया स्तम्भ जैन धर्म के प्रथम तीर्थंकर आदिनाथ को समर्पित है। निचली मंजिल के चारों ओर आदिनाथ की बड़ी–बड़ी चार दिगम्बर नग्न मूर्तियाँ आलौकिक स्वरूप में नजर आती हैं, जिनके नीचे भी कारीगरी मूर्तियाँ एवं ऊपरी मंजिलों में सैकड़ों छोटी–छोटी मूर्तियाँ बनाई गई हैं। नृत्यांगनाओं की मूर्तियाँ भी कलात्मक हैं। जीवन के हर पक्ष को यहाँ मूर्तियों में उकेरा गया है। कीर्ति स्तम्भ पर तीन शिलालेख पाये गए हैं जिनसे स्तम्भ के बारे में जानकारी प्राप्त होती है। कीर्ति स्तम्भ के समीप ही महावीर स्वामी को समर्पित कलात्मक जैन मंदिर बना है जिसका जीर्णोद्धार महाराणा कुम्भा के समय 1438 ई. ओसवाल महाजन गुणराज द्वारा कराए जाने का उल्लेख मिलता है। मंदिर की पार्श्व पीठ पर कमनीय नायिकाओं का सुंदर तक्षण कार्य देखते ही बनता है।

## समिधेश्वर प्रासाद

दुर्ग में बनवाये गये समिधेश्वर प्रासाद का निर्माण 1011 ई. से 1055 ई. के बीच मालवा के परमार राजा भोज ने करवाया था। परमारों को परास्त कर चालुक्यों ने जब इस क्षेत्र पर अधिकार किया तो चालुक्य राजा कुमारपाल

ने ई. 1150 में समिधेश्वर मंदिर की यात्रा की। उस समय का कुमार पाल का एक शिलालेख इस मंदिर में मिला है। एक दूसरा शिलालेख 1428 ई. का है जिसमें महाराणा मोकल द्वारा इस मंदिर का जीर्णोद्धार कराया गया। यह मन्दिर पश्चिमाभिमुखी है तथा भारतीय प्रासाद की नागर शैली में बना हुआ है। चित्तौड़ दुर्ग की पश्चिमी प्राचीर के पास निर्मित इस मंदिर के तीनों प्रवेश द्वारों पर मण्डप बने हुए हैं जिनके आगे दो–दो कलात्मक स्तंभ निर्मित हैं। दीवार से सटे स्तम्भों पर द्वारपालों तथा घट पल्लवों का सूक्ष्म अंकन किया गया है। उत्तरी मण्डप की विग्रह पट्टिका का विन्यास देखते ही बनता है। गंगा–यमुना, आयुना, आयुधधारी दिक्पाल, बन्दीजन एवम् गंधर्व नर–नारी मुखरित जान पड़ते हैं।

मंदिर का सभा मण्डप कलात्मक स्तंभों पर टिका है। यह भीतर से सादगीपूर्ण है किन्तु बाहर शिखरों पर उत्तम कोटि की कला प्रदर्शित की गई है। कलात्मक कंगूरों तथा देवी–देवताओं की प्रतिमाओं का अंकन हर दृष्टि से भव्य जान पड़ता है। सभा मण्डप की छत के मध्य में आमलक पर कलश स्थापित किया गया है। इस मण्डप के पूर्व में स्थित गर्भगृह के मध्य में प्रस्तर निर्मित जलधारी पर शिवलिंग विराजित है। शिवलिंग की पूर्वी दीवार पर त्रिमूर्ति स्थापित है जिसमें बह्मा, विष्णु तथा महेश को एक ही साथ उत्कीर्ण किया गया है। मंदिर की बाह्म दीवारों का मूर्तिशिल्प और कलाकृतियाँ भी अत्यन्त आकर्षक हैं। ब्रह्मा, विष्णु तथा महेश के विविध स्वरूपों को दर्शाने वाली मूर्तियों के साथ नर–नारियों की स्नेहाकर्षण से युक्त मूर्तियाँ विद्यमान हैं। मध्यकालीन कला सौष्ठव वाली नारी प्रतिमायें मदनिका, अलस कन्या तथा देव बालाओं की हैं। लोकजीवन से सम्बन्धित अनेक झाँकियाँ भी दर्शायी गई हैं। शिवालय के शिखर भाग में प्रयुक्त प्रस्तरों का सूक्ष्म तक्षण किया गया है।

## कालिका माता मन्दिर

आठवीं शताब्दी में बना कालिका माता मन्दिर अपने मूल रूप में एक सूर्य मन्दिर था जिसमें गर्भगृह, मण्डप, प्रदक्षिणा पथ और द्वार–मण्डप आदि बने हैं। कहा जाता है कि अलाउद्दीन खिलजी के आक्रमण से बुरी तरह से क्षतिग्रस्त इस मन्दिर का पुनरुद्धार कर इसे माता का मन्दिर बना दिया गया। मन्दिर के गर्भगृह के प्रवेश द्वार का ऊपरी हिस्सा और चौखट के अलंकरण अत्यन्त सुन्दर हैं। प्रवेश द्वार के ऊपर मध्य में सूर्य देव की प्रतिमा के दर्शन होते हैं तथा दोनों ओर अन्य देवगण व गन्धर्वों को उत्कीर्ण किया गया हैं। प्रवेश द्वार पर दोनों ओर गंगा व

यमुना देवियों को अपने–अपने वाहनों पर आरूढ़ दिखाया गया है। प्रवेश द्वार की छत पर विष्णु को गरूड़ पर बैठे हुए उकेरा गया है। सुसज्जित सभामण्डप में 12 फीट की ऊँचाई के स्तम्भ हैं। स्तम्भों पर फूल–पत्तियों के अलंकरण बनाये गये हैं। सभा–मण्डप की छत समतल परन्तु अनेक भागों में विभक्त है। मन्दिर का इंच–इंच सुन्दर प्रतिमाओं, कमल और विभिन्न प्रकार के अलंकरणों से अलंकृत है। मध्य में सूर्य देव को सात अश्वों के रथ पर सवार अंकित किया गया है। पीछे प्रकाश किरणों से युक्त प्रभा–मण्डल भी अंकित है। उनके दोनों ओर दण्डी तथा पिंगल और दो प्रतिहारों को कमल लिए हुए दिखाया गया है। अन्य प्रतिमाओं में सूर्य देव के पीछे से दो स्त्री आकृतियाँ ऊषा–प्रत्युषा हैं जो धनुष एवं बाण लिए अंधकार पर प्रकाश–बाणों से प्रहार करती हुई अंकित हैं। अश्वनी कुमार, हाथी पर सवार इन्द्र, भैंसे पर बैठे यम, मकर पर बैठे वरुण, दिक्पाल, वायु देव, चन्द्र देव की खड़ी प्रतिमा, त्रिनेत्रधारी ईशान के अंकन दर्शाये गये हैं। मन्दिर के जंघा भाग में शिव–पार्वती की प्रतिमाएँ एवं समुद्र को भी बहुत सुन्दर ढंग से उकेरा गया है। साथ ही यहाँ अन्य पौराणिक आख्यानों को भी अंकित किया गया है। मन्दिर की दक्षिण–पूर्व दिशा के बाहरी हिस्से में एक छोटा और भग्न मन्दिर अवस्थित है। यहाँ पर एक देवी की प्रतिमा मध्य में विराजमान है और गज–लक्ष्मी उनके पीछे अंकित हैं।

## कुंभ श्याम मन्दिर

कुंभ श्याम मन्दिर मूलतः एक वैष्णव मन्दिर है। इसका निर्माण भी 8 वीं शताब्दी में किया गया। अलाउद्दीन खिलजी के आक्रमण से यह मंदिर क्षतिग्रस्त हो गया था। महाराणा कुम्भा ने 1505 ई. में इसका जीर्णोद्धार कराया। इसीलिए यह मन्दिर 'कुंभ स्वामी' के नाम से प्रसिद्ध हुआ। उन्होंने मन्दिर के मूल स्वरूप को परिवर्तित न करते हुए इसके शिखर और दूसरे भागों का जीर्णोद्धार कराया। मन्दिर में गर्भ–गृह, अन्तराल, सभा–मण्डप, जंघा और दूसरे नीचे के भाग प्राचीन ही हैं। अतः इस मन्दिर में विभिन्न युगों की भिन्न–भिन्न वास्तुशैलियों एवं मूर्ति शिल्पों के दर्शन होते हैं। मंदिर में ब्रह्मा की खड़ी हुई प्रतिमा, अग्निदेव की खड़ी प्रतिमा, धनुष–बाण धारण किये हुए राम और लक्ष्मण की प्रतिमायें, हरिहर की सुन्दर प्रतिमा, नाग–नागिन, षटमुखी कार्तिकेय, दिक्पाल, शिव–पार्वती विवाह, वरुण की खड़ी अवस्था में प्रतिमा, खड़ी हुई मुद्रा में यम, अन्य अनेक स्त्री व पुरुषाकृतियाँ, सिंह पर सवार दुर्गा, लक्ष्मीनारायण की खड़ी हुई मुद्रा में प्रतिमा और उमा व सरस्वती आदि का मूर्ति शिल्प देखते ही बनता है। सभा–मण्डप 20 स्तम्भों पर टिका है

और यहाँ कृष्ण–लीला, शिव–पार्वती विवाह एवं शेषशायी विष्णु आदि के दृश्य उकेरे गये हैं। मन्दिर की ऊँची पीठिका के विभिन्न आलों में वैष्णव अवतार बलराम–रेवती, वराह–नरसिंह और त्रिविक्रम आदि प्रतिष्ठित हैं। मन्दिर के अन्तर्गत गर्भगृह, अर्धमण्डप, सभामण्डप, श्रृंगार–चौकी आदि बने हैं। उत्तरांग पट्ट पर सुन्दर अलंकरण हैं। मन्दिर में अनेक पाषाण प्रतिमाएँ महाराणा कुम्भा द्वारा प्रतिष्ठित कराई गईं, जिनमें से कृष्ण–रुक्मिणी, रोहिणी–दामोदर, माधव–तुलसी, राम–लक्ष्मण और कृष्ण–लीला के फलक, जो यहाँ पर रिक्त आलों में स्थापित किये गये हैं, निश्चित रूप से कुंभाकालीन हैं। इसका प्रमाण मूर्तियों की नवीन शैली व उन पर अंकित अभिलेखों से प्राप्त हो जाता है। चित्तौड़गढ़ देश के सभी पर्यटक स्थलों से रेल एवं बस सेवाओं से जुड़ा है। निकटतम हवाईअड्डा 190 किमी. दूर उदयपुर में स्थित है।

## गागरोन दुर्ग

ऐतिहासिक एवं सांस्कृतिक रूप से देश के जल दुर्गों में दक्षिणी राजस्थान में मध्यप्रदेश राज्य की सीमा से लगते जिले झालवाड़ में स्थित गागरोन का दुर्ग, जल दुर्ग का बेहतरीन उदहारण है। इतिहास की कई गाथाएँ अपने में समेटे वास्तु कला की दृष्टि से इस दुर्ग को यूनेस्को ने अपनी प्राकृतिक, सांस्कृतिक एवं ऐतिहासिक साइट की श्रेणी में 21 जून, 2013 को विश्व धरोहर में शामिल कर इसके महत्व को प्रतिपादित किया है। आइये ! आप

भी जानिए इस दुर्ग के बारे में, क्यों वर्षों से यह दुर्ग सैलानियों के आकर्षण का केंद्र बना हुआ है।

गागरोन दुर्ग झालावाड़ से मात्र तीन किलोमीटर दूरी पर कालीसिंध, परवन एवं आयड़ नदियों के संगम पर स्थित है। दुर्ग तीन ओर से पानी से धिरा है। सड़क मार्ग से जाने पर यह 14 किलोमीटर दूरी पर पड़ता है। दुर्ग के चारों तरफ विशाल खाइयाँ, नदियाँ एवं सुदृढ़ प्राचीर इसे सुरक्षा प्रदान करते हैं। प्राचीर की ऊँचाई 40 से 60 फीट के करीब है। बीच–बीच में मोर्चाबंदी युक्त अर्द्ध चंद्राकार सुदृढ़ बुर्जे बनी हैं, जिनसे सुरक्षा की दृष्टि से निगरानी की जाती थी। दुर्ग तक पहुँचने के लिए नदी पर एक पुल बनाया गया है। नदियों का संगम एवं आसपास की हरी भरी पहाड़ियाँ दुर्ग को आकर्षक रूप प्रदान करती हैं। बांई ओर से दुर्ग का प्रवेश द्वार है। इस ओर से दुर्ग का दृश्य मनोहारी प्रतीत होता है।

दुर्ग की नींव सातवीं सदी में रखी गई एवं चौदहवीं सदी तक इसका निर्माण चलता रहा। माना जाता है इसका मुख्य निर्माण राजा बिजलदेव ने बारहवीं सदी में कराया था। आगे चल कर 18 वीं सदी तक पाँच बार इसका विस्तार किया गया। दुर्ग पर शुंग, मालवों, गुप्तों, राष्ट्रकूटों एवं खींचियों का शासन रहा एवं करीब 36 शासकों ने यहाँ शासन किया। अल्लाउद्दीन खिलजी इसे कई वर्षो तक घेरे रखने के बाद भी जीत नहीं सका। अकबर ने यह दुर्ग बीकानेर के पृथ्वीराज राठौड़ को दे दिया। भक्त शिरोमणी रामानंद के शिष्य संत पीपा भी इस दुर्ग के शासक रहे, जिन्होंने अपना राजपाट त्याग कर दुर्ग अपने भाई अचलदास खींची को सौंप दिया। वर्ष 1436 ई.में राजा की रानी उमादेवी की सुंदरता के कारण उसे पाने के लिए सुल्तान महमूद खिलजी मालवा ने काफी समय दुर्ग को घेरे रखा। शत्रु को हराने का उपाय न सूझा तो स्त्रियों ने जौहर कर लिया एवं पुरुष रण में मारे गये। अचलदास खींची की वचनिका नामक काव्य रचना से पता चलता है कि उमा रानी ने चालीस हजार महिलाओं के साथ जौहर किया। अगले वर्ष अचलदास के पुत्र पाल्हणसी ने अपने मामा कुंभा की सहायता से दुर्ग पर आक्रमण कर अधिकार कर लिया। यह दुर्ग इतिहास में 14 युद्धों एवं 2 जौहरों का गवाह है। इतिहासकारों का मानना है कि इस दुर्ग का उपयोग दुश्मनों को सजा देने के लिए किया जाता था। राठौड़ों के पतन के बाद दुर्ग बूंदी के शासक हाड़ाओं के अधीन आ गया एवं यहीं से कोटा रियासत के अधीन हो गया।

दुर्ग में सूरजपोल, भैरवपोल एवं गणेशपोल के साथ दुर्ग की सुदृढ़ बुर्जों में राम बुर्ज एवं ध्वज बुर्ज बनी हैं। विशाल जौहर कुंड, राजा अचलदास एवं रानियों के महल, बारूदघर, शीतलामाता एवं मधुसूदन के मंदिर हैं। सुरक्षा की दृष्टि से इसके तिहरे परकोटे हैं जबकि ज्यादातर किलों में दुहरे परकोटे ही देखने को मिलते हैं। यह जल दुर्ग करीब 300 फीट लंबाई में पसरा है।

दुर्ग में कोटा राज्य के सिक्के ढालने की टकसाल भी थी। वर्ष 1838 ई. में झालावाड़ राज्य की स्थापना के बाद से यह दुर्ग स्वतंत्रता प्राप्ति तक झालाओं के अधीन रहा।

सांस्कृतिक रूप से संत पीपा की समाधि गागरोन दुर्ग के समीप बनी है। संत पीपा संत कबीर, रैदास के समकालीन थे। पीपा जी तपस्या करते हुए वहीं समाधिस्थ हो गये थे। जयन्ती के अवसर पर उनकी समाधि पर प्रतिवर्ष चैत्र शुक्ल दशमी को पाँच दिवसीय महोत्सव धूमधाम से मनाया जाता है। हजारों श्रद्धालु पीपा जी की समाधि पर मत्था टेकते हैं। समस्त हिन्दू एवं सिक्ख समाज के लोग पीपाजी में गहरी अस्था रखते हैं। पंजाब सहित देश के कई हिस्सों से श्रद्धालु यहाँ आते हैं। दर्जी समाज के लोग उन्हें अपना कुल गुरु मानते हैं। पीपा जी ने सदाचार एवं शाकाहार पर बल दिया। उनके नीति परक दोहे आज भी चाव से सुने जाते हैं। वर्षों से उपेक्षित इस स्थान के धार्मिक एवं अध्यात्मिक महत्त्व को देखते हुए वर्ष 2003 ई. में तत्कालीन मुख्यमंत्री वसुन्धरा राजे ने यहाँ भव्य मंदिर बनवाया। अखिल भारतीय पीपा क्षत्रिय महासभा ने भी भरपूर सहयोग किया। अब यहाँ सवा तीन एकड़ जमीन पर संत पीपा जी पैनोरमा विकसित किया गया है।

गागरोन दुर्ग में स्थित सूफी संत मीठेशाह की दरगाह भी मुसलमानों की जियारत का प्रसिद्ध स्थल है। दरगाह का प्रवेश द्वार औरंगजेब द्वारा बनवाया बुलन्द दरवाजा देखते ही बनता है। यहाँ तीन शिलालेख मिलते हैं। एक फारसी भाषा में है। दूसरा बीकानेर के राव सुल्तान सिंह के सम्बंध में है जो मुगलों की ओर से यहाँ किलेदार था। तीसरे में मियां ईशान के स्मारक का उल्लेख है। मीठे शाह का वास्तविक नाम हजरत हमीदुल्ला रहमत खाँ अहल था जिनका सालाना उर्स का बड़ा मेला रमजान के दिनों में आयोजित किया जाता है। इसमें दूर–दूर से आकर लोग शामिल हो कर मन्नतें माँगते हैं और चादर व अकीदत के फूल चढ़ाते हैं।

किले की स्थिति, संरचना, वास्तु कला, सुरक्षा प्रणाली देख कर निश्चित ही आप हैरान रह जाएँगे और एक नया अनुभव करेंगे।

## जैसलमेर दुर्ग

जैसलमेर में रेगिस्तान का अभिभूत करने वाला सोनार किला लगता है जैसे प्रत्यक्ष रूप से एरेबियन नाइट्स की कथाओं से निकलकर आया है। किले के अन्दर मध्ययुगीन जीवन एवं ऐश्वर्य का जादू दिखाई देता है जो भव्य महलों, हवेलियों, मंदिरों में अनाम शिल्पियों की कारीगरी का जीवन्त उदाहरण है। शाम को जब सूरज अस्त होने को होता है तो आकर्षक सुनहरी मटमैले रंग की किरणों का सौन्दर्य देखते ही बनता है। सूर्योदय की बेला में सम्पूर्ण जैसलमेर एक फूल की तरह खिल उठता है और सूर्य की कोमल रश्मियों से दुर्ग की आभा स्वर्णिम हो जाने से इसे सोनार किला कहा जाता है। पाकिस्तान की सीमा से जुड़ा राजस्थान के दूरस्थ रेगिस्तानी सीमांत क्षेत्र में शौर्य, पराक्रम और वीरता के इतिहास, कला–संस्कृति, दैवीय ऊर्जा और अध्यात्म के साथ मरुस्थलीय जन जीवन के सम्पूर्ण वैशिष्ट्य के सुनहरे बिंबों का एहसास कराता है सोनार किला। ऐसी ही विशिष्टताओ की वजह से यूनेस्को ने वर्ष 2013 ई. सोनार किले को विश्व विरासत में शामिल किया। किले के जीर्णोद्धार के लिए विश्व विरासत निधि के साथ–साथ अमेरिकन एक्सप्रेस जैसे विभिन्न संगठनों द्वारा आर्थिक सहायता भी प्रदान की जा चुकी है।

शहर के मध्य त्रिकूट पर्वत पर 250 फीट की ऊँचाई पर स्थित सोनार किले का महत्व इससे है कि पीले पत्थरों से बने इस किले में कहीं भी चूने का प्रयोग नहीं किया गया है। किला 1500 फीट लम्बा एवं 750 फीट चौड़ा है तथा किले में 30–30 फीट ऊँचे 99 बुर्ज बने हैं। देखने में ये बुर्जे मालाकार प्रतीत होती हैं। दोहरी सुरक्षा व्यवस्था के चलते यह किला हमेशा अभेद्य रहा। किले में प्रवेश के लिए अखेपोल, सूरजपोल, गणेशपोल एवं हवापोल चार दरवाजे बने हैं। हवापोल के बाद एक विशाल प्रांगण आता है जिसके चारों तरफ मकान, महल व मंदिर बनाये गये हैं। यह आवासीय किला है।

प्रमाणों से ज्ञात होता है कि किले की नींव विक्रम संवत 1121 में श्रावण शुक्ल द्वादशी अर्थात् 1155–56 ई.में जैसल नामक रावल शासक ने रखी थी, जिसका निर्माण 7 वर्ष में पूर्ण हुआ। आगे चल कर तावत जेतसी, भीमसिंह, मनोहरसिंह, अमरसिंह, जसवंतसिंह, अखेसिंह एवं गजसिंह आदि ने किले में पोलें, बुर्जों, प्रासादों, आदि अनेक निर्माण कार्य करवाये। तथ्यों से पता चलता है कि शासक कृष्ण के वंशज रहे और जैसलमेर उनकी 9वीं राजधानी थी। त्रिकोणीय पहाड़ त्रिकूट पर स्थापित किले और राजधानी का नाम जैसलमेर–जैसलमेरू प्रसिद्ध है।

यहाँ बने रंग महल, गजनिवास एवं मोती महल स्थापत्य कला के शानदार नमूने हैं। महलों में भित्ती चित्र तथा लकड़ी पर की गई बारीक नक्काशी का कार्य देखने योग्य हैं। महलों में पत्थर की सुन्दर जालियाँ, झरोखे एवं वीथिकाएँ सुन्दरता प्रदान करते हैं। किला लंबे समय से रावल शासकों के अधीन रहा। इस बीच कई आक्रमण भी हुए और एक बार किला उनके हाथों से निकल गया जिस पर उन्होंने पुनः अधिकार कर लिया। मुगल सम्राट अकबर के समय सन्धि होने से इन्हीं के अधिकार में बना रहा। सोनार किला बीसवीं शदी के आरंभ तक बहुमूल्य हीरे–जवाहरात, स्वर्ण, मेवा, इत्र, आदि बेशकीमती वस्तुओं के व्यापार का बड़ा केंद्र बना रहा। सिंध, अफगानिस्तान, चीन, रूस, ईरान–इराक एवं यूरोपीय देशों से व्यापार के लिए सुरक्षित रेगिस्तानी मार्ग था, जहाँ ऊँटों से व्यापार किया जाता था।

महलों के सामने आदिनारायण एवं शक्ति के मंदिर बने हैं। दुर्ग में लक्ष्मीनाथ जी का एकमात्र हिन्दू मंदिर सोने व चाँदी के कपाटों के कारण विशेष महत्व रखता है। आस–पास कारीगरी में अनुपम जैन मंदिर 14वीं एवं 15वीं शताब्दी की स्थापत्य व मूर्ति कला का सुन्दर नमूने हैं। मंदिरों के तल

गृह में जिन भद्र सूरी ज्ञान भण्डार में दुर्लभ एवं प्राचीन पाण्डुलिपियों का संग्रह किया गया है। यहाँ 1126 ताड़पत्र एवं 2252 कागज पर लिखी पाण्डुलिपियाँ पाई जाती हैं। सबसे लम्बी पाण्डुलिपी ताड़पत्र पर लिखी गई जो 32 इंच लम्बी हैं।

जैन कला एवं स्थापत्य के उच्चतम प्रतीकों का दर्शन करना हो तो चले आइये! जैसलमेर दुर्ग पर। सोनार किले में जैन एवं हिन्दू मंदिरों का एक ऐसा भव्य समूह है जो कारीगरी में किसी आश्चर्य से कम नहीं है। मंदिर समूह में शामिल पार्श्वनाथ जैन मंदिर में वद्धिरत्नमाला के अनुसार 1257 मूर्तियाँ बनाई गई हैं। जिस शिल्पकार ने इनकी रचना की उसका नाम धन्ना था। मंदिर का मुख्य द्वार पीले पत्थर से निर्मित अलंकृत तोरण द्वार हैं। तोरण द्वार के खंभों में देवी–देवताओं, वादकों, वादिकाओं को नृत्य करते हुए, हाथी, सिंह, घोड़े पक्षी उंकेरे गये हैं जो सुन्दर बेलबूटों से सजे हैं। तोरण द्वार के ऊपरी शिखर के मध्य पार्श्वनाथ की ध्यानमुद्रा की प्रतिमा बनी है। दूसरे प्रवेश द्वार पर मुख मण्डप के नीचे तीन तोरण एवं इनमें कारीगरीपूर्ण छत विभिन्न प्रकार की कलात्मक आकृतियों से अलंकृत हैं। इनमें बनी तीर्थंकरों की मूर्तियाँ सजीव प्रतीत होती हैं। यह मंदिर गुजरात मंदिर निर्माण शैली के अनुरूप निर्मित है, जिसमें सभा मण्डप, गर्भगृह, गूढ मण्डप, छः चौकी तथा 51 कुलिकाओं की व्यवस्था है। कुलिकाओं में बनी मूर्तियाँ अत्यन्त मनोहारी हैं। सभा मण्डप की गुम्बदनुमा छत को सुन्दर प्रतिमाओं से सजाया गया है। अग्र भाग के खंभे व उनके बीच के कलात्मक तोरण स्थापत्य कला के सुन्दरतम प्रतीक हैं। इस मण्डप में 9 तोरण बनाये गये हैं। मंदिर के सभा मण्डप में 8 सुन्दर कलात्मक तोरण बने हैं। स्तंभों के निचले भाग में हिन्दू देवी–देवताओं की आकृतियाँ बनी हैं। दूसरी और तीसरी मंजिल पर भगवान चन्द्र प्रभु चौमुख रूप में विराजित हैं। मंदिर में गणेश प्रतिमाओं को भी विभिन्न मुद्राओं में तराशा गया है। यहाँ तीसरी मंजिल पर एक कोठरी में धातु की बनी चौबीसी तथा पंच तीर्थी मूर्तियाँ संग्रहित की गई हैं।

मंदिर परिसर में शान्तिनाथ एवं कुन्थूनाथ जी के मंदिर जुड़वाँ हैं। इस मंदिर की नक्काशी, मूर्तिकला जैन धर्म की अमूल्य धरोहर मानी जाती है। दुमंजिले मंदिर में नीचे बना मंदिर कुन्थूनाथ को तथा ऊपर का मंदिर शान्तिनाथ को समर्पित है। मंदिर में लगे शिलालेख के मुताबित मंदिर का निर्माण 1480 ईस्वीं में जैसलमेर के चौपड़ा एवं शंखवाल परिवारों द्वारा किया

गया था। मंदिर के कुछ हिस्सों में बदलाव व कुछ निर्माण कार्य 1516 ईस्वीं में कराये गये। यह मंदिर शिखरयुक्त है तथा शिखर के भीतरी गुम्बदों में वाद्य यंत्र बजाती हुई व नृत्य करती हुई अप्सराओं को उकेरा गया है। इनके नीचे गंधर्वों की प्रतिमाएँ हैं। मंदिर के सभा मण्डप के चारों ओर खंभों के मध्य सुन्दर तोरण बनाये गये हैं। गुढ़ मण्डप में एक सफेद आकार की तथा दूसरी काले संगमरमर की कायोत्सर्ग मुद्रा में मूर्तियाँ प्रतिष्ठित हैं, इनके दोनों पिछवाड़े में 11–11 अन्य तीर्थंकरों की प्रतिमाएँ बनी हैं। इस कारण इसे चौबीसी की संज्ञा दी गई है। मंदिर का कोई भी हिस्सा ऐसा नहीं है जहाँ तक्षणकार ने अपनी हथोड़ी और छेणी से कल्पनाओं को पाषाण में साकार नहीं किया हो। मानव प्रतिमाएँ श्रृंगारित एवं अलंकृत हैं।

मंदिर समूह संभवनाथ जी से लगा हुआ मंदिर शीतलनाथ जी का है। मंदिर का रंग मण्डप तथा गर्भगृह सटे हुए हैं। मंदिर में नौ खण्ड पार्श्वनाथ जी एक ही प्रस्तर में चौबीस तीर्थंकर की प्रतिमाएँ दर्शनीय हैं। चन्द्रप्रभु के मंदिर के समीप ऋषभ का कलात्मक शिखर युक्त मंदिर है। मंदिर की विशेषता यह है कि यहाँ मुख्य सभी मण्डप के स्तंभों पर हिन्दू देवी–देवताओं का रूपांकन नजर आता है। कहीं राधा–कृष्ण और कहीं अकेले कृष्ण को बंशी वादन करते हुए दिखाया गया है। एक स्थान पर गणेश, शिव–पार्वती एवं सरस्वती की मूर्तियाँ बनी हैं। इन्द्र व विष्णु प्रतिमाएँ भी उत्कीर्ण हैं। मंदिर में पद्मावती, तीर्थंकर, गणेश, अम्बिका, यक्ष एवं शालभंजिका की प्रतिमाएँ भी उत्कीर्ण हैं। किले के चौगान में महावीर स्वामी के मंदिर का निर्माण 1493 ई. के समय का बताया जाता है। यह अन्य मंदिरों की तुलना में एक साधारण मंदिर है।

जैन मंदिर समूह के मध्य पंचायतन शैली का लक्ष्मीनाथ मंदिर हिन्दुओं का महत्वपूर्ण मंदिर है। इसका निर्माण राव जैसल द्वारा दुर्ग निर्माण के समय ही किया गया था। मंदिर का सभा मण्डप किले की अन्य इमारतों के समान है। मुस्लिम आक्रांताओं के समय मंदिर का बड़ा भाग ध्वस्त हो गया था। आगे महारावल लक्ष्मण ने 15वी शताब्दी में इसका जीर्णोद्धार कराया। सभा मण्डप के खंभों पर घट पल्लव आकृतियाँ बनी हैं। मंदिर के दो किनारे दरवाजों पर जैन तीर्थंकरों की प्रतिमाएँ भी बनी हैं। गणेश मंदिर की छत में सुन्दर विष्णु की सर्प पर विराजमान मूर्ति है। समूह में टीकमजी जिसे त्रिविकर्मा भी कहते हैं तथा गौरी मंदिर भी बने हैं।

किले के नीचे प्राचीर के पास सात मंजिला बादल विलास बुर्ज प्रमुख कलात्मक इमारत है जिसका निर्माण महारावल बेरीशाल द्वारा करवाया गया था।

सालिमसिंह द्वारा बनवाई गई कलात्मक झरोखों वाली हवेली भी किले के समीप आकर्षण का प्रमुख केन्द्र है। जैसलमेर में किले के साथ–साथ अनेक शानदार हवेलियाँ, गड़सीसर तालाब और कई कलात्मक इमारतें दर्शनीय हैं।

## कुम्भलगढ़ दुर्ग

राजस्थान के राजसमंद जिले की अरावली की पहाड़ियों के मध्य स्थित है भव्य कुम्भलगढ़ का किला। यह किला सुरक्षा की दृष्टि से सात पहाड़ियों के मध्य इस प्रकार बनाया गया है कि काफी नजदीक पहुँचने पर ही इसका अस्तित्व नजर आता है। अनेक पहाड़ियों एवं घाटियों के बीच बने किले का सैनिक एवं सुरक्षात्मक महत्व का पता इसी से चलता है कि यह दुर्ग सदैव अजेय रहा। कुंभलगढ़ प्रशस्ति में पहाड़ियों के नाम नील, श्वेत, हेमकूट, निषाद एवं गन्दमर्दन बताये गये हैं। कुंभलगढ़ की प्रशस्ति की कुछ पट्टिकाएँ उदयपुर संग्रहालय में सुरक्षित हैं। महाराणा कुंभा ने इस अजेय दुर्ग का निर्माण 13 मई, 1459 को करवाया था। मंडप नामक शिल्पी ने इसका निर्माण किया। भारत के सभी दुर्गों में यह विशेष स्थान रखता है। दुर्ग का निर्माण पूर्ण होने पर कुंभा ने इस दुर्ग और अपने नामके सिक्के ढ़लवाये थे। इस दुर्ग को 2013 ई. में यूनेस्को की विश्व विरासत में शामिल किया गया।

कुंभलगढ़ का निर्माण करीब 15 वर्षों में पूरा हुआ। दुर्ग पर जाने के लिए केलवाड़ा नामक कस्बे से पश्चिम की ओर सड़क जाती है जो अटेपोल

एवं हल्लापोल दो दरवाजों से होकर दुर्ग तक पहुँचती है। किले का मुख्य प्रवेश द्वार हनुमान पोल है जिसके बाहर हनुमान जी की मूर्ति लगी है। दुर्ग के चारों तरफ मजबूत दीवार एवं सुदृढ़ बुर्जें बनाई गई हैं। बुर्जों की श्रृंखला शैंपेन बोतल के आकार की नजर आती है। बताया जाता है चीन की दीवार के बाद यह दीवार सबसे लंबी है। दीवार की लंबाई 36 किमी. लंबी एवं 15 फीट चौड़ी है। इसकी चौड़ाई इतनी है कि चार घोड़े इस पर एक साथ दौड़ सकते थे। नागर शैली में बने नीलकंठ महादेव मंदिर सहित किले पर अनेक कलात्मक मंदिर बने हैं। वास्तुशास्त्र के आधार पर बने इस दुर्ग में प्रवेश द्वार, प्राचीन, जलाशय, महल, आवासीय भवन, यज्ञ वेदी, स्तम्भ एवं छतरियां आदि बनाये गये हैं। किले में 360 से ज्यादा मंदिर हैं जिनमें 300 प्राचीन जैन मंदिर एवं शेष हिन्दू मंदिर हैं।

इस दुर्ग के अन्दर एक और गढ़ है जिसे कटारगढ़ कहते हैं। यह गढ़ सात विशाल द्वार– विजय पोल, भैरवपोल, नीबू पोल, चौगान पोल, पागड़ा पोल, गणेश पोल एवं सुदृढ़ प्राचीरों से सुरक्षित है। इस गढ़ के अन्दर सबसे ऊँचे भाग पर बादल महल एवं कुंभा महल बनाये गये हैं। यहीं पर कुंवर पृथ्वीराज की छतरी भी बनी है।

अनेक ऐतिहासिक प्रसंगों का साक्षी रहा है यह दुर्ग। पन्नाधाय ने यहीं पर उदयसिंह को छुपा कर उसका लालन–पालन किया था। राणा प्रताप भी हल्दी युद्ध के बाद काफी समय तक यहाँ रहे थे। महाराणा कुंभा से लेकर राजसिंह तक राज परिवार इसी दुर्ग में रहा थे। करीब 30 किमी. व्यास में फैला यह दुर्ग ऐतिहासिक विरासत की शान एवं शूरवीरों का तीर्थ स्थल बना रहा। मांड गायक दुर्ग की प्रशंसा में गीत गाते हैं।

कुम्भलगढ़ किले के साथ–साथ कुम्भलगढ़ अभयारण्य राजस्थान के उदयपुर, राजसमन्द और पाली जिलों में फैला हुआ है। इसका क्षेत्रफल 608.57 वर्ग किलोमीटर है और इसकी घोषणा 13 जुलाई, 1971 को की गई थी। यह अभयारण्य बाघ के लिए प्रसिद्ध रहा है। सन् 1960 ई. तक तो इसमें बाघ की गतिविधियाँ होना एक सामान्य बात थी, लेकिन धीरे–धीरे बाघ इस क्षेत्र से लुप्तप्रायः होने लगा और अब इसकी जगह यहाँ का प्रमुख भक्षक वन्य जीव बघेरा हो गया है। इसके अलावा अभयारण्य में रीछ, जरख, जंगली सूअर, नीलगाय, साँभर, सियार, जंगली बिल्ली, चौसिंगा, खरगोश और सेही आदि काफी संख्या में पाए जाते हैं। वैसे यह अभयारण्य भेड़ियों के लिए प्रसिद्ध है। यह पूरे भारत

में अकेला अभयारण्य है, यहाँ पर भेड़िए प्रजनन करते हैं। कुम्भलगढ़ अभयारण्य का जोबा वनखण्ड भेड़ियों को देखने के लिए एक सबसे उपयुक्त स्थान है। यहाँ पर वाटरहोल के पास बनी हाइड में बैठकर सुबह या सायं के समय पानी पीते भेड़ियों को आसानी से देखा जा सकता है। भेड़ियों के अतिरिक्त कुम्भलगढ़ अभयारण्य जंगली धूसर मुर्गों के लिए भी विख्यात है। यह अभयारण्य वन एवं वन्य जीवों के अतिरिक्त अपने ऐतिहासिक स्मारकों तथा इमारतों के लिए भी विख्यात है। इस अभयारण्य का नाम प्रसिद्ध कुम्भलगढ़ किले पर रखा गया है। अपनी उत्कृष्ट मूर्ति शिल्प के लिए विश्वभर में प्रसिद्ध रणकपुर जैन मंदिर कुम्भलगढ़ अभयारण्य में ही स्थित है।

## रणथम्भौर का दुर्ग

हम्मीर की आन–बान–शान का प्रतीक रणथम्भौर राजस्थान का एक प्राचीन एवं प्रमुख गिरि दुर्ग है। बीहड़ वन और दुर्गम घाटियों के मध्य अवस्थित यह दुर्ग विशिष्ट सामरिक स्थिति और सुदृढ़ संरचना के कारण अजेय माना जाता था। दिल्ली से उसकी निकटता तथा मालवा और मेवाड़ के मध्य में स्थित होने के कारण रणथम्भौर दुर्ग पर निरन्तर आक्रमण होते रहे। सवाईमाधोपुर से लगभग 13 किमी. दूर रणथम्भौर अरावली पर्वतमाला की शृंखलाओं से घिरा एक विकट दुर्ग है। रणथम्भौर दुर्ग एक ऊँचे गिरि शिखर पर बना है और उसकी स्थिति कुछ ऐसी विलक्षण है कि दुर्ग के समीप

जाने पर ही यह दिखाई देता है। दुर्ग की विषम प्राकृतिक स्थिति एवं ऐतिहासिक महत्व की वजह से 2013 ई. में इसे विश्व विरासत सूची में शामिल कर इसकी कीर्ति को विश्व में फैलाया।

रणथम्भौर का वास्तविक नाम रन्त रू पुर है अर्थात् 'रण की घाटी में स्थित नगर'। 'रण' उस पहाड़ी का नाम है जो किले की पहाड़ी से कुछ नीचे है एवं थंभ (स्तम्भ) जिस पर यह किला बना है। इसी से इसका नाम रणथम्भौर हो गया। यह दुर्ग चतुर्दिक पहड़ियों से घिरा है जो इसकी नैसर्गिक प्राचीरों का काम करती हैं। दुर्ग की इसी दुर्गम भौगोलिक स्थिति को लक्ष्य कर अबुल फजल ने लिखा है—यह दुर्ग पहाड़ी प्रदेश के बीच में बख्तरबंद दुर्ग है।

रणथंभौर दुर्ग में जाने के लिये पहाड़ी श्रृंखलाओं के मध्य चारों ओर प्राकृतिक छंटा से भरपूर एक सर्पिला और तंग रास्ता दुर्ग की ओर जाता है। मोर कुंड से पहाड़ी के चढ़ाई मार्ग पर पक्का परकोटा एवं मोर द्वार एवं इसके बाद बड़ा दरवाजा बना है। आगे बढ़ने पर मैदानी भाग में पद्मला तालाब, तीन तरफ पहाड़ियाँ एवं चौथी ओर नजर आता है रणथंभौर का विशाल दुर्ग। यहीं से होती है दुर्ग की चढ़ाई और करीब एक किमी. चढ़ाई पर दिखाई देता है तीसरा नवलखा द्वार और आगे पक्की सीढ़ियाँ चढ़ कर तीन द्वारों से और गुजरना होता है। किले की मजबूत चार दिवारी करीब 9 किमी. 'है। प्राचीर में बड़ी—बड़ी विशाल बुर्जे, बनी हैं।

यंत्र, ढिकुलियाँ, मर्कटियंत्र लगे हुए हैं जिनसे शत्रु सेना पर पत्थर के गोले बरसाए जाते थे। दुर्ग के तीन ओर गहरी खाई है और इनके पीछे फिर ऊँची पहाड़ियाँ हैं, इन पर भी परकोटे बनाये गये हैं। इस प्रकार कई स्तरीय सुरक्षा व्यवस्था का अनूठा दुर्ग दूसरा नहीं मिलता।

दुर्ग में पाँच बड़े तालाबों में जल का अटूट भण्डार है। पद्मिनी भवन, राजप्रासाद, जोहरे—भोहरे, हम्मीर के मस्तक वाला शिव मंदिर, हम्मीर कचहरी,बत्तीस खम्भों की छतरी प्राचीन स्मारक दुर्ग की शान हैं। दुर्ग में लक्ष्मीनाराण मंदिर (भग्न रूप में), जैन मंदिर, मुस्लिम संत की मस्जिद तथा समूचे देश में प्रसिद्ध त्रिनेत्र गणेश जी का मंदिर दुर्ग के प्रमुख दर्शनीय स्थल हैं एवं कई उद्यान बनाये गये हैं।

प्रसिद्ध रणथम्भौर दुर्ग के निर्माण की तिथि तथा उसके निर्माताओं के बार में प्रामाणिक जानकारी का अभाव है। रणथम्भौर किले का निर्माण

रणथंमनदेव ने करवाया था। उसके उत्तराधिकारियों ने कई निर्माण कार्य किले में करवाये। दुर्ग को सर्वाधिक गौरव मिला यहाँ के वीर और पराक्रमी शासक राव हम्मीर देव चौहान के अनुपम त्याग और बलिदान से। हम्मीर ने सुलतान अलाउद्दीन खिलजी के विद्रोही सेनापति मीर मुहम्मदशाह (महमांशाह) को अपने यहाँ शरण प्रदान की जिसे दण्डित करने तथा अपनी साम्रज्यवादी महत्वाकांक्षा की पूर्ति हेतु अलाउद्दीन ने 1301 ई. में रणथम्भौर पर एक विशाल सैन्य दल के साथ आक्रमण किया। पहले उसने अपने सेनापति नुसरत खाँ को रणथम्भौर विजय के लिए भेजा लेकिन किले की घेराबन्दी करते समय हम्मीर के सैनिकों द्वारा दुर्ग से की गई पत्थर वर्षा से वह मारा गया। क्रुद्ध हो अलाउद्दीन स्वयं रणथम्भौर पर चढ़ आया तथा विशाल सेना के साथ दुर्ग को घेर लिया। पराक्रमी हम्मीर ने इस आक्रमण का जोरदार मुकाबला किया।

अलाउद्दीन के साथ आये इतिहासकार अमीर खुसरो युद्ध के घटनाक्रम का वर्णन करते हुए लिखता है कि सुल्तान ने किले के भीतर मार करने के लिए पाशेब (विशेष प्रकार के चबूतरे) तथा गरगच तैयार करवाये और मगरबी (ज्वलनशील पदार्थ फेंकने का यन्त्र) व अर्रादा (पत्थरों की वर्षा करने वाला यन्त्र) आदि की सहायता से आक्रमण किया। उधर हम्मीरदेव के सैनिकों ने दुर्ग के भीतर से अग्निबाण चलाये तथा मंजनीक व ढेकुली यन्त्रों द्वारा अलाउद्दीन के सैनिकों पर विशाल पत्थरों के गोले बरसाये। दुर्गस्थ जलाशयों से तेज बहाव के साथ पानी छोड़ा गया जिससे खिलजी सेना को भारी क्षति हुई। इस तरह रणथम्भौर का घेरा लगभग एक वर्ष तक चला। अन्ततः अलाउद्दीन ने छल और कूटनीति का आश्रय लिया तथा हम्मीर के दो मंत्रियों रतिपाल और रणमल को बूंदी का परगना इनायत करने का प्रलोभन देकर अपनी और मिला लिया। इस विश्वासघात के फलस्वरूप हम्मीर को पराजय का मुख देखना पड़ा। अन्ततः उसने केसरिया करने की ठानी। दुर्ग की ललनाओं ने जौहर का अनुष्ठान किया तथा हम्मीर अपने कुछ विश्वस्त सामन्तों तथा महमांशाह सहित दुर्ग से बाहर आकर शत्रु सेना से युद्ध करता हुआ वीरगति को प्राप्त हुआ। जुलाई, 1301 में रणथम्भौर पर अलाउद्दीन का अधिकार हो गया। बाद में किला लंबे समय तक मुगलों के अधीन रहा। समय–समय पर दुर्ग पर गोवोन्द राज, वाहलन देव, प्रहलादन, वीरनारायण, वांगभट्ट, नाहर देव, महाराणा कुम्भा, शेरशाह सूरी, अल्लाउद्दीन खिलजी, राव सुरजन हाड़ा, और मुगलों के अलावा आमेर के राजाओं का नियंत्रण रहा।

इस दुर्ग को सबसे ज्यादा ख्याति हम्मीरदेव के समय मिली, जिसने 19 वर्ष तक इस पर शासन किया। उसने 17 युद्धों में से 13 में विजय प्राप्त की। राव हमीर देव की विक्रम संवत 1345 अर्थात् 1288 ई. का शिलालेख काफी महत्वपूर्ण है जिससे उसके समय की जानकारी मिलती है। हम्मीर के इस अदभुत त्याग और बलिदान से प्रेरित हो संस्कृत, प्राकृत, राजस्थानी एवं हिन्दी आदि सभी प्रमुख भाषाओं में कवियों ने उसे अपना चरित्रनायक बनाकर उसका यशोगान किया है। हम्मीररासो, हम्मीरहठ एवं हम्मीर महाकाव्य प्रमुख कृतियाँ हैं। रणथम्भौर अपने में शौर्य, त्याग और उत्सर्ग की एक गौरवशाली परम्परा संजोये हुए है। किले के अनेक प्राचीन स्मारकों का वैभव लुप्त हो रहा है। वर्तमान दुर्ग 'रणथम्भौर राष्ट्रीय बाघ परियोजना' के अंतर्गत है।

दुर्ग की तलहटी में बाघों की क्रीड़ा स्थली के रूप में 'राष्ट्रीय रणथंभौर उद्यान' वन्यजीवों एवं प्राकृतिक दृष्टि से विश्व के सैलानियों के आकर्षण का प्रमुख केंद्र है। विश्व की अनेक सेलिब्रिटीज के यहाँ आने से इसकी ख्याति में चार चाँद लगे हैं। रियासती काल में यह जयपुर के महाराजाओं की शिकारगाह थी। आजादी के बाद राज्य सरकार ने 7 नवम्बर, 1955 को इसके 392.5 वर्ग किलोमीटर क्षेत्रफल को अभयारण्य घोषित किया। बाघ परियोजना के लिए चयनित 9 बाघ रिजर्व क्षेत्रों में से रणथम्भौर भी एक है। इसे 1 नवम्बर, 1980 को राणथम्भौर राष्ट्रीय उद्यान घोषित किया गया। उद्यान में जोगी महल पर्यटकों के लिए आकर्षण का केन्द्र है। इसके खुले बरामदे में बैठकर सामने बने पद्म तालाब में वन्यजीवों की विभिन्न गतिविधियाँ देख मन अति प्रसन्न होता है। पद्म तालाब के अतिरिक्त राजबाग और मलिक तालाब के आस–पास भी सैकड़ों की संख्या में चीतल, साँभर, नीलगाय और जंगली सूअर भी घूमते हुए देखे जा सकते हैं। यह कहने में कोई अतिशयोक्ति नहीं होगी कि यदि बाघ को नैसर्गिक वातावरण में देखना है तो रणथम्भौर से अच्छा कोई स्थान नहीं है। यहाँ 270 से अधिक प्रजाति के पक्षियों में ग्रेपेर्ट्रिज, पेन्टेड पेर्ट्रिज, पेन्टेड स्टार्क, व्हाईट नेक्ड स्टार्क, ब्लैक स्टार्क, ग्रीन पिजन, क्रेस्टेड सरपेन्ट ईगल, कुएल, स्पूनबिल, तोते, उल्लू, बाज आदि पाए जाते हैं। रणथम्भौर राष्ट्रीय उद्यान में विभिन्न पानी के स्रोत, नाले, तालाब, झीलें, एनीकट एवं कुएँ आदि हैं। रणथम्भौर बाघ परियोजना में विश्व बैंक एवं वैश्विक पर्यावरण सुविधा की सहायता से वर्ष 96–97 से इण्डिया ईको

डवलपमेंट प्रोजेक्ट चलाया गया। इस परियोजना का मुख्य उद्देश्य स्थानीय लोगों की सहभागिता से उद्यान पर लोगों का दबाव कम करके जैव विविधता का संरक्षण करना है। रणथम्भौर का किला सवाई माधोपुर के समीप स्थित है। सवाई माधोपुर दिल्ली–मुंबई रेलवे लाइन पर प्रमुख जंक्शन है।

❖❖❖

# कंचनजंघा राष्ट्रीय पार्क एवं रिजर्व बायोस्फियर

## यूनेस्को की विश्व धरोहर (मिश्रित श्रेणी)

आँखें पलक झपकना भूल जाएँ ऐसा असीम सौंदर्य, हिमनदों से आच्छादित ऊँचे–ऊँचे पर्वतों की कभी चाँदी सी झिलमिलाती तो कभी सोने सी चमकती चोटियाँ, पर्वतों से बह कर आने वाली जलराशि से बनती खूबसूरत नदियाँ और झरने, रोमांचित करते बर्फीले पशु एवं कभी न देखी असंख्य पक्षियों की प्रजातियाँ, लुभावने वन, वनस्पति, पुष्प, औषधीय पौधे, गूँजती देव गाथाएँ, लेपचा जनजाति का आवास, रोमांस से भरपूर ट्रेकिंग और समीप में बौद्धों के पूजा स्थल सब कुछ मिला कर एक अकल्पनीय दृश्यांकन चलचित्र की भाँति हमारी आँखों के सामने चलता रहता है, जब हम कंचनजंगा राष्ट्रीय उद्यान का दर्शन करते हैं। पौराणिक कथाओं और स्थानीय निवासियों के

धार्मिक अनुष्ठानों में कंचनजंगा पर्वत का विशेष महत्व है। इसकी ढलानें पहले चरवाहों और व्यापारियों के लिए जानी–पहचानी थी। यह उद्यान एक बहुजातीय संस्कृति का प्रमुख केंद्र है, जो समय के साथ विकसित हुआ है। अनेक मिथकों, कहानियों और उल्लेखनीय घटनाओं तथा साथ ही पवित्र ग्रंथों का सामूहिक प्रभाव, प्राकृतिक संसाधनों पर आधारित सांस्कृतिक अर्थ और हिमालयी क्षेत्र में विकसित होने वाले स्वदेशी और विशिष्ट बौद्ध ब्रह्मांड के बारे में जानकारी प्रदान करता है।

भारत के पूर्वांचल में स्थित सिक्किम राज्य में गंगटोक शहर के समीप खूबसूरत कंचनजंगा राष्ट्रीय उद्यान का महत्व इसी से प्रतिपादित होता है कि यूनेस्को की विश्व विरासत समिति ने 'कंचनजंगा राष्ट्रीय पार्क एवं रिजर्व बायोस्फियर' को अपनी विश्व धरोहरों में शामिल कर वर्ष 2016 ई. में विश्व विरासत घोषित किया। आपको बता दें कंचनजंगा नेशनल पार्क सबसे अधिक ऊँचाई वाले पार्कों में से एक है। भारत का यह उद्यान एकमात्र विश्व धरोहर है, जिसे 'मिश्रित धरोहर' में चयनित किया गया है। गौरीशंकर पर्वत (तिब्बतीय शब्द कंचनजंगा) शक्तिशाली हिमालय की गोद में समुद्र तल से 8586 मीटर की ऊँचाई पर स्थित है। यह विश्व की दूसरी बड़ी पर्वत चोटी है। भूगर्भीय स्थिति की दृष्टि से यह हिमालय की मुख्य श्रेणी के समान है और तिब्बत एवं भारत की जल विभाजक रेखा के दक्षिण में स्थित है। इसीलिए इसके उत्तरी ढाल की नदियाँ भारतीय मैदान में गिरती हैं। कंचनजंगा राष्ट्रीय उद्यान को "खंगचेंद्जोंगा राष्ट्रीय उद्यान" के रूप में भी जाना जाता है। इस उद्यान के उत्तर में टेंट चोटी, पूर्व में माउंट लामो एंगड़ेन का रिज, दक्षिण में माउंट नर्सिंग एवं पश्चिम में कंचनजंगा पर्वत है।

कंचनजंगा राष्ट्रीय उद्यान में उत्कृष्ट सार्वभौमिक महत्व का पूर्ण प्रतिनिधित्व बनाए रखने के लिए पर्याप्त स्थान मौजूद है। पार्क की स्थापना 26 अगस्त, 1977 में की गई थी। इस पर्वत के पहाड़ों और ग्लेशियरों और अतिरिक्त तराई के जंगलों को शामिल करने के लिए 1997 ई. में इसका विस्तार किया गया था। आकार में दुगुने से अधिक की वृद्धि के कारण यहाँ मौसमी प्रवास करने वाले पशुओं की बड़ी श्रेणियों को समायोजित किया गया। इस उद्यान में लगभग 114,712 हेक्टेयर के बफर जोन सहित 178,400 हेक्टेयर का क्षेत्र शामिल है जो विशाल कंचनजंगा जीवमंडल संरक्षित के भीतर मौजूद है। इस उद्यान में एक अद्वितीय पर्वत प्रणाली शामिल है जिसमें

चोटियों, हिमनदों, झीलों, नदियों और पारिस्थितिक रूप से जुड़े जैविक तत्वों की एक पूरी श्रृंखला मौजूद है। साथ ही पौराणिक कहानियाँ और बड़ी संख्या में प्राकृतिक तत्व नदियाँ, झीलें, आदि जुड़े हैं जिनकी सिक्किम के स्थानीय लोग पूजा करते हैं। इन कहानियों और प्रथाओं के पवित्र अर्थों को बौद्ध मान्यताओं के साथ एकीकृत किया गया है, जो कि सिक्किम की पहचान का आधार हैं।

कंचनजंगा राष्ट्रीय पार्क एवं बायोस्फियर में शानदार बर्फ से ढके पहाड़ों की अनूठी विविधता शामिल है। इनके साथ–साथ यहाँ 26 किमी लंबे जेमू ग्लेशियर सहित 73 हिमनदी झीलें हैं, जिनमें अठारह से अधिक पूर्णतया स्वच्छ और उच्च ऊँचाई वाली झीलें शामिल हैं। इस उद्यान में 17,400 हेक्टेयर के क्षेत्र में 7 किलोमीटर में एक असाधारण ऊर्ध्वाधर फैलाव है, जिसमें दुनिया की तीसरी सबसे ऊँची चोटी 28,169 फीट कंचनजंगा पर्वत सहित तराई हिमालय वैश्विक जैव विविधता अतिक्षेत्र के भीतर आती है। उपोष्णकटिबंधीय से उच्च पर्वतीय पारिस्थितिक तंत्रों की एक अद्वितीय श्रृंखला को प्रदर्शित करती है। यहाँ पर हिमालय सर्वाधिक संकरा है जो विभिन्न पर्यावरणीय क्षेत्रों के बीच के अंतर को बढ़ाता है और भारत के सिक्किम राज्य में स्थित कंचनजंगा राष्ट्रीय उद्यान दुनिया भर में किसी भी संरक्षण क्षेत्र की सर्वाधिक ऊँचाई पर स्थित है। यह पार्क वैश्विक जैव विविधता संरक्षण महत्व की एक पर्वत श्रृंखला के भीतर स्थित है और सिक्किम राज्य के 25 फीसदी हिस्से को आच्छादित करता है, जिसे भारत की सबसे महत्वपूर्ण जैव

विविधता सघनताओं में से एक होने का गौरव हासिल है। इस उद्यान में वनस्पति की दृष्टि से तीन परिवेश में विभक्त किया गया है। यहाँ 2730 मीटर ऊँचाई तक समशीतोष्ण पतझड़ी वन, 3650 मीटर ऊँचाई तक मिश्रित शंकुधारी वन एवं इस से ज्यादा ऊँचाई पर अल्पाइन घास और झाड़ियाँ पाई जाती हैं। यहाँ के वनों में प्रमुखतः देवदार, ओक, सन्टी, मेपल, विलो के पेड़ों सहित औषधीय एवं जड़ी–बूटी वाले पौधे तथा अल्पाइन घास व झाड़ियाँ पाई जाती हैं।

यह उद्यान बड़ी संख्या में स्थानिक, दुर्लभ और खतरे वाले पादपों और पशुओं की प्रजातियों का प्राकृतिक आवास है। इसके मध्य पहाड़ों में पौधों और स्तनपायी प्रजातियों की सबसे अधिक संख्या मौजूद है। यहाँ भारी संख्या में पक्षियों की प्रजातियाँ भी पाई जाती हैं। यहाँ परिस्थितिकी अछूती होने से वन्यजीवों के लिए सुरक्षित है। जैव विविधता में अद्वितीय यह उद्यान हिम तेंदुए और हिमालयी ताहर सहित वनस्पतियों और जीवों की सबसे अधिक स्थानिक और दुर्लभ प्रजातियों का घर है। वन्यजीवों में कस्तूरी मृग, ढोले, आलसी भालू, हिमालयन कला भालू, लाल पांडा, तिब्बती जंगली गधे, उड़न गिलहरी, हिमालयन नीली भेड़ें, सीरो, गोरल सहित सरीसर्प प्रजातियाँ पाई जाती हैं। ढोल और जंगली कुत्ते लुप्त होने के कगार पर हैं। पक्षियों में उल्लेखनीय रक्त तीतर, मुनाल, हिमालयन ग्रिफ्फोन, पश्चिमी ट्रैगोपान, हरे कबूतर, बर्फ कबूतर, तिब्बती रामचकोर, एशियाई पन्ना कोयल, हिमालयन फॉरेस्ट थ्रश, ईगल, सनबई, सहित करीब 550 प्रकार के प्रजातियों के पक्षी देखने को मिलते हैं जो उद्यान की जैव विविधता को समृद्ध बनाते हैं।

उद्यान में ट्रेकिंग की शुरुआत गंगटोक से 145 किलोमीटर दूर युकसोम से होती है। युकसोम स्थित चैक पोस्ट अथवा वन्यजीव शिक्षा और व्याख्यान केंद्र

से प्रवेश के लिए अनुमति का परमिट लेना होता है। पर्यटन विभाग स्थानीय ट्रेवल एजेंटों से मिल कर दोनगोंगरी डोंगोंगरी 4,050 मीटर और अन्य स्थलों के लिए ट्रेकिंग का आयोजन करता है। प्रमुख ट्रेकिंग मार्ग 1. युकसोम – तशोका – दोजोंगरी 2. वकीम – दोजोंगरी – थंगशिंग – सामुतेंग – गोचला 3. दोजोंगरी बेस कैम्प – राठोंग – खंगटेंग एवं 4. थंगशिंग – लाम पोखरी– कस्तूरी ओरार – लबदांग – ताशिदिंग हैं। लाचेन – थसँगू 4174 मीटर, मुगथांग 4900 मीटर, थायला 5200 मीटर, ख्योकसा ला 5500 मीटर हैं। इनमें से अधिकांश ट्रेकिंग मार्ग राष्ट्रीय उद्यान से हो कर जाते हैं। एक अन्य लोकप्रिय ट्रेकिंग उत्तरी सिक्किम के एक गाँव लाचेन के साथ ग्रीन लेक तक है। इस ट्रेकिंग के भ्रमण के लिये भारतीय सैलानियों को राज्य के गृह विभाग से एवं विदेशी नागरिकों – पर्यटकों को गृह मंत्रालय भारत सरकार से प्रतिबंधित क्षेत्र परमिट की जरूरत होती है। परमिट के बिना इस ट्रेकिंग पर जाना प्रतिबंधित है। कंचनजंगा राष्ट्रीय उद्यान तक जाने के लिए निकटतम एयरपोर्ट गंगटोक के पाक्योंग एयरपोर्ट एवं 222 किलोमीटर पर दार्जलिंग का बागडोगरा एयरपोर्ट हैं। निकटतम रेलवे स्टेशन न्यू जलपाईगुड़ी, सिलीगुड़ी जंक्शन 221 किमी. पर है। पश्चिम में युकसोम एवं उत्तर में चुंगथन निकटतम शहर हैं।

❖❖❖

# महान जीवित चौल मंदिर

भारतीय मूर्तिकला के इतिहास में दक्षिण शिल्प मण्डल कला में सदैव अग्रणी और बहुत ही विख्यात रहा है। चौल शासकों द्वारा भी दक्षिण भारतीय 'द्रविड़ शैली' में निर्मित तत्कालीन बड़े और विशाल गगनचुम्बी मन्दिरों का निर्माण किया गया। दक्षिण भारत में यह कला परवान चढ़ती रही अतः उस समय दक्षिण भारत ही कला का मुख्य केन्द्र बन गया। विभिन्न राजवंशों ने अपने–अपने शासनकाल में यहाँ सुन्दर और विशाल मन्दिरों का निर्माण कराया। यूनेस्को की विश्व विरासत में शामिल चौल मंदिरों को 'महान जीवित चौल मंदिर' कहा गया है। 11वीं शताब्दी में बनाये गये मंदिरों में सर्वप्रथम 1987 ई. में तमिलनाडु राज्य में तंजावुर के वृहदेश्वर मंदिर को शामिल किया गया। इसके पश्चात् इसका विस्तार कर 2004 ई. में दरासुरम के एरावतेश्वर एवं चौलपुरम के गांगेयकोंडा चौलिशवर्म के मंदिरों को भी शामिल कर लिया गया।

## वृहदेश्वर मंदिर

भव्यता, वास्तुशिल्प, केंद्रीय गुम्बद, शिखर पर स्वर्ण कलश, पाषाण एवं ताम्र में शिल्पांकन, विशाल शिवलिंग एवं नन्दी की विशेषताएँ समेटे ग्रेनाइट से बना वृहदेश्वर मंदिर विश्व में अपने प्रकार का पहला मंदिर है। गोपुरम एवं हाथी खींचता रथ एवं पृथ्वी पर मंदिर की परछाई नहीं पड़ना अन्य विशेषताएँ हैं। भगवान शिव को समर्पित हिन्दू मंदिर को विशालकाय शिवलिंग की वजह से इसे वृहदेश्वर मंदिर कहा जाता है, जिसका एक और नाम राजराजेश्वर भी पुकारा जाता है। पिरामिड के आकार का 13 तले मंदिर की ऊँचाई 217 फीट है। जिस पाषाण खण्ड से शिखर बना है उसका वजन 80 टन बताया जाता है, जिस पर स्वर्ण पत्र चढा होने से स्वर्ण कलश का आभास देता है और इस पर त्रिशूल बना है। शिखर के चारों कोनों पर नन्दी प्रतिमाएँ बनी हैं। मन्दिर में कई परकोटे हैं जिनमें चारों ओर बड़े ही भव्य और विशाल 'गोपुरम' (द्वार) बनाये गए हैं। गोपुरम में वैष्णव मूर्तियाँ तराशी गई हैं। मुख्य बाहरी प्रवेश द्वार के अंदर गोपुरम के चौकोर मंडप में 6 मीटर लंबी, 2.6 मीटर चौड़ी एवं 3.7 मीटर ऊँची नन्दी प्रतिमा विराजित है। मंदिर एक ही पाषाण में बनाये गए विशाल स्तम्भों पर टिका है। इन स्तम्भों के मध्य उड़ने वाले घोड़ों अथवा शार्दूल (सिंह) की भव्य आकृतियाँ बनी हैं। मन्दिर की सबसे महत्वपूर्ण कलाकृति है–'नटराज' शिव की विशाल प्रतिमा, जिसमें शिव काल पुरुष पर खड़े होकर 'सृष्टि व प्रलय' का ताण्डव नृत्य कर रहे हैं। इस प्रतिमा में कला, धर्म व दर्शन का अद्‌भुत सामन्जस्य देखने को मिलता है। चतुर्भुज नटराज के एक हाथ में डमरू, दूसरे में अंधकार को दूर करती हुई अग्नि की लपटें, अन्य दोनों हाथों को 'अभय' और 'वरदान' मुद्रा में दिखाया गया है। नटराज शिव की यह प्रतिमा निश्चय ही कला में कल्पना की पराकाष्ठा का प्रतीक है। मंदिर के भित्ति चित्रों पर अजंता की चित्रकला का प्रभाव दिखाई देता है। बाहर से देखने पर मंदिर गया के बौद्ध मंदिर जैसा प्रतीत होता है। द्रविड़ कला शैली में मंदिर का निर्माण राजा चौल प्रथम ने 1003 ई. में प्रारम्भ कराया और निर्माण कार्य 1010 ई. में पूर्ण किया गया। चोल राजवंश ने 850 ई. से 1267 ई. तक दक्षिण में राज्य किया एवं कई द्वीप भी इनके अधीन थे।

## एरावतेश्वर मंदिर

कुम्भकोणम के समीप दरासुरम के एरावतेश्वर मंदिर की कारीगरी और स्थापत्य कला देखते ही बनती है जो लगभग वृहदेश्वर मंदिर के समान है। चौल राजा द्वितीय ने इस मंदिर का निर्माण 12वीं सदी में करवाया था। मंदिर यद्यपि वृहदेश्वर से छोटा है पर कला का विस्तार यहाँ अधिक देखने को मिलता है। इसका कारण माना जाता है कि इस मंदिर का निर्माण नित्य और सतत् चलने वाले विनोद–मनोरंजन के कार्यकर्मों का होना था। मंदिर का स्तम्भ 80 फीट ऊँचा है। मंडप के दक्षिणी पत्थर के बड़े पहिये वाले विशाल रथ को घोड़े खींचते हुए दिखाए गए हैं। आंगन में कई नक्काशीदार इमारतें बनी हैं। बलिपीट की कुर्सी पर छोटा मंदिर बनाया गया है, जिसमें गणेशजी की प्रतिमा नजर आती है। चौंकी के दक्षिण की ओर नक्काशी युक्त तीन सीढ़ियों का समूह है, जिन पर हल्का सा प्रहार करने पर संगीत ध्वनि सुनाई देती है। आंगन के दक्षिण–पश्चिम की ओर एक मंडप में यम की छवि बनाई गई है। इसके समीप विशाल पत्थर शिला पर सप्तमाताओं का अंकन किया गया है। उत्तर की ओर पेरिया नायकी अम्मन का मंदिर भी बना है।

कथानक के अनुसार मंदिर में देवताओं के राजा इंद्र सफेद हाथी ऐरावत द्वारा भगवान शिव की पूजा की गई थी। इसी लिए मंदिर शिव को समर्पित है। यह भी माना जाता है कि ऐरावत ऋषि दुर्वासा के श्राप के कारण अपना रंग बदल जाने सें दुखी था, उसने इस मंदिर के पवित्र जल से स्नान कर पुनः अपना रंग प्राप्त किया। ऐरावत हाथी के ऊपर इंद्र के बैठने का अंकन अंदर देखने को मिलता है। यम ने भी यहाँ शिव की पूजा की थी। इसलिए यह मंदिर भगवान शिव को समर्पित है।

## गांगेयकोंडा चौलेश्वरम

गांगेयकोंडा चौलपुरम का गांगेयकोंडा चौलेश्वरम मंदिर स्थापत्य कला का भण्डार कहा जा सकता है। मंदिर की ऊँचाई 80 फीट हैं। शिखर आधार से 150 फीट ऊँचा है। मंदिर की ऊँचाई कम है। मंदिर का विस्तृत अलंकृ त मुख्य द्वार पूर्व में है तथा इसमें 150 अलंकृत स्तम्भ हैं। मंदिर का बाहर एवं अंदर का भाग अलंकृत है। मंदिर की उत्कृष्ट कृति 'चंदेन्शानुगृह' है जो भारतीय मूर्ति कला की सर्वोत्तम कृतियों में एक है। इसमें शिव को स्वयं चनड़ेश के सिर पर उशनिष बाँधते दिखाया गया है।

शिव नटराज, गणेश, जवालयुक्त लिंग में शिव एवं चंडी–केश–अनुग्रह मूर्तियाँ आकर्षक हैं। अप्सराओं, गण देवता एवं यक्षों की प्रतिमाएँ भी उकेरी गई हैं। यहाँ रावनानुग्रह, चन्देशाहनुग्रह, विष्णुवग्रह और देव्यानुग्रह उत्कृष्ट शिल्प हैं। साथ ही मंदिर में कल्याणसुन्दर, कालारी, लक्ष्मी, सरस्वती, गंगाधर, लिंगोद्भव, नटराज, लक्ष्मीनारायण, कार्तिकेय, भैरव आदि की मूर्तियाँ भी यहाँ पर कला संसार की शिल्प निधियाँ हैं।

बताया जाता है कि गंगकोंडचौलपुरम चौल वंश के प्रतापी राजा राजेन्द्र चौल 1018 से 1044 ई. की राजधानी थी। उसकी सेनाएँ कलिंग को पार करके ओडिसा, दक्षिण कौशल, बंगाल और मगध होती हुई गंगा तक पहुँच गई थी। इस विजय के उपलक्ष में गंगेकोंड की उपाधि धारण की और गंगकोंडचौलपुरम नगर बसाया जिसका अर्थ है 'गंगा विजयी चौल का नगर।'

## विषय

चोल राजा शैव धर्मावलम्बी थे। इसी कारण चोल मन्दिरों पर मुख्यतः शिव के ही विभिन्न स्वरूपों का अंकन हुआ। शिव के विविध सौम्य, संहारक, अनुग्रहकारी एवं नटेश स्वरूपों की मूर्तियाँ प्रमुख रूप से बनाई गईं। शिव के विविध सौम्य एवं अनुग्रहकारी स्वरूपों में–रावणानुग्रह, अर्जुनानुग्रह, चण्डेशानुग्रह, विष्ण्वनुग्रह गंगाधर, कल्याण–सुन्दर, उमा–महेश्वर, वीणाधर, चन्द्रशेखर, आलिंगन चन्द्रशेखर, दक्षिणामूर्ति तथा उग्र या संहारक स्वरूपों में–शरभेष, भैरव, कालान्तक (या यमान्तक), त्रिपुरान्तक, गजासुरसंहार (कभी–कभी पार्वती सहित) एवं अन्य स्वरूपों में–लिंगोद्भव, भिक्षाटन, अर्धनारीश्वर और सर्वाधिक लोकप्रिय नटेश स्वरूपों की मूर्तियाँ मिलती हैं। शिव के विभिन्न स्वरूपों के चित्रण के साथ–साथ 'नटराज' विभिन्न कल्पनात्मक व कलात्मक प्रतिमाएँ चोल राजवंश की महत्वपूर्ण निधि है। शैव मतावलम्बी होने के बाद भी धर्मसहिष्णु चोल शासकों के काल में वैष्णव, शाक्त, सौर और स्वतन्त्र सम्प्रदाय के रूप में स्कन्द या कुमार की भी पर्याप्त मूर्तियाँ मन्दिरों पर उत्कीर्ण की गई हैं। इनमें विष्णु की स्वतन्त्र मूर्तियों के अतिरिक्त वराह एवं नरसिंह अवतारों तथा कृष्ण और शक्ति के विभिन्न रूपों में–लक्ष्मी, रुक्मिणी भूदेवी, दुर्गा, महिषमर्दिनी, सरस्वती तथा कार्तिकेय, ब्रह्मा और सूर्य की मूर्तियाँ मिलती हैं।

❖❖❖

# महाबलीपुरम के स्मारक समूह

बंगाल की खाड़ी में हिलोरे लेती लहरों का खूबसूरत दृश्य, इसके किनारे बने अनोखी बनावट में प्राचीन मंदिरों का वैभव, पल्लव शासकों के धर्म और कला प्रेम की खुली किताब, इतिहास को अपने में समाए अपने समय की समाज–संस्कृति शिल्प के आश्चर्य और कौतुक से भरपूर मंदिरों के भारत में एक साथ दर्शन करने हों तो महाबलीपुरम से श्रेष्ठ कोई स्थान हो नहीं सकता। मंदिरों को देख कर लगता है कि पल्लव युगीन शासकों में धर्म के प्रति कितना अनुराग था कि उन्होंने धार्मिक भावनाओं को पत्थरों में उकेर दिया। द्रविड़ शैली में बनाए गए इन अद्‌भुत मंदिरों को पल्लव शासकों की कला का स्वर्ण युग माना जाता है, जिन्हें छठी–सातवीं शताब्दी में काँची के समुद्र तट के सामने चट्टानों को काट कर बनाया था। महाबलीपुरम के नाम से विख्यात ये विशाल कलापुंज मंदिर समूह तमिलनाडु राज्य में चेन्नई से 60 किमी. दूर दक्षिण दिशा में सैलानियों के आकर्षण का प्रबल केंद्र है। इनके महत्व को देखते हुए इन आश्चर्यजनक मंदिरों को यूनेस्को ने वर्ष 1984 ई. में विश्व विरासत घोषित किया।

पल्लव राजा 'महेन्द्र वर्मन' के प्रथम उत्तराधिकारी नरसिंह वर्मन (प्रथम) 'मामल्ल' के समय इनका निर्माण हुआ जिसमें कुछ मन्दिर महेन्द्र शैली में भी बनाये गये हैं। एलोरा और एलिफेन्टा की तरह इन चट्टानों को गुफाओं के रूप में न काटकर उन पर सीधे ही ये शिल्प उकेरे गये हैं, परन्तु कुछ उदाहरण यहाँ पर गुफा शिल्प के भी हैं। ये एक ही चट्टान से काटे गये विशाल मन्दिर हैं। अतः इन्हें महाबलीपुरम् रथ भी कहा जाता है।

यहाँ बनाये गये आठ मन्दिर मंडपों में कोनेरी मण्डप, वराह–मण्डप, महिषमर्दिनी मण्डप, पुलिपुंदर मण्डप, कोनेरी मण्डप के निकट एक अधूरा मण्डप, पंच पाण्डव मण्डप, आदिवराह अथवा परमेश्वर महावराह विष्णुगृह तथा रामानुज मण्डप हैं। इनमें से पंचपाण्डव मण्डप अपूर्ण है, वराह मण्डप और आदिवराह मण्डप में एक ही देव गृह है जबकि महिषमर्दिनी और रामानुज मण्डप में तीन देवायतन हैं और कोनेरी मण्डप में एक पंक्ति में पाँच देवगृह हैं।

राजा मामल्ल द्वारा निर्मित एकाश्मक विमान 'रथ' पल्लव स्थापत्य और तक्षण कला के सर्वोत्कृष्ट उदाहरणों में से हैं। यहाँ 9 रथों का रूपांकन किया गया है, जिनमे द्रौपदी रथ, नकुल–सहदेव रथ, अर्जुन रथ, धर्मराज रथ, भीम रथ, गणेश रथ, पिडारी रथ, वलैयन्कुट्टै रथ और त्रिमूर्ति शैलकृत मंदिर शामिल हैं। विशिष्ट वास्तु रचना के कारण ये रथ बाहर और भीतर विमान रचना के विभिन्न पहलुओं का दिग्दर्शन कराते हैं। इनका निर्माण ऊपर से नीचे की ओर हुआ है। यहाँ प्रदर्शित त्रिमूर्ति मण्डप संभवतः द्वितल विमान का प्रतिनिधित्व करता है। द्रौपदी, अर्जुन, भीम और धर्मराज रथों को ह्वेल मछली की पीठ के आकार के समान एक ही शैल को काटकर बनाया गया है। द्रौपदी रथ और अर्जुन रथ का अधिष्ठान लगभग साझा है। ये रथ संभवतया ''काष्ठ–निर्मित विमानों'' का एकाश्मक स्वरूप प्रस्तुत करते हैं।

पल्लव मूर्तिकला पूर्वमध्यकालीन मूर्तिकला है, जिसे छाजनदार वास्तु शैली कहा जाता है। फलतः इन पर मध्यकालीन विशेषताएँ पूर्णतया हावी नहीं हो सकी थीं। इस काल में नए रूप से शिलाओं को काटकर विमानों, रथों, मण्डपों व चट्टानी शिल्प के साथ ही संरचनात्मक मंदिरों का निर्माण होना और उन पर समृद्ध तक्षण कला इस समय की स्थापत्य कला की विशेषताएँ हैं। मन्दिरों के स्तम्भ अधिक पतले और लम्बे हैं। उनके दण्डों के शीर्ष भाग में विविधता है व कलश, तोड़े, कुम्भ, और फलक आदि से युक्त हैं। स्तम्भों का आधार उल्टे प्यालों के आकार का हैं। मामल्ल शैली की रचनाएँ महाबलीपुरम् तक ही सीमित है। पल्लवकालीन मूर्तिशिल्प

पूर्ववर्ती आन्ध्र की वेंगी शैली की अमरावती की मूर्तियों से प्रभावित दिखाई देती हैं, जिन्हें शरीर रचना की दृष्टि से अमरावती मूर्तिशिल्प के समान ही भव्य और पतली होते हुए भी अधिक गतिशील रूप में व जीवन्तता के साथ अभिव्यक्ति दी गई है। इन मूर्तियों का जो निजत्व कहा जाना चाहिए जिनमें स्वतन्त्र पल्लव शैली के दर्शन होते हैं।

शिल्प की दृष्टि से यहाँ की कला पर उत्तर–पश्चिमी कला तथा दक्षिणी कला का संयोजन है और आकृतियों में राष्ट्रकूट राजाओं के समय की कला का प्रभाव होने से इन आकृतियों के शरीर मांसल दिखाई देते हैं। कथात्मक शैली में शिल्प अधिक उभरे हुए हैं। आकृतियों में चेहरे गोल से लम्बे तथा अण्डाकार बनाये गये हैं। कमर का भाग पतला दिखाया गया है। ठुड्डी में थोड़ा–सा नुकीलापन, गाल भरे हुए हैं। शिल्प संयोजन में सघनता नजर आती है।

यहाँ पर वैष्णव धर्म से सम्बन्धित शिल्प उपलब्ध होते हैं जिसमें से 'महाभारत' शिल्प उल्लेखनीय है। अधिकांश तक्षण कला समूह हिन्दू धर्म सम्बन्धी पुराण कथाओं का ही दिग्दर्शन कराते हैं। महिषमर्दिनी, अनन्तशायी, भू–वराह, त्रिविक्रम, गज–लक्ष्मी, दुर्गा, ब्रह्मा, हरिहर इत्यादि मुख्य हैं। साथ ही राजा–रानियों की भी मूर्तियाँ हैं, जैसे–सिंह विष्णु, महेन्द्र वर्मन, नरसिंह वर्मन आदि। द्वारपालों की प्रतिमाएँ मन्दिर के मुख्य कक्ष के द्वार के दोनों ओर हैं। रामानुज, धर्मराज और आदिवराह मण्डपों में परमेश्वर वर्मन (प्रथम) के अभिलेख उत्कीर्ण हैं जिससे यही ज्ञात होता है कि ये मण्डप परमेश्वर वर्मन प्रथम द्वारा बनवाये गये थे।

पल्लव मूर्तिशिल्प कला की मुख्य विशेषता आकृतियों का अतिशय लम्बा और पतला होना है जिनमें मस्तकों पर लम्बे मुकुट के माध्यम से लम्बाई में और भी वृद्धि दिखाई देती है। गुप्तकालीन मूर्तिशिल्पों की तुलना में पल्लव आकृतियों के मुख अधिक अण्डाकार और लम्बोतरे हैं जिनमें कपोल की हड्डियाँ भी अधिक लम्बी हैं। महाबलीपुरम् के मण्डपों, रथों एवं चट्टानों पर उत्कीर्ण मूर्तियाँ एलिफेन्टा एवं एलोरा के मूर्तिशिल्पों की भारी–भरकम शरीर रचना के विपरीत पतली व गतिशील तथा नैसर्गिक सौन्दर्य से परिपूर्ण दिखाई देती हैं। पल्लव मूर्तिकला में देव और मानव मूर्तियों को समान रूप से ही भव्यता प्रदान की गई है। इसी के साथ पशु जगत् के अंकन में भी महाबलीपुरम् के उदाहरण सर्वश्रेष्ठ कहे जा सकते हैं। बेन्जामिन रोलैण्ड जैसे कला मर्मज्ञ के अनुसार–"पशु जगत् का इतना जीवन्त अंकन विश्व के अन्य किसी क्षेत्र में नहीं दिखाई देता है।" पशुओं के अंकन में न केवल उनकी शरीर रचना ही जीवन्त और स्वाभाविक है वरन् पशुओं की

प्रकृति के अनुरूप उनका विभिन्न मुद्राओं में सटीक अंकन भी इस शिल्प की विशेषता है। 'गंगावतरण' के विशाल चट्टानी शिल्प पर गजसमूह का अंकन, गज–आकृतियों के पैरों के बीच एवं उनके पास–पास शिशु गजों का अंकन, खुरों से नाक सहलाते मृगों, व्याघ्रों तथा पंचतन्त्र की कथा के अनुरूप दोनों पैरों पर खड़े होकर दोनों हाथ ऊपर उठाये तपस्यारत विडाल तथा वानर परिवार का अंकन इस शिल्प में उत्कीर्ण पशु जगत् के श्रेष्ठतम उदाहरण कहे जायेंगे।

महाबलीपुरम् के रथों में पल्लव मूर्तिकला के कुछ अति उत्तम उदाहरण उपलब्ध होते हैं। इस दृष्टि से अर्जुन एवं धर्मराज रथों में सातवीं शती ई. के सर्वाधिक सुन्दर उदाहरण उपलब्ध होते हैं। द्रौपदी रथ में दो स्त्री द्वारपालों की दण्डधारी मूर्तियाँ हैं और भीतर के कक्ष की दीवार पर दुर्गा–अध्युच्चित्र अंकित हैं। धर्मराज रथ के शिखर पर ब्रह्मा, विष्णु और शिव की चतुर्भुज मूर्तियों के अतिरिक्त अर्धनारीश्वर, सोमस्कन्द, विष्णु के नरसिंह और त्रिविक्रम अवतारों की मूर्तियाँ हैं। धर्मराज रथ में नीचे शिव और अर्धनारीश्वर के अतिरिक्त शिव की 16 अन्य मूर्तियाँ भी उत्कीर्ण हैं जिनसे ज्ञात होता है कि नरसिंह वर्मन के काल तक शिव प्रतिमा तक्षण का पर्याप्त विकास हो चुका था। नीचे की रथिकाओं में हरिहर, ब्रह्मा और स्कन्द की तथा एक रथिका में नृसिंह वर्मन (प्रथम) की आकृति भी उत्कीर्ण है।

महाबलीपुरम् के इन गुफा मन्दिरों के शिल्पों से अलग एक 98 फीट लम्बी और 43 फीट चौड़ी विशाल चट्टान को काटकर यहाँ भागीरथ की तपस्या पर अत्यन्त उत्कृष्ट शिल्प का अंकन किया गया है। भागीरथ जब गंगा को पृथ्वी पर लाने के लिए तपस्या करते हैं, उसी का यहाँ दृशयांकन है। भागीरथ की तपस्या से प्रसन्न होकर शंकर भगवान गंगा को पृथ्वी पर जाने का आदेश देते हैं और इसके परिणामस्वरूप चारों ओर जलप्रवाह आरम्भ हो गया। केवल इसी प्रसंग को लेकर ही महाबलीपुरम् की यह सम्पूर्ण चट्टान खोदी गई है। भागीरथ को जर्जर मात्र हड्डियों के ढाँचे की भाँति दिखाया गया है। उनके साथ सारा जनसमूह, यहाँ तक कि पशु–पक्षी भी तपस्या में लीन दिखाये गये हैं। प्रत्येक अंश को बहुत ही भावपूर्णता के साथ बनाया गया है।

त्रिमूर्ति मण्डप के गर्भगृहों में गुरुमूर्ति, शिव व विष्णु की मूर्तियाँ हैं। विभिन्न मण्डपों में वराह, महिषमर्दिनी एवं कृष्ण मण्डप विशेष उल्लेखनीय हैं। वराह मण्डप में नृवराह, त्रिविक्रम, सूर्य और गज–लक्ष्मी की मूर्तियाँ विशेष रूप से महत्वपूर्ण हैं। वराह मण्डप में सिंह विष्णु और महेन्द्र वर्मन की सपत्नीक मूर्तियाँ उत्कीर्ण हैं जिन्हें यथार्थवादी शैली में बनाया गया है। त्रिविक्रम मूर्ति में देवता को

पूरी क्रियाशीलता के साथ कथात्मक शैली में अंकित किया गया है। वामन रूप से अचानक विशाल त्रिविक्रम रूप धारण कर इस अष्टभुजाधारी देवता के हाथों में विष्णु के चक्र के अतिरिक्त खड्ग, धनुष और खेटक जैसे आयुध हैं। नृवराह मूर्ति में भूदेवी के उद्धारकर्ता के रूप में देवता की क्रियाशीलता पूर्णतया मुखरित है। भूदेवी की तुलना में देवता की श्रेष्ठता और दृढ़ता उसकी मुद्रा से स्पष्ट है। गजलक्ष्मी की मूर्ति में देवी का प्रलम्बपाद मुद्रा में सहजतापूर्वक आसीन होना और दोनों पार्श्वों में चार सेविकाओं की सुन्दर एवं लयात्मक प्रवाहवाली स्थानक आकृतियों के साथ जिनमें से दो ने हाथों में जलकलश तथा शीर्ष भाग में दो गज आकृतियों का अलग–अलग मुद्राओं में अंकन किया गया है जो कलाकार की मौलिक कल्पना का एक अनूठा नमूना है। महिषमर्दिनी मण्डप की दो विशिष्ट मूर्तियाँ 'शेषशायी विष्णु' और 'महिषमर्दिनी' की हैं। शेषशायी विष्णु– इस मूर्तिशिल्प में विष्णु को शेषशैया पर पूर्ण रूप से शान्त व निश्चल रूप से सोते हुए अंकित किया गया है और मधु व कैटभ को एक ओर से आक्रमण करते हुए तथा आकाशगामी गण एवं देव आकृतियों को कथात्मक शैली में दर्शाया गया है। 'महिषमर्दिनी' मूर्ति शिल्प में दुर्गा द्वारा महिषासुर के संहार का दृश्य न केवल पल्लव मूर्तिकला बल्कि सम्पूर्ण भारतीय मूर्तिकला की श्रेष्ठतम मूर्तियों में अपना स्थान रखता है। इसमें सिंह पर सवार, अष्टभुजाधारी देवी को महिषासुर के शिर संधान की मुद्रा में आकाश से अत्यन्त उग्र रूप में राक्षस के साथ युद्धरत दिखाया गया है। देवी के अन्य हाथों में खड्ग, गदा एवं परशु जैसे संहारक आयुध हैं जिनसे देवी की युद्ध के लिए तत्परता एवं उग्रता के भाव को प्रकट किया गया है। इस दृश्य में असाधारण गतिशीलता है। देवी के सिंह के पैरों के आगे महिषासुर राक्षस अंकित किया गया है जो भागने के प्रयत्न में है। इसलिए इस दृश्य में असाधारण गतिशीलता है। महिषासुर राक्षस का सिर भैंसे जैसा बनाया गया है, परन्तु शेष शरीर मानव रूप में है। दुर्गा की प्रतिमा रौद्र रूप में होते हुए भी नारी सौन्दर्य से परिपूर्ण है। इस शिल्प की आकृतियाँ गुप्तकालीन व दक्षिणी कला का मिश्रित रूप दिखाई देती हैं।

एक अन्य गुफा में 'वराह अवतार' का दृश्य अंकित है। इसी गुफा में महेन्द्रवर्मन तथा उनकी रानियों की प्रतिमायें भी हैं तथा 'धर्मराज रथ' नामक गुफा में नरसिंह वर्मन की मूर्ति बनी हुई है। 'अर्जुन का रथ' नामक मन्दिर में एक दीवार पर बीच में दो रानियाँ, बायीं ओर एक रक्षक तथा दायीं ओर हाथी पर सवार एक महावत का उच्चित्र उत्कीर्ण किया गया है। बीच के फलक पर उत्कीर्ण दो नारियों की स्त्री सौन्दर्य की दृष्टि से एक उत्तम कृति है जिसमें छरहरे शरीर वाली दो

सुन्दर स्त्रियों का अंकन है। इन्हें अभिजात्य मुद्राओं में दिखाया गया है जो कि स्त्रीत्व के उत्तम उदाहरणों में रखा जा सकता है। इन स्त्रियों को धार्मिक या आध्यात्मिक श्रेणी में नहीं रखा जा सकता है वरन् कलाकार का ध्येय यहाँ पर उन स्त्रियों को मात्र सौन्दर्यपूर्ण ढंग से प्रस्तुत करना है। यहीं पर 'कृष्ण मण्डप' में कृष्ण द्वारा 'गोदोहन' और 'गोवर्धन पर्वत धारण करते हुए दो अत्यन्त मनोहारी मूर्तिशिल्प हैं। गोवर्धनधारी कृष्ण के समीप ही बलराम की भी मूर्ति है। गोपिकाएँ, ग्वाल–बाल व अन्य आकृतियाँ कृष्ण को भावपूर्ण ढंग से निहार रहे हैं। अपने बायें हाथ में पर्वत उठाये कृष्ण की आकृति सहज ढंग से खड़ी शिल्पांकित की गई है जो उनके अदम्य साहस और अलौकिक शक्ति की परिचायक है। कृष्ण की गोदोहन प्रतिमा में कलाकार ने यथार्थ भावों का अंकन करते हुए गाय के मुख के पास बछड़े को दिखलाया है। समीप ही गोपिकाओं और ऊपर की ओर गायों के समूह को बाँसुरी वादक कृष्ण की मधुर स्वर लहरी में खोये हुए शिल्पांकित किया गया है।

कहा जा सकता है कि महाबलीपुरम के मंदिरों में हमें महान प्राचीन मंदिरों की मूर्ति शिल्पकला, वास्तुकला, निर्माण शैली एवं विषय की वैविध्यता के व्यापक केनवास के दर्शन जिस रूप में होते हैं वह अपने आप में दुर्लभ है। जनवरी–फरवरी में प्रतिवर्ष समुद्र के किनारे बने मंदिरों पर महाबलीपुरम नृत्य उत्सव का आयोजन किया जाता है। महाबलीपुरम के मंदिर समूह के ही नजदीक 14 किमी. पर क्रोकोडाइल बैंक, 21 किमी. पर वाटर स्पोर्ट के लिए लोकप्रिय मुत्तुकाडू, एवं

19 किमी. पर खूबसूरत बीच रिसोर्ट कोवलोंग का आनन्द भी लिया जा सकता है। महाबलीपुरम आने के लिए 60 किमी. दूर चेन्नई में एयरपोर्ट पर पूरे भारत से फ्लाइट आती है। निकटतम रेलवे स्टेशन 27 किमी. पर चेंगलपट्टू है। चेन्नई एवं दक्षिण भारत से यह रेल सेवाओं से जुड़ा है। तमिलनाडु राज्य के सभी प्रमुख स्थानों से यह बस सेवाओं से जुड़ा है।

❖❖❖

# आगरा का ताजमहल

दुनिया को सदियों से प्रेम, मोहब्बत का संदेश देता यमुना नदी के किनारे स्थित है ताजमहल। प्रेमी युगलों का प्यार यहीं परवान चढ़ता है। अपने प्रेम को अमर बनाने की कल्पना उनके दिल में हिलोरे लेती हैं। दुनिया के लाखों दर्शकों के दिल की धड़कन और आँखों का ख्वाब है। जीवन में एक बार ताज का दीदार करना हर किसी की हसरत होती है। लोग ताज की नक्काशी को जी भर कर चूमते हैं, निहारते हैं। खूबसूरती को अपनी यादों में सजो कर ले जाते हैं। पूर्णिमा की रात्रि में जब चंद्रमा की रोशनी अपने शबाब पर होती है उस दिन यमुना नदी से ताज को निहारने के आनंद का अनुभव तो निहारने वाला ही कर सकता है। ताज की कला और खूबसूरती को दुनिया ने पहचाना और विश्व के सात आश्चर्यों में शामिल किया। इससे भी बढ़ कर वर्ष 1983 ई. में यूनेस्को की विश्व धरोहरों की सूची में विश्व में दूसरा स्थान होने का गौरव मिला।

आज से करीब चार सौ वर्ष पहले हुये मुगल सम्राट शाहजहाँ 1628–1658 ने इसके स्वरूप को साकार किया। शाहजहाँ अपनी बेगम मुमताज महल को सबसे अधिक प्रेम करते थे। प्रिय बेगम मुमताज की 17 जून, 1631 में मृत्यु हो जाने पर शाहजहाँ चाहते थे कि वे अपनी बेगम की याद में एक ऐसा खूबसूरत स्मारक बनवाएँ जिससे उनकी प्रेम कहानी अमर हो जाये और चिरकाल तक लोगों को मौहब्बत का पैगाम देता रहे।

शाहजहाँ ने आगरा के मध्य यमुना नदी के किनारे ताज का निर्माण कार्य 17 हेक्टेयर भूमि के केन्द्र बिन्दु पर 1632 ई. में प्रारंभ कराया जो इक्कीस वर्षों तक चला और 1653 ई. में पूर्ण हुआ एवं काफी कार्य इसके बाद में कराये गये। भारत और एशिया के कई देशों से सजावटी सामग्री मंगवाई गई। राजस्थान के मकराना से पारभासी सफेद संगमरमर, तिब्बत से फिरोजा, पंजाब से जेस्पर, चीन से क्रिस्टल और हरिताश्म या जेड़, श्रीलंका से नीलम, अरब से कारेलियन और अफगानिस्तान से लापीस लाजुली जैसे मूल्यवान पत्थर और नगीने मंगवाये गये। सफेद संगमरमर पत्थर पर 28 प्रकार के कीमती पत्थरों की जड़ाई की गई। निर्माण के लिए बुखारा से शिल्पकार, सीरिया एवं ईरान से सुलेखकर्ता, दक्षिण भारत से पच्चीकारी के कारीगर, ब्लूचिस्तान से पत्थर तराशने एवं काटने वाले कारीगर बुलाये गये। करीब 22 हजार मजदूरों, चित्रकारों एवं जड़ाई करने वाले शिल्पियों ने अपने हुनर से इसे बनाया। निर्माण के लिए पत्थर एवं अन्य सामग्री लाने के लिए एक हजार हाथियों का उपयोग किया गया।

मकबरे की आन्तरिक एवं बाह्य रूप सज्जा इतनी आकर्षक है कि दर्शकों को आश्चर्य चकित कर देती है। बाहरी सज्जा मुगल वास्तुकला का बेहतरीन उदहारण है। पेंट, प्लास्टर, नक्काशी एवं इनके कार्य की सज्जा देखते ही बनती है। दीवारों पर कुरान की आयतें सफेद काले संगमरमर एवं जेस्पर पैनल्स में खूबसूरती से उकेरी गई हैं। सुलेख का लेखन अब्दुल हक सुलेखक ने किया था जिसे शाहजहाँ ने 'अमनत खान' की उपाधि से नवाजा था। नीचे की दीवारों पर बेल–बूंटे एवं ज्यामितीय डिजाइन बनाये गये हैं। मकबरे के आधार के बराबर गुंबद 35 मीटर ऊँचाई लिए है और यह 7 मीटर ऊँचे बेलनाकार आधार पर स्थित है। शीर्ष को उल्टे कमल की डिजाइन से सजाया गया है। आधार के चारों कोनों पर सफेद संगमरमर की सजावटी मीनारें बनाई गई हैं। इनमें प्रत्येक की ऊँचाई 40 मीटर है और डिजाइन समरूपता

लिए है तथा तीन भागों में विभाजित है। गुम्बद के चारों ओर आधार से जोड़ कर चार छोटी–छोटी गुम्बदकारी छतरियों से सजाया गया है। छतरियों के गुम्बद मुख्य गुम्बद की वास्तु के समान हैं। इनके स्तंभों से अंदर प्रकाश उजाला पहुँचता है। गुम्बद एवं छतरियों के शिखर पर धात्विक कलश कीरीटरूप में शोभा बढ़ाते हैं। किरीट कलश पहले सोने का था परन्तु अब कांसे का बना है। इस कलश पर चन्द्रमा बना है। चन्द्रमा एवं कलश की नोक मिल कर त्रिशूल की आकृति बनाते हैं जो भगवान शिव का चिह्न है।

आन्तरिक अष्टकोणीय संरचना रत्नों की जड़ाई से सुसज्जित है। मेहराब की ऊपरी बालकनियों में जालिदार झरोखों की रचनाएँ हैं जिनसे सूर्य की रोशनी अन्दर प्रवेश करती है। प्रवेश के लिए उद्यान के सामने वाले दक्षिणी द्वार से ही प्रवेश किया जाता है। दीवारों को फूल, पत्तियों, बेस रिलीफ, जटिल लैपडरी, इनले एवं सुलेख पैनलों से सजाया गया है। ताज के भीतरी भाग में एक संग्रहालय भी बना है। इसमें मुगल कला शैली के अनेक मूल चित्र, शाहजहाँ और मुमताज महल की हाथीदांत की जोड़ी एवं कैलेडोन प्लेटें भी दर्शाये गये हैं। मकबरे के गुम्बज के ठीक नीचे मुमताज महल की कब्र है। इसके समीप ही शाहजहाँ की मृत्यु के बाद उनका सेनोटाफ भी रख दिया गया। मूल कब्रों के ऊपर नकल कर आभासी कब्रें बना दी गई हैं। इन्हें खूबसूरती से सजाया गया है। पीले संगमरमर की स्क्रीन के माध्यम से यहाँ रोशनी आती है। इसके आधार और कास्केट दोनों कीमती रत्न पत्थरों से जड़ा गया है। आने वाले इसकी खूबसूरती को निहारते रह जाते हैं।

मकबरे के सामने परिसर के 980 वर्ग फीट में फारसी चारबाग शैली का मुगल उद्यान बनाया गया है। परिसर के प्रवेश द्वार से मकबरे के आधार तक करीब आधा हिस्से में दो नहरें बनाई गई हैं। इनमें सुंदर फव्वारें एवं पानी के टेंक बनाये गये हैं। जल में मकबरे का प्रतिबिम्ब झिलमिलाता है। उद्यान में चलने के लिए उभरे मार्ग बनाये गये हैं। चारों तरफ हरे–भरे लान एवं सजावटी फूलदार वृक्ष एवं पौधें उद्यान की शोभा बढ़ाते हैं।

ताज महल का संपूर्ण परिसर तीन ओर से लाल रंग की बलुआ दीवारों से घिरा है एवं मकबरे के पीछे वाला भाग खुला है जिस ओर यमुना नदी बहती है। ताजमहल का मुख्य प्रवेश द्वार भी अपने आप में स्मारक से कम नहीं है। दीवारों पर भी सुलेख है एवं गुम्बददार छत एवं दीवारों में जटिल ज्यामितीय संरचनाएँ बनी हैं। इसका निर्माण संगमरमर एवं बलुआ पत्थरों से

किया गया है। यह स्मारक बास रिलीफ एवं पीट्रा ड्यूरा पच्चीकारी की पुष्पाकृति से सज्जित है। प्रवेश द्वार की भव्यता मनमोहक है। इसके पीछे एक लंबा प्लेटफार्म बनाया गया है जहाँ से संपूर्ण ताजमहल परिसर के सौन्दर्य को सैलानी आश्चर्यचाकित हो कर निहारते हैं। मुख्य मकबरे के पश्चिम की ओर बलुआ पत्थर से निर्मित एक इमारत मस्जिद है और पूर्व की ओर दूसरी इमारत इसे वास्तु संतुलन देने के लिए बनाई गई है जिसका उपयोग अतिथि गृह के रूप में किया जा सकता है। मस्जिद का फर्श काले संगमरमर से बनाया गया है। भवन के ऊपर तीन गुम्बद बने हैं।

ताज महल की इमारत एवं परिसर को प्रदूषण से बचाने के लिए भारत सरकार ने ताज ट्रेपेजियम जोन की स्थापना कर स्मारक के चारों ओर 10 हजार 400 वर्ग किलोमीटर क्षेत्र को प्रदूषण नियंत्रण क्षेत्र घोषित कर दिया है। पर्यटकों को पार्किंग क्षेत्रों से पैदल, इलेक्ट्रिक बसों या हाथरिक्शा से जाना होता है। प्रदूषण मुक्त क्षेत्र तक पहुँचने के लिए ओटो एवं बेटरी से चलने वाले रिक्शा उपलब्ध हैं। अपने वाहन से जाने पर पार्किंग स्थल पर ही वाहन खड़ा करना होगा।

# आगरा का लाल किला

भारत किलों का देश है। राजाओं ने सुरक्षा व्यस्था को मजबूत करने के लिए पूरे देश में जगह–जगह दुर्गों का निर्माण कराया। अनेक दुर्गों के बीच इतिहास की गवाही देता है आगरा का लाल किला। लाल बलुआ पत्थरों से बना होने की वजह से इसकी रंगत लाल दिखाई देती है। करीब 940 वर्षो के इतिहास के उतार–चढ़ाव को समेटे इस किले को देखने के लिए दुनिया भर के लोग हर साल आते हैं। इसकी मजबूत संरचना, स्थापत्य, कारीगरी और कई आकर्षणों को निहारते हैं। इसके महत्व को जान कर इसे वर्ष 1983 ई. में यूनेस्को की विश्व धरोहर में शामिल किया गया। कई काल के शासकों ने इसको भारत की राजधानी होने का गौरव प्रदान किया और यहीं से देश के शासन का संचालन किया। इसके कलात्मक झरोखों से ताजमहल को निहारना एक अद्भुत अनुभव है। देश के कई शासकों के उत्थान और पतन के इतिहास की गवाही है इसकी आन–बान और शान।

यहीं से जहाँगीर का न्याय लोकप्रिय हुआ और उन्होंने आम जन के लिए घण्टियों की शृंखला बनाई, जिसे न्याय पाने वाला बजाकर अपनी फरियाद कर सकता था। आगरा के लाल किले को 1983 ई. में यूनेस्को ने विश्व विरासत स्थल की सूची में शामिल किया गया। यमुना किनारे स्थित आगरे के लाल किले का निर्माण मुगल बादशाह अकबर ने 1565 ई. में कराया था। आगरे का लाल किला 380,000 वर्ग मीटर अर्थात् 94 एकड़ में अर्धवृत्ताकार रूप में फैला हुआ है।

## संरचना-स्थापत्य

अर्धवृत्ताकार आकृति में किले का निर्माण 2.4 कि.मी. की परिधि में करवाया गया है तथा किले की 70 फीट ऊँची चारदीवारी दोहरे परकोटे युक्त है। दीवार के बीच–बीच में भारी बुर्जियां बराबर अंतराल पर बनी हैं, जिन पर सुरक्षा छतरियां बनाई गई हैं। इनके साथ–साथ तोपों के झरोखे एवं रक्षा चौकियाँ भी बनाई गई हैं। दीवार के चार कोनों पर चार द्वार बनाये गए हैं। एक खिजड़ी द्वार है जो यमुना नदी की ओर खुलता है। दूसरा दिल्ली द्वार एवं तीसरा लाहौर द्वार या अकबर द्वार कहलाता है। लाहौर द्वार का नाम आगे चल कर अमरसिंह द्वार कर दिया गया, इसी द्वार से दर्शक किले के भीतर प्रवेश करते हैं। शहर की दिशा में दिल्ली द्वार भव्य स्वरूप लिए हुए है। इसके अंदर एक चौथा द्वार हाथी पोल कहलाता है। इस द्वार के दोनों ओर दो हाथी सवार रक्षकों के साथ मूर्तियाँ बनी हैं जो द्वार की शोभा को बढ़ाती हैं। स्मारक स्वरूप दिल्ली द्वार औपचारिक द्वार था जिसे भारतीय सेना हेतु किले के उत्तरी भाग के लिए छावनी के रूप में काम में लिया जा रहा है। दोहरी सुरक्षा की दृष्टि से किले की दीवार को 9 मीटर चौड़ी एवं 10 मीटर गहरी खाई घेरे हुए है।

किले का स्थापत्य अत्यंत महत्वपूर्ण हैं। उस समय के अबुल फजल ने लिखा है कि किले में बंगाली एवं गुजरात शैली की करीब पाँच सौ सुंदर इमारतें बनी थीं। कइयों को सफेद संगमरमर से बनाने के लिए तोड़ा गया और अधिकांश को ब्रिटिश शासन में बैरकें बनाने के लिए तोड दिया गया। आज किले के दक्षिण–पूर्व की ओर मुश्किल से 30 भवन या इमारतें ही बची हैं। अकबर की प्रतिनिधि इमारतों में आज बंगाली महल, लाहौर द्वार एवं

दिल्ली द्वार ही शेष रह गए हैं। किले में कई निर्माणों को हिन्दू –इस्लामिक स्थापत्यकला के सम्मिश्रण से सज्जित किया गया है। इस्लामिक अलंकरण ज्यामितीय नमूने, आयतें एवं सुलेख ही फलकों में देखने को मिलते हैं। किला मुगल स्थापत्य का सुंदर उदहारण है।

किले में शाहबुर्ज और झरोखा महल पूर्व की ओर स्थित नदी के किनारे आगरा किले का सबसे बड़ा गढ़ है। यह मूल रूप से अकबर द्वारा लाल पत्थर से बनाया गया था। जहाँगीर ने इसे झरोखा के रूप में भी इस्तेमाल किया, जैसा कि 1620 में बनाई गई उनकी पेंटिंग में दिखाया गया है। इसे मुथम्मन बुर्ज भी कहा जाता था। इसका उल्लेख फारसी इतिहासकारों और विदेशी यात्रियों द्वारा शाह बुर्ज शाही या राजा की मीनार के रूप में भी किया गया है। शाहजहाँ द्वारा इसे सफेद संगमरमर से बनाया गया था। उन्होंने इसका उपयोग झरोखा दर्शन के लिए भी किया था जो कि दरबार के रूप में एक अपरिहार्य मुगल संस्थान था। यह एक अष्टकोणीय इमारत है जिसके पाँच बाहरी हिस्से नदी के ऊपर एक दालान बनाते हैं। हर तरफ पिलर और ब्रैकेट खुले हुए हैं। एक झरोखा राजसी तरीके से है। उन्होंने इसके दक्षिण में अपनी न्याय की श्रृंखला स्थापित की थी। शाहजहाँ ने गद्दी पर बैठते ही तख्ते–ताऊस बनवाया जो तीन गज लंबा ढाई गज चौड़ा एवं पाँच गज ऊँचा था और इसमें हीरे–जवाहरात जड़े थे। कहते हैं इसी में कोहिनूर हीरा भी जड़ा था जिसे अंग्रेजी शासन काल के समय ब्रिटेन की महारानी विक्टोरिया के ताज में जड़ने के लिए भेज दिया गया।

इस महल के पश्चिमी भाग में एक विशाल दालान है। यह दालान एक अदालत पर खुलता है जिसमें एक जाली स्क्रीन है जो इसके उत्तरी तरफ शीश महल की ओर जाने वाले कमरों की एक श्रृंखला के आधार पर बनाई गई है। इस प्रकार यह सफेद संगमरमर से निर्मित एक बड़ा परिसर है। खंभों पर नक्काशीदार पौधे कोष्ठक और लिंटेल भी बेहद खूबसूरती से जड़े हुए हैं। यह शाहजहाँ की सबसे अलंकृत इमारतों में से एक है। यह महल सीधे दीवान–ए–खास, शीश महल, खास महल और अन्य महलों से जुड़ा हुआ है। यहीं से मुगल बादशाह ने पूरे देश पर शासन किया। शाहजहाँ ने इस परिसर में अपने कारावास के आठ वर्ष बिताए और कहा जाता है कि उसकी मृत्यु यहीं हुई। उनके शव को नाव से ताजमहल ले जाकर दफनाया गया।

मुगल सम्राट शाहजहाँ ने ग्रीष्मकालीन महल के एक भाग के रूप में शीश महल बनवाया था। इसकी सबसे विशिष्ट विशेषता इसकी दीवारों और छत पर किया गया ग्लास मोजेक कार्य है। काँच के टुकड़ों में उच्च दर्पण गुणवत्ता होती है जो अर्ध–अंधेरे इंटीरियर में हजार तरीकों से चमकती और टिमटिमाती है। काँच को सीरिया के हलेब से आयात किया गया था। शाहजहाँ ने लाहौर और दिल्ली में भी काँच के महल बनवाए लेकिन यह सब से ज्यादा उम्दा है। यह सफेद संगमरमर के खास महल और लाल पत्थर के जहाँगीर महल परिसर के बीच स्थित है। मुगल बादशाह शाहजहाँ की इस लाल पत्थर की इमारत को उसकी रुचि के अनुसार परिवर्तित करने का सबसे पहला प्रयास था और यह आगरा के किले में उसका सबसे पुराना महल था। इसमें एक बड़ा हॉल, साइड रूम और नदी के किनारे एक अष्टकोणीय टॉवर है। ईंट और लाल पत्थर के ढांचे के निर्माण को एक मोटे सफेद प्लास्टर के साथ फिर से तैयार किया गया था और फूलों के डिजाइन में चित्रित किया गया। पूरा महल एक बार सफेद संगमरमर की तरह चमक उठा। खास महल की ओर एक विशाल सफेद संगमरमर का दालान है जो पाँच मेहराबों से बना है, दोहरे स्तंभों पर स्थित है और छज्जे द्वारा बाहरी रूप से संरक्षित है।

मुगल राजा जहाँगीर ने 1605 ई. में अपनी न्याय की शृंखला (जंजीर–ए–अदल) को स्थापित किया था। उन्होंने अपने संस्मरण में लिखा है कि उनके अभिगमन के बाद पहला आदेश उन्होंने दिया जो न्याय की शृंखला के बन्धन के लिए था, ताकि न्याय के प्रशासन में लगा कोई भी व्यक्ति देरी या पाखंड का अभ्यास करे तो आफत आ सकती है। इस घंटे को हिलाएँ ताकि इसका शोर मेरा ध्यान आकर्षित कर सके। यह शुद्ध सोने से बना था। इसकी लंबाई 80 फीट थी और इसमें 60 घंटियाँ थीं। इसका वजन एक क्विंटल था। एक छोर को शाह बुर्ज और दूसरे छोर को नदी के किनारे एक पत्थर की चौकी पर रखा गया था। विलियम हॉकिन्स जैसे समकालीन विदेशी यात्रियों ने व्यक्तिगत रूप से इसे देखा। यह 1620 ई. में बनाई गई एक समकालीन पेंटिंग में भी चित्रित किया गया है। यह उन लोगों की शिकायतों का निवारण करने का एक तरीका था जो राजा साम्राज्य के सर्वोच्च न्यायिक अधिकार सीधे बिना शुल्क, भय या औपचारिकता के तत्काल राहत के लिए संपर्क कर सकते थे। फरियाद सुनने में जाति, धर्म या गरीब और अमीर के बीच कोई भेद नहीं था। गजनन गेट मूल रूप से

गजनी में महमूद गजनवी की कब्र से संबंधित था। इसे वहाँ से अंग्रेजों द्वारा 1842 ई. में लाया गया था। ऐतिहासिक उद्‌घोषणा में गवर्नर जनरल लॉर्ड एलेनबोरो ने दावा किया कि ये सोमनाथ के चंदन द्वार थे जिन्हें महमूद ने 1025 ई. में गजनी ले जाया गया था और अंग्रेजों ने 800 साल पहले के अपमान का बदला लिया था। यह द्वार वास्तव में गजनी की स्थानीय देवदार की लकड़ी से बना है। ऊपरी हिस्से पर नक्काशीदार एक अरबी शिलालेख भी है। इसमें महमूद के बारे में उल्लेख है। सर जॉन मार्शल ने यहाँ एक नोटिस.बोर्ड लगाया था जिसमें इस गेट के बारे में पूरे प्रकरण का वर्णन था। यह 16'5 फीट ऊँचा और 13 '5 फीट चोड़ा है। यह ज्यामितीय षटकोणीय और अष्टकोणीय पैनलों से बना है और एक कमरे में संग्रहीत है।

जहाँगीर का हौज अखंड टैंक का इस्तेमाल 1610 ई. में नहाने के लिए किया जाता था। यह 5 फीट ऊँचा, 8 फीट व्यास और 25 फीट की परिधि में है। बाहरी हिस्से में फारसी में एक शिलालेख है जिसमें हौज–ए–जहाँगीर का उल्लेख है। इसकी खोज सबसे पहले अकबर के महल के प्रांगण के पास की गई थी। बाद में 1843 ई. में इसे दीवान–ए–आम के सामने रखा गया, जहाँ इसे बहुत नुकसान हुआ। बाद में सर जॉन मार्शल इसे आगरे के किले में वापस लाया और वहाँ रखा। इस हौज के कारण महल जहाँगीरी महल के रूप में प्रसिद्ध हो गया। हालांकि यह अकबर के बंगाली महल का हिस्सा है। नगीना मस्जिद को शाहजहाँ ने एक ऐसे स्थान के रूप में बनवाया था जहाँ जाकर निजी रूप से अपनी धार्मिकता, आध्यात्मिकता, पूजा–अर्चना की जा सके। अपनी वास्तुकला के लिए चर्चित यह मस्जिद आकर्षक संगमरमर से बनी है जिसकी सादगीपूर्ण अपार सुंदरता आपको स्तब्ध कर देगी। यह मस्जिद 10.21 मीटर चौड़ी व 7.39 मीटर गहरी है। इसे खासतौर पर शाही घराने की महिलाओं के लिए बनाया गया था।

अंगूरी बाग के 85 वर्ग मीटर ज्यामितीय प्रबंधित क्षेत्र में दीवान–ए–आम में मयूर सिंहासन या तख्ते ताउस स्थापित था। इसका प्रयोग आम जनता से बात करने और उनकी फरियाद सुनने के लिये होता था। दीवान–ए–खास का प्रयोग और उसके उच्च पदाधिकारियों की गोष्ठी और मंत्रणा के लिये किया जाता था। जहाँगीर का काला सिंहासन इसकी विशेषता थी। स्वर्ण मंडप – बंगाली झोंपड़ी के आकार की छतों वाले सुंदर मंडप जहाँगीरी महल, अकबर द्वारा अपने पुत्र

जहाँगीर के लिये निर्मित कराया। मछली भवन– तालाबों और फव्वारों से सुसज्जित अन्तःपुर जनानखाना के उत्सवों के लिये, नौबत खाना –जहाँ राजा के संगीतज्ञ वाद्ययंत्र बजाते थे एवं रंग महल – जहाँ राजा की पत्नी और उपपत्नी रहती थी, किले के अन्य दर्शनीय स्थल हैं।

यह मूलतः एक ईंटों का किला था जो सिकरवार वंश के पास था। किले का प्रथम विवरण 1080 ई. में आता है, जब महमूद गजनवी की सेना ने इस पर कब्जा किया था। सिकंदर लोदी (1487–1517) दिल्ली सल्तनत का प्रथम सुल्तान था जिसने आगरा की यात्रा की तथा इसने 1504 ई. में इस किले की मरम्मत करवायी और वह इस किले में रहा था। सिकंदर लोदी ने 1506 ई. में इसे अपनी राजधानी बनाया और यहीं से देश पर शासन किया। उसकी मृत्यु भी इसी किले में हुई थी। बाद में उसके पुत्र इब्राहिम लोदी ने नौ वर्षों तक यहाँ राज्य किया। वह पानीपत के प्रथम युद्ध 1526 ई. में मारा गया। उसने अपने कार्यकाल में यहाँ कई स्थान, मस्जिदें व कुएँ बनवायें।

पानीपत युद्ध के बाद मुगलों ने इस किले पर एवं अगाध सम्पत्ति पर कब्जा कर लिया। इसमें एक हीरा भी था जो कि बाद में कोहिनूर हीरा के नाम से प्रसिद्ध हुआ। इब्राहिम लोदी के बाद यहाँ बाबर आया। उसने यहाँ एक बावड़ी बनवायी। सन् 1530 ई. में यहीं हुमायूँ का राजतिलक भी किया गया। हुमायूँ इसी वर्ष बिलग्राम युद्ध में शेरशाह सूरी से हार गया व किले पर शेरशाह का कब्जा हो गया। इस किले पर अफगानों का कब्जा पाँच वर्षों तक रहा, जिन्हें अन्ततः मुगलों ने 1556 ई. में पानीपत के द्वितीय युद्ध में हरा दिया।

इसकी केन्द्रीय स्थिति को देखते हुए अकबर ने इसे अपनी राजधानी बनाना निश्चित किया व सन् 1558 ई. में यहाँ आ गया। उस समय के इतिहासकार अबुल फजल ने लिखा है कि यह किला एक ईंटों का किला था, जिसका नाम बादलगढ़ था। यह तब खस्ता हालत में था और अकबर को इसे दोबारा बनवाना पड़ा, जिसका निर्माण उसने लाल बलुआ पत्थरों से करवाया। बड़े वास्तुकारों ने इसकी नींव रखी। इसे अंदर से ईंटों से बनवाया गया एवं बाहरी आवरण हेतु लाल बलुआ पत्थर लगवाया गया। किले के निर्माण में चौदह लाख चवालीस हजार कारीगर व मजदूर लगे जिन्होंने आठ वर्षों तक कार्य किया एवं 1573 ई. में यह बन कर तैयार हुआ।

अकबर के पौत्र शाहजहाँ ने इस स्थल को वर्तमान स्वरूप प्रदान किया। उसने किले के निर्माण के समय कई पुरानी इमारतों व भवनों को तुड़वा भी दिया, जिससे कि किले में उसकी बनवायी इमारतें ही रहें। अपने जीवन के अंतिम दिनों में शाहजहाँ को उसके पुत्र औरंगजेब ने इसी किले में बंदी बना दिया था। शाहजहाँ की मृत्यु किले के मुसम्मन बुर्ज में ताजमहल को देखेते हुए हुई थी। यह किला 1857 ई. में प्रथम भारतीय स्वतंत्रता संग्राम के समय युद्ध स्थली भी बना। इसके बाद भारत से ब्रिटिश ईस्ट इंडिया कंपनी का राज्य समाप्त हुआ एवं लगभग एक शताब्दी तक ब्रिटेन का सीधे शासन चला। जिसके बाद सीधे स्वतंत्रता ही मिली।

❖❖❖

# फतेहपुर सीकरी

हिन्दू–मुस्लिम सम्मिलित वास्तु कला के चिरस्मरणीय स्थल और इमारतों के दर्शन करने हों तो उत्तर प्रदेश में आगरा के समीप फतेहपुर सीकरी जरूर जाइये। पूरा का पूरा नगर वास्तु वैभव का अनूठा संगम स्थल है। अकल्पनीय और बेमिसाल कलात्मक किला एवं भवनों का समूह देख कर उन अनाम शिल्पियों के प्रति श्रद्धा भाव उत्पन्न होता है जिनकी हथौड़ी और छेनी ने इतनी सुंदर कल्पनाओं को साकार किया। इनकी चमक 400 वर्ष बाद भी बरकरार है और सैलानियों को अपने जादुई सम्मोहन में बाँध लेने की पूरी शक्ति रखते हैं। यहाँ विश्व का सबसे बड़ा बुलंद दरवाजा होने से वर्ष 1986 ई. में फतेहपुर सीकरी के नाम से यूनेस्को की सांस्कृतिक श्रेणी में विश्व धरोहर में शामिल किया गया। इससे इस ऐतिहासिक स्थान का महत्व और भी बढ़ गया।

बुलन्द दरवाजे को विश्व धरोहर सूची में शामिल किया गया है। बुलन्द दरवाजा 53.63 मीटर ऊँचा और 35 मीटर चौड़ा है। इसे लाल और बलुआ

पत्थर से बनाया गया है। इस बुलन्द द्वार की सज्जा और नक्काशी में काले व सफेद संगमरमर पत्थर का उपयोग किया गया है। बुलन्द दरवाजे के मध्य ऊपर की ओर लगे शिलालेख से अकबर की धार्मिक भावना का पता चलता है। बुलन्द दरवाजे की जमीन से ऊँचाई 280 फीट है। दर्शक 52 सीढ़ियां चढ़ने के बाद इस दरवाजे पर पहुँचते हैं। दरवाजे में लकड़ी के विशाल किवाड़ आज तक वैसे ही लगे हुए हैं। बुलन्द दरवाजे को सम्राट अकबर ने अपनी गुजरात विजय के बाद 1602 ई. में बनवाया था।

बुलन्द दरवाजे के पीछे यहाँ की मस्जिद मक्का की मस्जिद की तर्ज पर जामा मस्जिद बनाई गई है और इसके डिजाइन में हिन्दू और पारसी वास्तुशिल्प का प्रयोग किया गया है। मस्जिद में एक स्थान पर एक विचित्र प्रकार का पत्थर लगा है। जिसको थपथपाने से नगाड़े जैसी ध्वनि सुनाई देती है। मस्जिद पर सुन्दर नक्काशी की गई है। मस्जिद के उत्तर में शेख सलीम चिश्ती की दरगाह बनी है। बताया जाता है कि यहाँ आकर निःसन्तान मुस्लिम महिलाएँ सन्तान के लिए दुआ माँगती हैं। शेख सलीम की समाधि संगरमर से बनी है तथा इसके चारों ओर पत्थर के बहुत बारीक कार्य की सुन्दर जाली लगाई गई है जो मनमोहक दिखाई देती है। यह जाली दूर से देखने पर जालीदार श्वेत रेशमी वस्त्र की भाँति नजर आती है। समाधि के ऊपर मूल्यवान सीप, सींग तथा चन्दन का 400 वर्ष पुराना शिल्प कार्य ऐसा लगता है मानो अभी–अभी किया गया है। श्वेत पत्थरों में विविध रंगों वाली फूल–पत्तियां नक्काशी की कला के उदाहरण हैं। समाधि के किवाड़ आबनूस के बने हैं। जहाँगीर ने समाधि की दीवार पर चित्रकारी करवाई। लार्ड कर्जन ने समाधि के चंदन और सीप के कटघरे का पुनर्निर्माण कराया।

अकबर द्वारा निर्मित एक महल पंच महल है जिसे अकबर महल भी कहते है। इस पाँच मंजिले महल की वास्तुकला किसी बौद्ध मन्दिर से प्रेरित प्रतीत होती है। इसमें कारीगरीपूर्ण कुल 176 खम्भे हैं। जिनमें से 84 भूतल पर, 56 प्रथम तल पर और 20 तथा 12 खम्भे क्रमशः द्वितीय तथा तृतीय तल पर हैं। अन्तिम तल पर 4 खम्भे हैं जिनके ऊपर एक छतरी स्थित है। यह भवन की पाँच मंजिलें ऊँचाई में क्रमशः छोटी होती जाती हैं। भवन के चार चमन के आंगन में सुंदर तालाब अनूपताल है, जहाँ तानसेन राग दीपक गाया करते थे। इसका उपयोग शाही हरम में रहने वाली महिलाओं के विलास और मनोरंजन के लिए किया जाता था।

जोधाबाई के महल की ओर जाने वाले मार्ग पर अन्य इमारतों में ख्वाबगाह, अनूप तालाब, आबदार खाना, पचीसी दरबार, आँख मिचोली (जहाँ अकबर अपने हरम की महिलाओं के साथ छुपा–छिपी का खेल खेलते थे) और इसे बाद में शाही खजाने में तब्दील कर दिया गया स्थित हैं। ज्योतिषी का कमरा, दफ्तर खाना, इबादतखाना और हरम भी प्रमुख हैं।

सभी महलों में सबसे बड़ा महल जोधा बाई का महल है, जिसमें अकबर की महारानी जोधा बाई रहती थी। यहाँ गुजरात, मांडू एवं ग्वालियर की वास्तुकला का परम्परागत इस्लामी वास्तुकला के साथ मिश्रण किया गया है। साथ ही इसकी नीली टाइल्स से बनी छत फतेहपुर सीकरी में अपने तरह की एकमात्र वास्तुकला है।

ताल के पूर्व में अकबर की तुर्की बेगम रूकैया का महल है। इस महल की सजावट तुर्की के शिल्पकारों ने की थी। दीवारों, छतों एवं स्तम्भों की बारीक कारीगरी देखते ही बनती है। रुकैया बेगम के महल के दांई ओर दीवान–ए–आम 350 फीट लम्बा नक्काशीदार हॉल बना है जहाँ अकबर अपनी दो बेगमों के साथ न्याय करता था। दीवान–ए–आम की विशेषता इसके मध्य एक अष्टकोणीय पाषाण स्तम्भ है जिस पर भवन टिका हुआ है। यह एक मंजिला भवन बाहर से देखने पर दुमंजिला नजर आता है।

कहा जाता है कि मुगल राजा अकबर की कई पत्नियाँ थीं लेकिन उनकी कोई सन्तान नहीं थी। संतान के रूप में एक पुत्र प्राप्ति की इच्छा में वह कई संतों

के साथ–साथ अंत में सूफी संत शेख सलीम चिश्ती के पास गये और अकबर ने उनसे सन्तान के लिये मन्नत माँगी। संत ने अकबर को सन्तान प्राप्ति का आशीर्वाद दिया। संत के आशीर्वाद से अकबर को 1569 ई. में एक पुत्र की प्राप्ति हुई और पुत्र का नाम संत के नाम पर सलीम रखा गया।

अकबर संत से इतने प्रभावित हुए कि उन्होंने फतेहपुर सीकरी में एक भव्य जामा मस्जिद का निर्माण करवाया। बताया जाता यह मस्जिद मदीना मस्जिद की तर्ज पर बनवाई गई है। इस मस्जिद के पश्चिम में दो कब्रें हैं, जिनमें से एक उस संत की है और दूसरी उसके नवजात शिशु की। यही नहीं अकबर ने संत की स्मृति में एक भव्य नगर के निर्माण का निर्णय लिया और फतेहपुर सीकरी का निर्माण करवाया। यह नगर एक पत्थर की पहाड़ी के किनारे पर स्थित है और इसके भीतर विशाल आँगन, महल, मस्जिदें, जलाशय और बगीचे बने हैं जिनकी भव्यता दिल्ली और आगरा के भवनों के समान है। अकबर ने इसे अपनी राजधानी बना लिया और करीब 15 वर्षों तक यहीं से शासन किया। बाद में पानी की कमी हो जाने से वह वापस अपनी राजधानी को आगरा ले गया। अकबर द्वारा बनाई गई लाल बलुआ पाषाण की कल्पनाएँ आज सैलानियों के आकर्षण का प्रमुख केंद बन गई हैं। आज कई वर्ष बीत जाने के बाद भी इस शहर की भव्यता में कमी नहीं आई है।

❖❖❖

# नन्दा देवी एवं फूलों की घाटी राष्ट्रीय पार्क

नन्दा देवी राष्ट्रीय उद्यान को भारत की विलक्षण प्राकृतिक धरोहर कहा जा सकता है। यहाँ कुदरत ने जी भर कर अतुलनीय सौंदर्य से इसका श्रृंगार किया है। चमोली की सुंदरता वैश्विक पर्यटकों के लिए पसंदीदा जगह है। प्रकृति के नायाब रंग यहाँ देखने को मिलते हैं। फूलों की घाटी, अभयारण्य का खास आकर्षण हैं। चौतरफा करीब ढाई दर्जन हरे–भरे पर्वतों के ऊँचे–ऊँचे शिखरों का आच्छादन देखते ही बनता हैं। नदियों, झीलों और झरनों का सौंदर्य और वनस्पतियों, फूलों की भीनी–भीनी सुगंध दिल और दिमाग को ताजगी से भर देती हैं। वन्यजीवों की अठखेलियाँ और पक्षियों का कलरव का तो कहना ही क्या! इतनी खूबसूरत कुदरत की जन्नत की वजह से ही शायद इसे विश्व धरोहर का खिताब प्राप्त होने का गौरव मिला।

उत्तराखंड के चमोली जिले में स्थित नन्दा देवी राष्ट्रीय अभयारण्य 630.33 वर्ग किमी. क्षेत्र में स्थित यूनेस्को की विश्व धरोहर में शामिल उत्तर भारत प्रसिद्ध अभयारण्य बन गया है। इसे 1982 ई. में राष्ट्रीय उद्यान का दर्जा प्रदान किया गया एवं इसका नाम संजय गाँधी के नाम पर रखा गया था जिसे बाद में बदल के नन्दा देवी किया गया। इसे फूलों की घाटी सहित यूनेस्को ने 1988 ई. में विश्व धरोहर सूची की प्राकृतिक श्रेणी में शामिल कर विश्व धरोहर घोषित किया। यह अभयारण्य फूलों की घाटी के साथ मिल कर नन्दा देवी बायोसफियर रिजर्व बनाता है जिसका कुल क्षेत्रफल 2236.74 वर्ग किमी. है और इसके चारों ओर 5148.57 वर्ग किमी. का मध्यवर्ती क्षेत्र बफर जोन है, जिसे यूनेस्को ने 2004 ई. में शामिल किया। नन्दा देवी पर्वत की ऊँचाई 7,816 मीटर है।

इस अभयारण्य को दो भागों में बाँटा जा सकता है– भीतरी और बाहरी। दोनों को उत्तर, पूर्व और दक्षिण की तरफ से ऊँची–ऊँची पर्वत चोटियाँ घेरे हुये हैं और पश्चिम की तरफ उत्तर और दक्षिण की पर्वतश्रेणियाँ ऋषिगंगा दर्रे में जाकर मिल जाती हैं। ढाई दर्जन से अधिक करीब साढ़े सात हजार मीटर ऊँचाई वाले पर्वतों की श्रेणियां यहाँ हैं। भीतरी अभयारण्य लगभग पूरे क्षेत्रफल के दो तिहाई हिस्से में फैला हुआ है और इसी इलाके में नन्दा देवी पर्वत के साथ–साथ उत्तरी और दक्षिणी ऋषि हिमनद भी हैं जो नंदा देवी चोटी के दोनों ओर स्थित हैं। इन दोनों हिमनदों के सहायक हिमनद

क्रमशः उत्तरी और दक्षिणी नंदा देवी हिमनद हैं। भीतरी अभयारण्य में ऋषि दर्रे के रास्ते पहुँचने वाले पहले व्यक्ति एरिक शिप्टन एवं बिल टीलमेन माने जाते हैं जो 1934 ई. में यहाँ आए थे।

बाहरी अभयारण्य पश्चिम में कुल क्षेत्रफल का एक–तिहाई हिस्सा आता है और भीतरी अभयारण्य से ऊँची पर्वतश्रेणियों से अलग होता है। इसमें ऋषिगंगा बहती है जो इसे दो भागों में बाँटती है। इसके उत्तरी भाग में रमनी हिमनद है जो दूनगिरी की चांगबाँग चोटियों की ढलानों से नीचे बहता है। इसके दक्षिणी भाग में त्रिशूल हिमनद है जो त्रिशूल पर्वत से नीचे बहता है। बाहरी अभयारण्य में प्रथम बार लंगस्टाफ ने 1907 ई. में कदम रखा जब उन्होंने त्रिशूल पर्वतारोहण किया था।

वनस्पतियों एवं वन्यजीवों से भरपूर प्राकतिक अभयारण्य के रूप में विख्यात है नन्दा देवी राष्ट्रीय अभयारण्य। यहाँ प्रमुखतः हिमालयी भालू, हिमालयी ताहर, हिम तेंदुआ, कस्तूरी मृग,तेंदुए, लंगूर एवं लाल लोमड़ी आदि असंख्य वन्यजीव पाये जाते हैं। यहाँ करीब 130 प्रजातियों के पक्षी एवं 140 प्रकार की तितलियाँ देखी जाती हैं। रमानी, अल्पाइन, प्रोन मासेस एवं लैकेन्स फूलों के साथ उद्यान में करीब 17 दुर्लभ प्रजातियों सहित 312 प्रजातियों के फूल पाये जाते हैं। देवदार, बुरांस, जुनिपर एवं सन्टी या सनोबर यहाँ मिलने वाली मुख्य वनस्पतियाँ हैं।

## फूलों की घाटी

अभयारण्य में शामिल फूलों की नयाभिराम घाटी तीन किमी. लंबी एवं आधा किमी. चौड़ी है। यह उद्यान 87.50 किमी. क्षेत्रफल में है। हिमालय क्षेत्र पिंडर घाटी या पिंडर वेली के नाम से भी जाना जाता है। इसे देवी–देवताओं का निवास मान जाता है। पिंडर घाटी में शिवगण और देवताओं के वंशजों का आज भी यहाँ निवास मान जाता है। हर वर्ष माता पार्वती नन्दा देवी को हिमालय भगवान शिव के तपस्वी स्थान तक पहुँचने के लिये श्रद्धालु आते हैं, जिसे नन्दा देवी यात्रा के नाम से पुकारा जाता है, प्रसिद्ध है।

हर वर्ष मई माह से लेकर नवम्बर के मध्य तक घाटी हिमाच्छादित रहती है। जुलाई से अगस्त के दौरान एल्पाइन जड़ी की छाल की पंखुड़ियों में छिपे रंग अपनी आभा बिखेरते हैं। फूलों की घाटी में प्रमुखतः पेडिक्युलरिस, मोरिना, इम्पेटिनस, बिस्टोरटा, लिगुलारिया, अनाफलिस, सैक्सिफागा, लोबिलिया, थर्मोपसिस, ट्रौलियस, एक्युलेगिया, कोडोनोपसिस, डैक्टाइलोरहिज्म, साइप्रिपेडियम, स्ट्राबेरी एवं रोडोडियोड्रान, लिलियम, हिमालयी नीला पोस्त, बछनाग, डेलफिनियम,

रानुनकुलस, कोरिडालिस, इन्डुला, सौसुरिया,कम्पानुला,एनीमोन, जर्मेनियम, मार्श, गेंदा, प्रिभुला, पोटेन्टिला, जिउम एवं तारक आदि किस्मों के फूल पाये जाते हैं।

प्रकृति एवं फूलों से प्रेम करने वाले एवं बागवानी में रुचि रखने वालों के लिये बता देना आवश्यक है कि यहाँ करीब 500 प्रकार की प्रजातियों के फूल पाये जाते हैं। फूलों के साथ–साथ यहाँ 250 प्रजाति के पक्षी एवं 70 प्रजाति की तितलियाँ एवं अन्य प्राणी पाये जाते हैं। इस खूबसूरत घाटी का सबसे पहले ब्रिटिश पर्वतारोही फ्रैंक एस स्मिथ एवं उनके साथी आर. एल. होल्डसवर्थ ने 1931 ई. में उस समय पता लगाया था जब वे अपने कामेट पर्वत के अभियान से लौट रहे थे। इसकी खूबसूरती से स्मिथ इतने प्रभावित हुए कि वे 1937 ई. में इस घाटी में वापस आये और उन्होंने "वैली ऑफ फ्लॉवर्स" नाम से एक किताब लिखी, जिसे उन्होंने 1938 ई. में प्रकाशित करवाया। घाटी का श्रृंगार करते विभिन्न किस्मों के फूलों के जादुई नजारे का लुत्फ उठाते सैलानी ट्रेकिंग का भरपूर आनन्द उठाते हैं।

नन्दा देवी राष्ट्रीय अभयारण्य देखने के लिए वर्ष में मई और जून के महीने सर्वाधिक अनुकूल समय है। निकटतम हवाई अड्डा जॉली ग्रांट देहरादून में 295 किलोमीटर दूरी पर स्थित है। यहाँ के लिए दिल्ली से नियमित उड़ानें हैं। हरिद्वार निकटम रेलवे स्टेशन 202 किलोमीटर है। सभी प्रमुख स्थानों से सड़क मार्ग से भी जुड़ा है।

❖❖❖

# सन्दर्भ


1. भारतीय मूर्ति शिल्प एवं स्थापत्य कला, मीनाक्षी कासलीवाल भारती, राजस्थान हिंदी ग्रन्थ अकादमी, जयपुर, 2009.
2. दक्षिण भारत के मंदिर, के.आर. श्रीनिवासन, नेशनल बुक ट्रस्ट, इंडिया, नई दिल्ली, 1996.
3. खजुराहो की देव प्रतिमाएँ, प्रथम खण्ड, रामाश्रय अवस्थी, आगरा, 1967.
4. राजस्थान के दुर्ग, राजकुमार विजयवर्गीय, एबीड़ी, पब्लिशर, जयपुर 2013.
5. मध्य प्रदेश–छत्तीसगढ़ पर्यटन, बालकृष्ण राव, अजय प्रकाशन, जयपुर, 2012.
6. विश्व प्रसिद्ध पर्यटन स्थल जैसलमेर, डॉ. रघुवीरसिंह भाटी, राजस्थानी साहित्य संस्थान, जोधपुर, 2005.
7. आमेर स्थापत्य एवं चित्रकला, डॉ. गीता शर्मा, राज पब्लिशिंग हाउस, जयपुर, 2010.
8. ऐसा देश है मेरा, भारत भ्रमण, डॉ. प्रभात कुमार सिंघल, डेल्टन पब्लिशिंग हाउस, नई दिल्ली, 2018.
9. अतुल्य अजमेर विश्वस्तरीय पहचान, डॉ. प्रभात कुमार सिंघल–शिखा अग्रवाल, क्लेवर प्रेस, नई दिल्ली, 2018.
10. राजस्थान के आस्था स्थल, डॉ. प्रभात कुमार सिंघल, विदित पब्लिकेशन हाउस, नई दिल्ली।
11. भारतीय ऐतिहासिक स्थल कोष, डॉ. हुकम चंद जैन, जैन प्रकाशन मंदिर, जयपुर।
12. भारत का इतिहास, डॉ. हुकम चंद जैन, अजमेर बुक कम्पनी, जयपुर।

13. सुजस पत्रिका (विविध अंक), सूचना एवं जनसम्पर्क विभाग, राजस्थान सरकार, जयपुर।

14. राज्यों के पर्यटन विभागों की वेबसाइट्स।

15. यूनेस्को की वेबसाइट।

16. विकिपिडिया, गूगल।

17. राष्ट्रीय हिंदी समाचार पोर्टल्स एवं राष्ट्रीय समाचार पत्रों में प्रकाशित डॉ. सिंघल के आलेख।

18. लेखकों द्वारा भारत पर्यटन के अपने निजी अनुभव।

❖❖❖